书山有路勤为径,优质资源伴你行
注册世纪波学院会员,享精品图书增值服务

U0526224

• 项/目/管/理/核/心/资/源/库

［美］马克·普锐斯·佩里 著
（Mark Price Perry）

柴文蔚 译

业务驱动的
项目组合管理

Business Driven Project Portfolio Management
Conquering the Top 10 Risks that Threaten Success

电子工业出版社
Publishing House of Electronics Industry
北京·BEIJING

Business Driven Project Portfolio Management：Conquering the Top 10 Risks that Threaten Success by Mark Price Perry
Copyright ©2011 by Mark Price Perry.
Simplified Chinese translation copyright© 2023 by Publishing House of Electronics Industry Co., Ltd.
All rights reserved.

本书简体中文字版经由 J. Ross Publishing, Inc.授权电子工业出版社独家出版发行。未经书面许可，不得以任何方式抄袭、复制或节录本书中的任何内容。

版权贸易合同登记号　图字：01-2021-0260

图书在版编目（CIP）数据

业务驱动的项目组合管理 /（美）马克•普锐斯•佩里（Mark Price Perry）著；柴文蔚译. —北京：电子工业出版社，2023.6
书名原文：Business Driven Project Portfolio Management: Conquering the Top 10 Risks that Threaten Success
ISBN 978-7-121-45387-8

Ⅰ.①业… Ⅱ.①马…②柴… Ⅲ.①项目管理 Ⅳ.①F27

中国国家版本馆 CIP 数据核字（2023）第 076496 号

责任编辑：刘淑丽
印　　刷：涿州市般润文化传播有限公司
装　　订：涿州市般润文化传播有限公司
出版发行：电子工业出版社
　　　　　北京市海淀区万寿路 173 信箱　邮编：100036
开　　本：720×1 000　1/16　印张：16.25　字数：319 千字
版　　次：2023 年 6 月第 1 版
印　　次：2023 年 8 月第 4 次印刷
定　　价：78.00 元

凡所购买电子工业出版社图书有缺损问题，请向购买书店调换。若书店售缺，请与本社发行部联系，联系及邮购电话：（010）88254888，88258888。
质量投诉请发邮件至 zlts@phei.com.cn，盗版侵权举报请发邮件至 dbqq@phei.com.cn。
本书咨询联系方式：（010）88254199，sjb@phei.com.cn。

译者序

> 胜兵先胜而后求战；
> 败兵先战而后求胜。
>
> 《孙子兵法》

2021 年 10 月，我在一家民营企业做项目管理培训的时候问了学员一个问题：项目成功是否就意味着产品成功？没想到学员还真的分成了两派，他们的不同认知来自他们的不同经历。尽管项目看似按时结束、交付给客户，可是设备在客户端各种问题不断，导致项目根本无法真正结束，三个月的项目做了一年才结束。有时就是项目前期在需求管理或产品设计上埋下隐患，导致后期实施和运维很痛苦。所以一部分学员认为，从管理的角度上看，项目本身是成功的，只是产品并不成功。另一部分学员则认为，项目成功标准本来就应当包含产品的成功，否则谈何项目的整体成功呢？所以在他们看来产品不成功，项目自然也就不能算成功。

这就很有意思了，同一家公司，评价项目成功的标准却出现很大差异。到底该如何判断项目是否成功呢？难道传统的"金三角"、敏捷的"新三角"不奏效了吗？对于这个问题，按照本书作者的观点，项目存在两个评价维度，一个是项目管理本身（以 output 来衡量），另一个是项目成果（以 outcome 来衡量）。视角不同，衡量标准也有所不同。从单个项目视角来看，按计划、按质量、按预算完成，即"正确地做事"是项目经理在职责范围内应该要做到的；但从企业经营和项目投资人的视角来看，首先得确保"做正确的事"，那就需要检验项目成果是否真正为客户带来价值？是否真正有助于组织战略的落地？是否最终得到了预期的回报？在现实商业世界中，情况并不乐观。根据 UMT360 网站公布的统计数据（2020 年 2 月），全球有 46%的项目未实现商业价值。项目组合管理就是通过提供一个战略执行的整体框架来提升关键业务绩效指标，如投资回报率或者社会价值等，支持和加强战略项目组合的决策制定，从而最大化在执行项目集、项目和运营活动中所交付的价值。

本书作者马克·普锐斯·佩里是美国 BOT 国际公司的创始人，为全世界 100 多家企业的 PMO 提供过培训和咨询服务。本书是他组织级项目管理姊妹篇的第三本。之前他的专著《业务驱动型 PMO 建设》和《业务驱动的 PMO 最佳实践》在我国很受欢迎。他早年在 IBM 的软件和管理岗位就职，曾任 IBM 亚太区总经理，所以他拥有软件开发、企业经营、组织级项目管理等多个领域的丰富实战经验。这也使得他敏锐地洞悉到从 0 到 1 实施项目组合管理（Project Portfolio Management，PPM）的本质是一种变革，而且是整个组织自上而下的系统性变革，这就带来两大特点：第一，因为要与整体组织战略相结合，而战略又和每个组织特定的使命、愿景、价值观息息相关，因此每个组织的项目组合管理具体是怎么实施的，会具有很强的独特性，没有标准答案；第二，既然是贯穿组织、面向未来的系统变革，那么实施项目组合管理意味着极高的不确定性和风险，甚至有失败的可能。这种情况就跟创业一样，经验比知识更重要，尤其是变革失败的经验教训。因此作者在书中没有花太多篇幅探讨项目组合管理应该怎么做，而是从他和合作伙伴十几年积累的大量实战案例中，提炼出具有高度共性、威胁项目组合管理成功的主要风险。对于那些正在或将要实施项目组合管理的同行来说，忽视或低估这些陷阱，再好的项目管理团队都可能面临变革失败的风险。本书覆盖的知识面相当广泛，而且有大量生动的正、反面案例。作为译者，在翻译本书的过程中我也受益匪浅，很多时候会和作者产生共鸣。作者的独到见解和理性思辨，以及与业界同人之间百家争鸣、和而不同的氛围，都是令我非常钦佩的。

  本书虽然选取的是美国本土的案例，但是，非常符合当下我国的现状。过去很少有人会问，这个项目值不值得做？或者项目结束之后，很少有人清楚这个项目到底花了多少钱。几年前在汽车零部件行业服务的一位知名车企高管坦诚地说，他们做整车项目的成功经验就是"以乱制胜"。在中国经济高速发展期，这种粗放的项目决策模式是被允许的。正如吴晓波所说的，改革开放 40 多年，"水大鱼大"。但是，今天的中国正处在以信息技术等为代表的第三次工业革命和以多种新技术为代表的第四次工业革命交界处，随着人口红利不再明显，技术更新和消费升级推动市场的淘汰，组织已经浪费不起宝贵的资源，必须找到方法"在正确的时间，以正确的方式，做正确的事"。正如彼得·德鲁克所说："21 世纪不再是产品和服务的竞争，而是商业模式的竞争。"而所谓商业模式，其实就是企业如何为客户创造价值、传递价值、捕捉价值的价值链。以实现价值最大化为目标的项目组合管理，就是新时代企业应对管理挑战的正解之一。2020 年下半年，全球敏捷社区热议项目组合管理，而敏捷社区的众多思想领导者（thought leader）的研究轨迹也是从工程实践开始，再到项目管理、项目领导力，最后到项目组合管理的。不仅是敏捷社区，从 2020 年开始，国内有些地方政府开始推出项目集管理和项目组合管理领域的高层次人才奖励政策。我们

译者序

有理由预见，在项目管理应用越来越普及的今天，进一步上升到组织和战略的系统高度，建立以价值为导向的项目组合管理能力，将是今后中国项目管理重点发展方向。我原以为本书属于非常小众的课题，但是作为一名汽车电子行业的项目管理"老兵"，作为热爱项目管理、有志让项目管理惠及更多人的管理工作者，站在传统的科学管理范式和新兴的敏捷管理方法逐步融合的交汇处，我欣喜地发现敏捷社区最前沿的探索演进和传统项目管理的实践发展是一脉相承、殊途同归的。所以，本书的中文版可以说是生逢其时。

本书的出版有赖于众人的无私帮助。首先感谢电子工业出版社刘淑丽编辑的热心扶持，在我反复交稿、改稿过程中，她能够不厌其烦地给予指导和鼓励；感谢于兆鹏老师，作为 PMO 的资深前辈，慷慨地给予我很多点拨和建议；也要感谢德邻团队的小伙伴们，他们是我每个章节译出后的第一批读者，谢谢他们毫不留情地"找碴儿"。当然，我也要感谢作者马克先生，他在书中展示的丰富案例和真知灼见让我得以了解近年来国外项目管理界的发展动态和与国内项目管理的异同之处。我深深感到一门语言的确能打开一方新世界，之后再回看自己身处的世界，会多一份开阔和通透。跟这些亦师亦友的行业前辈和伙伴合作，真是三生有幸，没有他们的鼎力支持，就不可能如此顺利地出版本书。我要特别感谢我的家人，之所以这半年我能利用业余时间一心一意、没有后顾之忧地埋头翻译，都是因为我的家人给予了我无微不至的照顾、包容和支持。

最后，项目管理博大精深，对应的系统范围的项目组合管理更大、更复杂。本书涉及许多跨专业的知识领域，背景信息也非常丰富，作为译者，既要忠于原文，又要使内容通俗易懂，深感能力有限，始终觉得惶恐。如本书存有谬误，还望各位读者海涵。欢迎交流，共同进步。

柴文蔚

于苏州家中

中文版作者序

去年我被一所大学的线上项目管理大师班邀请去做讲座。他们希望我针对业务驱动的项目管理办公室（Project Management Office，PMO）建设做主题演讲，因为这个大师班采用了我的《业务驱动型 PMO 建设》一书作为课程内容的一部分。教授和学员都很兴奋能够听到作者本人演讲，而我也一样很兴奋，特别是当我被告知班上学员来自世界各地，而且超过一半比例来自中国时。为什么我如此兴奋呢？因为，业务驱动 PMO 的原则和技术能完美地应对以速度和 VUCA（Volatility，易变；Uncertainty，不确定性；Complexity，复杂；Ambiguity，模糊）为特征的商业挑战。而且我认为世界上没有哪个地方比中国这片土壤更能代表速度和 VUCA。

"高速发展"和"VUCA 环境"使得传统 PMO 方法常常失败，而业务驱动的 PMO 却有用武之地，并且游刃有余，这里面有着诸多原因。或许最大的原因是 PMO 的思维模式。对于传统的 PMO 来说，思维模式几乎全都围绕产出。人们开发项目管理方法论和文档，作为必要工具来使用。这常常导致方法和模板被过度使用。也就是，方法过于烦琐、耗时，缺乏弹性来灵活地满足不同规模、类型、复杂度级别及时间敏感度等方面的要求。方法论当然要遵循项目管理知识体系，但是方法论未必符合特定项目相关的业务需求，因为这些业务需求是由 PMO 所服务的高层制定的。这就导致项目管理的目的似乎就是遵循流程和填写文档，而这就是传统 PMO 普遍容易失败的原因。

相比之下，业务驱动的 PMO 思维模式则是围绕成果。这里，项目成果并不是指完整的项目文档；而是被理解为项目最终交付产品带来的收益。根据项目想要交付什么样的成果，人们致力于选择最合适的项目管理技术。从这个意义上讲，是项目成果驱动着流程及方法论和文档的使用程度。通过聚焦成果，PMO 自然就会以终为始，通过识别和实施最合适的方法来达成目标。PMO 的使命不是要忠于计划驱动的知识体系或敏捷方法（也称敏捷方法论），也不是与其保持一致，而是忠于业务的需要，与业务保持一致。

我们不妨对比两个项目。项目 1 准时完成并在预算之内。而项目 2 不仅延期了，而且超支了。哪个项目管理得更好呢？项目 1，对吗？你确定吗？如果项目 2 刻意保持激进的计划，使得项目能尽早结束，其产品可以尽早实现商业收益呢？思考这个数学算式：项目 2 的延期成本是 10 万美元；然而，如果该项目提前完成，会比稳妥、安全完成额外增加 1000 万美元的收益。所以，项目 2 到底算不算管理得更差呢？还是实际上项目 2 管理得更好呢？

欢迎来到业务驱动的项目组合管理的世界。这是一个着眼于应用最合适的项目管理技术和 PMO 战略，来尽可能满足业务需要，从而拥抱速度和 VUCA 带来的挑战和机遇，而不是无视它们存在的世界。朝着这个目标，本书的目的不是详细阐述项目组合管理是什么或组织为什么应该实施项目组合管理，尽管书中也有所涉及。本书的目的是阐明项目组合管理可能面临的风险，而这些风险使得哪怕是最优秀、最努力的管理团队都会在项目管理中步履维艰。本书同时给出了行之有效的对策、技术和方法来规避这些风险，从而实现项目组合管理应体现的价值。本书还在每章末尾提供了案例展示，包括来自其他意见领袖关于如何规避这些风险的建议。他们始终致力于解决项目组合管理中遇到的难题，同时他们也是 PPM 方案的主要供应商。

每当看到有些项目管理业内人士抱着过时的观点，即管理项目组合像管理股票和债券的组合一样时，我总在想没有比这更离谱的事了。项目组合管理的核心是传统的计划驱动项目管理方法和当代的复杂适应性系统思维及敏捷行为的一种内在融合。所以，对于大多数组织和高层团队，这更像一场和时间赛跑的竞技比赛，而不是在公园里轻松散步。我希望本书对读者有所裨益，在其独特的项目组合管理冒险之旅中，为其提供切合实际的见解和值得深思的观点。

马克·普锐斯·佩里
奥兰多，佛罗里达州

推荐序

20世纪80年代中期，作为一名软件行业的创业者，在产品开发和项目管理领域，我学到了很多关于投资和风险的智慧。在之后的几年里，我学到了更多，有些是从其他人身上学到的，而有些是从逆境中学到的。但是，正如我后来在项目组合管理（Project Portfolio Management，PPM）领域常常建议的，不仅要把重心放在有多少要去学习（how much there is to learn），也要把重心放在必须放下多少（how much must unlearn）。

商界对许多成功组织的良好实践进行了观察和记录，理论化的标准也比比皆是。实际上，当那些能干的经理在应用这些良好实践经验和标准时，却没有展现出应有的灵活性和适应性。更糟糕的是，大部分人必须抛弃固定不变的方法及狭隘的、单一的项目视角，否则他们很难为项目投资带去最大价值。

这本书本身并不会提供具体的经验和判断，教你去灵活而动态地实践PPM，但它的确可以起到帮助作用。当聚焦在关键风险上，哪个更糟糕呢？是压根没有组合投资战略，还是拥有一个不完美的战略呢？这本书强调了这样一个事实，即忠于承诺而不是囿于教条，才是驱动PPM成功的源泉。一个关键风险是，项目经理、资源经理、赞助人、相关方和高管总是只把首要承诺给了项目或项目集的成功，而不是让整个项目组合管理的业绩更佳。如果在执行PPM过程中互相之间没有这份承诺，即使最好的项目投资组合，也会因为缺乏团队合作而步履维艰。

因此，本书邀请你配合和承诺的是：不仅理解PPM的当前技术水平，而且邀请你的企业内或虚拟组织里的所有相关方，一起努力让每个项目的投资都能得到应有的回报。

马特·莱特，Gartner集团副总裁
选择信息和美国可视图文系统公司
前质量经理兼执行主编

致 谢

这些年来，我遇到过很多人，也和很多人合作过，他们给了我许多启发，还有中肯的指导，此刻我的感谢之词溢于言表。虽然我和一些杰出而有成就的个人，包括商业领袖、政客、运动明星等有过一些难忘的交往，但是对我而言，最有意义且影响深远的还是每天和业务伙伴、朋友及家人共同经历的考验和磨难。对此我真的很感激，只希望我也曾给过他们微不足道的回报。

我要特别感谢项目组合管理领域思想、市场和产品领导力的提供者，他们为本书贡献了丰富的案例，并参与了本书的编写。今天想要在项目组合管理能力和成果方面得到提升的企业，或许正在面临各种挑战，而这些案例贡献者的见解或许为他们提供了答案。按照书中的出现顺序，这些人包括：

- 微软的多克·多特曼和思科的加里·康利
- Compuware 公司的洛里·埃尔斯沃斯和加拿大健康 Inforway 公司的简·霍顿
- Innotas 公司的基斯·卡尔森
- PowerSteering 软件公司的大卫·伯格桑
- Planview 公司的泰瑞·多塞尔和贝勒医疗保健系统的纳杨·帕特尔和勒诺尔·考德尔
- 英国 Outperform 有限公司的麦克·沃德
- 惠普公司的布鲁斯·兰德尔
- Planview 国际公司的杰夫·德宾和朱利安·布莱克利
- AtTask 公司的泰·吉赛尔

此外，我还要感谢 Gartner 集团的分析师和研究员，特别是马特·莱特、麦克尔·汉福德，以及丹·斯当。他们为我提供了多年的项目组合管理方面的意见、分析和评论，而且他们的 PPM 和 IT 治理沙龙为我提供了一个很多的信息和想法交流场所。

我不会忘记感谢来自项目管理协会（Project Management Institute, PMI®）和英国财政部政府商务办公室（Office of Government Commerce，OGC）孜孜不倦的努力和贡献。他们为我们带来了项目组合管理方面的知识体系和标准。这些基础性贡献使得人们能够对于项目组合管理及其如何满足各种形态和规模的企业需要进行富有激情和建设性的对话。

我还想感谢德鲁·吉尔曼，他是我在 J. 罗斯出版公司的出版商。他为本书提供了宝贵的编辑意见，多年来更是在管理、协调、图书的准时交付方面给予了我持续的帮助和支持。

最后还要感谢我亲爱的妻子，她见证了我经年累积而不断增多的待办事项，高过院子和花园围墙的杂草，还有我新增的十磅体重和加宽的腰围，这些"成果"都归因于我在写作这本书时所做的努力。真诚地感谢你，我的妻子，对我的鼓励和耐心。

关于作者

马克·普锐斯·佩里先生，BOT 国际公司创始人

1999 年，佩里先生创立了 BOT 国际公司，一家专注 PMO 建设的小而精的咨询公司。作为运营负责人，他亲自管理着产品营销、服务，以及基于需求的流程体系（Process On Demand，POD），即一款产品化的 PMO 内容资产的技术支持。

佩里先生带领着 BOT 国际公司，已经帮助来自北美地区、亚太地区、欧洲和拉丁美洲一百多个组织的 PMO 机构落地实践了基于需求的流程体系。多年来，他与各种公司和组织乃至各行各业的优秀项目管理实践者一起在 PMO 建设领域耕耘，不仅是一名服务型领导，也是项目组合管理应用实战、协同平台、PMO 内容资产方面的主题专家。

2009 年，佩里先生写了一本 PMO 的畅销书——《业务驱动型 PMO 建设》。此外，他还是"PMO 广播"的主持人，至今已给不同形式、规模的 PMO 从业者发布了 200 多条 PMO 相关广播。佩里先生还是 Gantthead 博客"PMO 建设 T3：贴士、技巧、方法"的博主，以及 BOT 国际公司每周一帖的撰稿人，这一专栏为广大 PMO 和项目经理提供了将近 10 年的金句。

除帮助正式的项目经理和 PMO 人士之外，佩里先生还帮助了几万名非正式的、临时的项目经理应用PMI的项目管理知识和技术。

在创立BOT国际公司之前，佩里先生曾在IBM工作了17年，包括在纽约担任IBM AS/400事业部技术通信工业经理，在日本担任IBM亚太AS/400渠道经理，以及在新加坡担任IBM亚太AS/400东亚区和南亚区总经理。此后他还曾担任总部在新加坡的Saville系统（一家非常领先的账单和客户服务方案提供商）亚太区的副总裁，以及总部在中国香港的大中华信托公司（一家认证管理和数字安全方案的领先提供商）的副总裁。

佩里先生来自美国，1978—1979年就读于巴黎美国大学，并于1981年毕业于弗吉尼亚理工大学。他的母语是英语，并精通日语、德语、法语和西班牙语。

案例贡献者

案例展示#1：微软
多克·多特曼，PMP，CISSP，MCITP，CISSP、项目和项目组合管理专家。
加里·康利，BSME，PE，MBA，高级服务经理，思科。

案例展示#2：Compuware
洛里·埃尔斯沃斯，副总裁，变更点事业部，Compuware 公司。
简·霍顿，执行总监，投资项目集管理，加拿大健康 Infoway 公司。

案例展示#3：Innotas 公司
基斯·卡尔森，总裁兼 CEO，Innotas 公司。

案例展示#4：PowerSteering 软件公司
大卫·伯格桑，创始人，PowerSteering 软件公司。

案例展示#5：Planview 公司
泰瑞·多塞尔，副总裁，首席流程架构师，Planview 公司。
纳杨·帕特尔和勒诺尔·考德尔，投资组合管理，贝勒医疗保健系统。

案例展示#6：UMT 公司
吉尔·马可勒夫，联合创始人兼 CEO，UMT 公司。

案例展示#7：英国 Outperform 有限公司
麦克·沃德，运营总监，英国 Outperform 有限公司。

案例展示#8：惠普
布鲁斯·兰德尔，产品营销总监，项目和项目集、项目组合管理负责人，惠普软件和解决方案事业部。

案例展示#9：Planview 国际公司

杰夫·德宾，高级副总裁，Planview 国际公司。

朱利安·布莱克利，总经理，Planview 北欧分公司。

案例展示#10：AtTask 公司

泰·吉赛尔，社会拓展经理，AtTask 公司。

前言

项目组合管理是指基于大量因素和考量来分析和统一管理项目集的一系列方法。PPM 的根本目的是在组织目标、目的和战略下，决定最佳项目。PPM 作为一种概念，看上去普普通通，也不难掌握，其实不然，而这就是问题所在。

有许多因素使得哪怕是最优秀的管理团队也会觉得 PPM 在业务层面实践起来并非易事。首先，我们不建议将 PPM 近似地看成财务组合管理，即使我们在项目管理界不止一次地听到这样的说法。其实项目跟股票和债券不一样，PPM 的决策制定过程和需要参与其中的人跟财务组合管理的也完全不同。其次，我们再来看看标准。人们认为制定 PPM 的标准是有帮助的，这样能奠定知识基础，基于此明确 PPM 应该是什么。但是标准本身并不会，实际上也不会明确 PPM 应该怎么做。所以那些认为 PPM 很容易而且有现成标准去遵循的想法是不切实际的。

幸运的是，项目组合管理领域里还是有很多相当不错的书籍，可以推荐给那些寻求 PPM 落地的组织。我比较喜欢的有，肯德尔和罗林斯合著的 *Advanced Project Portfolio Management and the PMO*、勒德维克著的 *The Program Management Office*、勒温著的 *Project Portfolio Management*，以及德宾和杜赛尔合著的 *Taming Change With Portfolio Management*。这些书籍及其他一些书的确不错，然而都缺乏 PPM 为何那么难，什么是威胁 PPM 成功的主要风险，以及如何克服这些风险的材料说明。

本书旨在填补这方面的空白，提供一些洞见、技术和实例，来确保组织成功地开展业务驱动的 PPM。它大胆地挑战了一些传统项目管理的思维模式和体系。在 PPM 场景里，本书对一些管理体系的主导思想，以及当代的复杂适应性做了系统介绍，而这些思想和系统的涌现恰好来自项目管理社区和敏捷社区的对抗。除了阐述威胁 PPM 成功的十大主要风险，本书的另一特色是在每个章节的末尾通过"案例展示"的形式，呈现主要 PPM 方案提供者的前沿思想、市场动态及代表性产品。

本书是我和十几位来自 PPM 社群的贡献者（他们都是在 PPM 产品和服务领域，有过在推广、销售、实施、支持、客户满意度等方面的成功经验的资深高管）共同撰写而成的。本书的 10 个章节和 PPM 贡献者的案例为读者展示了每个实践 PPM 的组织可能面临的风险，以及克服这些风险的实用技巧和方法。

  本书为 PPM 的高管、经理人及所有参与 PPM 的人提供了必备的知识，从而确保 PPM 的成功实施。阅读本书，你就会获得作者和案例贡献者基于数十年 PPM 经验所得的见解。对于那些想要开始 PPM 的人来说，本书能帮你迅速识别那些威胁成功的风险，让组织内部开展有效而健康的对话，从而让你避免 PPM 执行过程中的诸多困难和组织层面的种种挫折。

导　读

　　去年我受邀给芝加哥伊利诺伊州的坎普IT项目组合管理大会做了"业务驱动的 PMO 建设"主题演讲。这场特别的活动在唐纳德·E.史蒂芬会议中心举办，出席人数众多，有将近300名IT界和项目管理界的高管参加，而且主要的PPM方案供应商在会议大厅后面搭了展台。大会开场时，为了把我介绍给听众，坎普IT总裁及大会组织者丹·霍里奇先生首先邀请与会者谈谈他们对这个会议的期望。当霍里奇走到台上的记录白板那里时，有一位男士慢慢地举起手发言道："我想知道你是如何从高层那里获得支持来做所有这些事的。"

　　听到这一发言，周围有一些人窃笑，随后十几个人也举起手来。霍里奇不得不把接下来所有的提问在白板上速记下来。一位年长一点儿的男士说："我想知道谁需要介入PPM，谁不需要介入PPM。"接着，另一位女士说："我想知道如何基于明知不对的数据来决策。"这个问题引发了更多的笑声，于是又有个年轻的男士也附和："我想知道如何教育我的老板"，紧跟着一位女士讽刺说："我想知道如何才能让我老板安静地坐下来倾听15分钟"。一位男士又问道："你如何证明需要执行PPM，还有你又是如何评估不做PPM所错过的机会的？"

　　大约15分钟后，霍里奇已经在整个白板上写满了与会者对大会的期望，而他承诺过要让每个问题和每个人的期望在此次会议中得到答复。霍里奇，这位非凡的大会组织者，已经使听众完全投入并非常活跃了，实际上他已经为我们的演讲做了充分的暖场。

　　白板上的清单让我觉得特别有趣的是，没有一个人表示想要了解PPM相关的流程和工具这类常见的话题。哪个PPM的流程标准最好，PMI还是OGC？众多PPM供应商里哪个提供的方案是最佳的？哪种实施策略最好，是安装软件还是"软件即服务"？采购和实施PPM解决方案需要花多少钱？不，这些与会者不是来这里讨论流程、PPM工具的特征和功能、部署PPM的替代方案或者涉及的成本的。所有这些他们已经知道。他们来这里想要找的是实际如何做，特别是在他们的环境中，如何有效地解决组织变革所带来的各种问题。

　　对我来说，另一个有趣的观察是我在参观PPM方案供应商的展台时发现的。虽然那里有接连不断的产品展示、问答和手册分发，但是PPM方案供应商和与会者之间所进行的严肃对话，却丝毫不是关于产品特征和功能的，而是与

业务驱动的项目组合管理

业务和人相关的话题，比如赞助人、接纳、克服阻力、变革管理、时间框架、决策方法、度量系统、收益实现技术、报酬、职位、角色和责任等。在下一场演讲前，为了结束眼前的对话，参与讨论的一个与会者半开玩笑地问 PPM 方案供应商："你有总结我们刚才讨论内容的手册吗？"

在这场大会结束之后的好多天里，我脑海里一直在思考这个问题，经过一年的深入思考、研究，以及在一群主要 PPM 方案供应商的支持下，有了本书——《业务驱动的项目组合管理》。写这本书，目的既不在于详细描述 PPM 的定义，也不在于探讨组织为什么应该实施 PPM——尽管有些内容提供了这些问题的答案。相反，本书旨在阐明 PPM 的风险，这种风险使得 PPM 即使对于最优秀的、用心良苦的领导团队来说，都非常不易落地。同时本书提供一些对策、技巧和方法，可以用来克服这些风险并实现 PPM 的价值输出。为此，本书在每个章节后面展示了相关案例，这些案例都来自那些最愿意去理解并解决 PPM 挑战的人，包括主要 PPM 方案提供商的经历，看看他们是如何克服这些风险的，以此来提供一些额外的思想和建议。

如果你的组织刚开始实施 PPM，正在投入人员、流程和工具，你可以使用本书来主动引起对那些必须解决的业务和管理问题（风险）的重视。如果 PPM 在你的组织里业已开展，你也可以使用本书来做个检视，从而找到执行不到位的地方，以便对持续改进和价值维持做出积极规划。

一些传统的项目管理领域里的人仍然守着过时的想法，认为 PPM 是可以轻松掌握的，执行起来也和财务组合管理几近相同。没有比这更荒谬的了。PPM 的核心，在于把传统的计划驱动项目管理方法和当代的复杂适应性系统思维及敏捷行为更好地融合在一起。对于大多数组织和高层团队来说，实施好 PPM 是一场艰难的旅程，而绝非像在公园里散步。感谢你来到 PPM 的王国，开启这样的冒险之旅，我希望这本书能对你有所裨益，且能提供一些实用的观点和值得你参考的想法。

马克·普锐斯·佩里
奥兰多，佛罗里达州

目 录

第1章 PPM风险之一：共同的愿景、使命、目标和目的 ········· 1
- PPM并非易事 ········· 2
- 共同愿景、使命、目标和目的 ········· 5
  - 激发共同愿景 ········· 5
  - PPM的愿景是什么 ········· 7
  - PPM包含什么 ········· 11
  - PPM要与时俱进吗 ········· 13
  - 使命、目标和目的 ········· 14
- 小结 ········· 17
- 问题 ········· 17
- 原文参考文献 ········· 18
- 案例展示 #1：微软 ········· 20
  - 要事优先！使命、愿景、目标和意义 ········· 20

第2章 PPM风险之二：高层的支持 ········· 29
- 从顶层高管开始 ········· 31
- 从一开始就聚焦业务目标 ········· 33
- 建立PPM的高管手册 ········· 35
- 保留PPM的行政管辖权 ········· 36
- 小结 ········· 38
- 问题 ········· 38
- 原文参考文献 ········· 39
- 案例展示 #2：Compuware ········· 40
  - 赢得和维持高层支持的秘方 ········· 40
  - 赢得管理层的支持 ········· 47

第3章 PPM风险之三：职能倡导者 ········· 53
- 项目倡导者 vs 职能倡导者 ········· 53

业务驱动的项目组合管理

为什么需要职能倡导者 ··· 55
谁来担任职能倡导者 ··· 58
职能倡导者的技巧 ··· 59
小结 ·· 61
问题 ·· 63
原文参考文献 ·· 63
案例展示 #3：Innotas 公司 ·· 64
　　职能倡导者的角色 ·· 64

第 4 章 PPM 风险之四：一蹴而就还是循序渐进 ······················ 72
不要一下子给组织太多负担 ·· 73
利用差距分析 ··· 74
使用概念验证 ··· 77
容忍不完美的信息 ··· 79
留出足够的时间让系统就位 ·· 80
认识到数据完备性不是一个工具问题 ···································· 81
对一蹴而就的可能性保持开放态度 ······································ 82
小结 ·· 84
问题 ·· 85
原文参考文献 ·· 85
案例展示 #4：PowerSteering 软件公司 ································· 87
　　PPM 交通规则——一个灵活、增量的方法
　　如何加速达成 PMO 结果 ··· 87

第 5 章 PPM 风险之五：变革流程和度量带来的影响 ················· 96
理解流程和度量的视角 ·· 97
变革流程和度量的效果 ··· 103
　　变革流程和度量——自下而上的进化 ····························· 104
　　变革流程和度量——自上而下的进化 ····························· 106
小结 ··· 107
问题 ··· 108
原文参考文献 ··· 109
案例展示 #5：Planview 公司 ·· 110

变革流程和度量的效果 ·· 110

改变 PPM 的策略 ·· 120

第 6 章 PPM 风险之六：分析和制定决策的时间框架 ················ 125

决策时机 ·· 125

决策风格 ·· 128

组织层级 ·· 130

决策标准 ·· 131

小结 ··· 134

问题 ··· 135

原文参考文献 ··· 136

案例展示 #6：UMT 公司 ·· 137

  项目和项目组合管理成为主流 ·································· 137

第 7 章 PPM 风险之七：量化商业价值 ···························· 149

项目成功视角：是赋能还是阻碍 ······································ 149

项目成功的两个维度的忠告 ··· 151

量化商业价值 ··· 155

小结 ··· 160

问题 ··· 161

原文参考文献 ··· 161

案例展示 #7：英国 Outperform 有限公司 ··························· 163

  项目筛选 ·· 163

第 8 章 PPM 风险之八：确保数据的完整性 ······················ 169

理解数据完整性 ·· 169

产出数据完整性 ·· 173

改善数据完整性 ·· 176

小结 ··· 177

问题 ··· 178

原文参考文献 ··· 179

案例展示 #8：惠普 ··· 180

  PPM 的四个起点 ··· 180

· XXI ·

第9章　PPM风险之九：工具和架构 …… 195

克服工具思维 …… 195

架构策略 …… 198

　　PPM 架构的实例 …… 199

小结 …… 205

问题 …… 206

原文参考文献 …… 206

案例展示 #9：Planview 国际公司 …… 207

　　扩展的 PPM 架构视角 …… 207

第10章　PPM风险之十：持久的价值 …… 212

PPM 成熟度模型 …… 213

多维度 PPM 的涌现 …… 218

　　如何看待项目——狭义 vs 广义 …… 219

　　如何看待管理——科学管理 vs 复杂适应性系统 …… 220

小结 …… 225

问题 …… 226

原文参考文献 …… 227

案例展示 #10：AtTask 公司 …… 228

　　社会项目的管理 …… 228

尾声 …… 236

第 1 章
PPM 风险之一：
共同的愿景、使命、目标和目的

对于许多在项目投资和业务需求之间追求一致性的人来说，图 1.1 描绘的是一个再熟悉不过的场景。管理团队开始酝酿如何改进的消息刚刚传出，就已经有人提出意见和想法甚至开始行动了。这种急于给出解决方案的现象几乎一直存在，商业辩论中很少看到有对愿景、使命、目标、目的的充分理解，而有了这些要素才能使得任何关于组织变革的讨论成为一种落地的行动。项目组合管理（PPM）也不能缺少这个前提（对愿景、使命、目标、目的的理解）。反过来，人们不难得出结论，因为 PPM 存在协同的、分析的和动态变化的属性，没有经过深思熟虑的商业规划之前，任何直接实施 PPM 的尝试，注定要面临失败。

图 1.1 PPM 漫画——本末倒置

以一家快速成长的中型企业为例，为了让项目投资和企业战略保持一致，他们会竭尽所能。但是这家公司对于驱动变革所需的共同愿景、使命、目标和目的没有给予充分考虑，就仓促地聘请了一位项目管理办公室经理，而他很快把注意力全都投入到了人员、流程和工具上。第一年之后，PMO 已经完成了招兵买马，开发了符合项目管理主要标准的一套方法论，还部署了一套 PPM 应用系统。然而，从高层到敏捷开发人员，几乎组织里的每个人，出于各自不同的理由，都对 PMO 的工作进展和 PMO 经理本人感到很不满。

回过头来看，每个人都清楚问题出在哪儿。PMO 经理和高层都没有花时间先就组织的愿景、使命、目标和目的达成共识，而这些都是预期变革所必需的。PMO 经理上任第一年的目标，也是经过高层批准的目标，往往是招兵买马，开发一套每个人都要去使用的项目管理方法论、PPM 应用及项目管理培训体系。这些事固然是完成了，然而这些事既不是目标，也不是目的，更不是战略。这些事最多是战略所需的某些组件。尽管 PMO 经理付出了很大的努力，但是最终结果并不那么显著。于是组织成了头号风险的牺牲品：在尚未建立共同的愿景、使命、目标和目的之前，就急于开始行动了。

人员、流程、工具——我们听到这三个词语有多少遍了？我们在 PPM 大会的演讲上，在 PPM 的咨询机构里，在 PPM 培训公司里都能听到它们。是的，我们几乎能从所有渴望把事情往前推进的用心良苦的 PMO 经理嘴里听到这三个词语。

想快速招兵买马（人员），想开发世界一流的方法论（流程），想实施最新、最好的 PPM 应用软件（工具），有什么不对吗？如果是业务驱动的话，这些想法都没有错。但如果是出于其他理由或是信念，或只是选择了错误的时机，那么你需要问问自己："要这些东西有什么用？"人员、流程、工具——这三个词语已经被滥用或被过早地引入了，没有什么比它们更能给打算实施 PPM 的组织带来问题了。

PPM 并非易事

为什么有那么多组织在没有做好必要的商业计划时，就直接跳进来实施 PPM 呢？这里的商业计划，我指的不是由负责 PPM 的组织制定和执行的项目章程。相反，我的意思是一个真正引入组织变革的商业计划，应该通过理性和恰当的目标、可衡量的目的、跨职能的度量和期望及结果来验证。那么可不可以说 PPM 概念易于掌握呢？有些人认为可以，但是事实并非如此。

很多人宣称 PPM 是个易于掌握的概念，并且把 PPM 和财务组合管理做类比。IBM 的阿肖克·雷迪曾说："本质上，PPM 让你能够像管理不同的投资组合，比如股票、债券、房地产等一样，来管理项目组合。"《计算机世界》的梅丽莎·所罗门也给予了同样的效果评价："PPM 顾名思义，就是把项目形成集合，这样就能像一个投资人管理他的股票、债券和共同基金一样来管理项目了。"

第1章　PPM风险之一：共同的愿景、使命、目标和目的

PMO 大师肯德尔和罗林斯（2003，p.208）也做过同样的类比："就如同一个股票投资组合经理寻求改进投资回报率一样，项目组合经理所做的是同样的事情。"对于一些人来说，这样的类比似乎是易于理解的。但是对于另一些人，包括我，这样的类比难以想象，它产生了更多的问题而不是答案。或许是因为试图彻底理解 PPM 的概念，我显得过于较真儿，但是姑且让我把 PPM 和财务组合管理比较一下。有三个假设值得商榷：①组合经理是如何工作的；②组合经理的客户是如何工作的；③组合投资的属性是什么。

首先，财务组合经理和项目组合经理的工作方式，是相同的还是勉强相似的？我碰巧认识一位财务组合经理。亨特·凯德——一名金融服务和财富管理专家。他同时也是我表姐夫，帮助许多客户增加财富，其中就包括他的丈人，也就是我叔叔——密西西比州立大学的退休系主任，还有他的家人。凯德先生拥有 40 多年的从业经验，是一位值得信赖、相当专业的咨询师，能够熟练运用各种工具，拥有非常深厚的专业知识。对于他给出的建议，多加留意是明智之举。事实上，这样的建议往往是被期待，甚至被感激的。这个听上去和项目组合经理的生存环境相似吗？当项目组合经理终于得到了内部客户即管理委员会的关注，提议对某个不良的资产也就是某个项目进行组合变更时，是否会得到相似的反馈呢？或者，会不会有人邀请你加入一场辩论（可能是一场地盘之争），哪怕是非正式的邀请？

其次，财务组合管理的客户和 PPM 的客户，他们的工作或处事方式一样吗？当财务组合管理的客户被告知某一个资产收益不好而需要从财务组合里剔除时，客户是会采纳这样的建议还是急于捍卫这个表现不好的资产呢？想必大部分客户会很高兴，急于抛掉这个收益不好的资产。好了，那么 PPM 的客户会有同样的行为吗？当被告知某一个资产（项目）收益不好时，客户会乐意砍掉这个项目吗？还是会一个人或一群人站出来强调这个项目的优势，可能还会提出一堆保护项目的改良建议？至少，肯定会有人跳出来要求搞清楚他们的项目被终止的合理理由。这些行为和互动模式非常正常，事实上，这也是人们期望的必然结果。在商业组织推行先进透明的经济民主制度——听上去不像财务组合管理，做起来也不那么容易。

最后，组合投资的属性是否相同呢？也就是说，到底可否把财务投资和项目投资看成差不多的呢？几年前，Gantthead（一个在线 IT 项目经理社区）为了寻找这个问题的答案，决心去请教一位专家。Gantthead 大胆地邀请被誉为组合管理理论鼻祖之一的哈里·马尔科维兹博士做了一场访谈。20 世纪 50 年代，马尔科维兹博士曾引入一个概念，那就是不同投资的组合可以降低风险并且会比单一投资获得更高的回报。他这个著名的现代投资组合理论（Modern

Portfolio Theory，MPT）颠覆了业界看待投资的方式，并且由此获得诺贝尔经济学奖。马尔科维兹博士接受邀请来到 Gantthead，接受了此次关于将财务组合管理应用到企业级项目管理的访谈。他提出，把 PPM 当成财务组合管理来处理的观点确实有吸引力。但是他对此表达了他的顾虑："我所知道的是，在典型的投资场景里，一个人可以在许多流动性相当高的资产中细分自己的资金。但这种说法对项目的组合就不适用。"

总之，如果连现代投资组合理论的首席专家都没有比你更能掌握 PPM 的概念，那么很可能 PPM 的概念确实不那么容易掌握。但是项目管理和 PPM 专家该说点什么呢？PPM 概念是否真的就像做正确的项目和正确地做项目那么简单呢？

哈维·莱文则说得更简单："PPM 并不是高度科学化、理论化的概念，而是朴素的常识。它实施起来很容易，也很实用。"当然，莱文先生是一名 PPM 专家，他写的《项目组合管理——选择项目、管理项目组合和最大化收益的实用指南》是一本项目管理必读书，也是我最喜爱的书之一。尽管莱文先生倡导 PPM 要保持实用性，但是并没有确切地说明 PPM 到底意味着有多大的难度。对于莱文先生和所有其他被邀请去各种 PPM 大会、活动和场馆的嘉宾来说，PPM 可能是简单的事，然而对其他人来说，PPM 可能还是相对困难一些的。

颇具讽刺意味的是，PPM 供应商原本在这个话题上拥有大量经验、实战洞见和智慧，但遗憾的是，他们被过度地叫成供应商而且就是这么被看待的。也就是说，他们也被邀请去赞助和投资一些活动，比如项目管理社区内的各种大会、专业发展日或当地分会会议，但是千万别让他们真的去参加面对与会者的演讲。这种供应商思维可能适用于汽水机的买卖，但是在项目管理社区的语境里，这样的思维方式就比较难理解了。

让我们回来看看项目管理社区里的其他 PPM 专家是怎么说的。在莱文的书中，贡献者科恩和英格伦曾提醒道："建立正式的 PPM 可以给组织提供一个制定更优决策的工作框架，并为组织带来很多相关利益。然而，这些工作难免涉及推行深刻的变革，所以遭遇的将是本能的阻力。"

同样为莱文一书做出贡献的还有 K. C. 叶琳，她也提醒道："我们说高层需要与我们的 PPM 战略保持一致，这好像是显而易见的。但是真的做到知行合一，仍然是个挑战。"

莱文在他的文章《联邦首席信息官最佳实践委员会》中（2005，p.235），就联邦政府遇到的组合管理挑战做出评论："决定投资什么、投资多少是一回事，采取行动来最大化投资回报是另一回事，而且往往更难。"

沃恩·梅林则在书中提出了更强烈的警告："如果 PPM 不开足马力的话，商业

第 1 章　PPM 风险之一：共同的愿景、使命、目标和目的

组织将看不到其价值，IT 成本和通过 IT 所交付的商业价值不会在短期内受到更大的影响，那么 PPM 就无法实现关键的规模化收益……如此一来项目就失败了。"

著名 PMO 专家马克·穆雷在他的文章《重新定义组合管理》中建议："虽然战略、投资组合和项目的概念经常被讨论（经常在同一句话中出现），但是战略与项目的关系，以及投资组合与另两个概念中的任何一个的关系，似乎在现实中的表现和在纸面上的表现完全不同。"穆雷进一步解释，项目的确实施了，组合的确定义了，战略也制定出来了，然而，这些东西并不一定同时发生——或者按照 PPM 理论所阐述的顺序出现。

或许最直言不讳的当属昂纳·桑瓦尔了，在他的文章《2008 关于 IT 组合管理及项目组合管理供应商和咨询顾问的决议》中，他恳求道："别再说什么'像管理股票组合一样管理你的企业级项目组合，这种过于简单化的评论了，不仅毫无意义而且相当危险。"昂纳一直被视为 PPM 的专家，他曾担任美国运通公司副总裁并在公司内推行投资组合管理，还在 Gartner 集团及其他重要大会上发表了关于 PPM 和创新的演讲，所以他的这番恳求还是特别值得留意的。

那么有了这些来自 PPM 领域专家的观点和警告，是否还有人为"PPM 概念易于掌握和实施"这句话辩护呢？有人提出，易于掌握和实施的概念是好的概念；不易掌握和实施的概念就是差的概念；易于掌握但不易实施的概念是"有趣"的概念——这里"有趣"的说法跟中国传统儒家思想中对忧患、艰难、困苦的委婉表达如出一辙。PPM 并非易事，如果认为它易于掌握，那是绝对错误的。其实它一点也不容易。对于大多数组织而言，PPM 基本上被定义成一个"有趣"的概念，一个充满机遇和挑战的概念。

共同愿景、使命、目标和目的

组织所遇到的头号风险，是在投入实施 PPM 时，缺乏对建立 PPM 所需的共同愿景、使命、目标和目的的充分关注。这一点做得不好，说明是有问题的，但还可以理解。如果压根没有做就匪夷所思了，很多人会认为这是不可接受的。

● 激发共同愿景

共同愿景是组织变革的根基。它是当前组织状态和未来想要实现的组织状态之间的桥梁。正是因为组织或系统中的个体都被相同的目标引领着去实现这

个愿景，才形成了共同愿景背后的想法和驱动力。但是光有愿景或发表一段愿景声明是不够的，愿景必须能够在所有参与者的头脑中被激发出来。

激发愿景的例子不难找到。比如肯尼迪总统于20世纪60年代就美国挑战人类登月壮举所发表的演讲。或许我们也可以引用1963年8月28日马丁·路德·金的著名演讲《我有一个梦想》。另一个有非凡意义的愿景是，李光耀总理的战略构想——把新加坡从一个由非国家权力的传统民族元素所组成的多元文化大杂烩，转变成富有活力、高速增长的经济强国。迪拜酋长穆罕默德·本·拉希德·阿勒马克图姆立志把迪拜从一片沙漠打造成一个璀璨城市，包含了健康服务、高等学校、运动场馆、现代社区、自由贸易区、棕榈形状的人造岛屿，以及世界上最高的建筑。试想如果没有激励人心的愿景，这些成就能达成吗？

愿景对于一个企业乃至商业环境里的组织来说都具有非常大的价值。在 *Value Innovation Portfolio Management* 一书中，梅洛、麦基、拉塞尔和泰特引用了通用电气公司前董事长和CEO杰克·韦尔奇的话："好的商业领袖会创造愿景、诠释愿景、富有激情地拥抱愿景，并且坚持不懈地推动愿景的实现。"

只要你在哪里发现复杂性、利益冲突、变革阻力、需要团队有效合作来实现预期成果，以及事物有往反方向发展的趋势，哪里就需要共同愿景。而且，或许没有什么活动能比PPM更好地描述这些情况了。但是，正如图1.2所描绘的，激发共同愿景的一大挑战是，要确保这个愿景的确是共享的。如果随机请三位来自同一个高层团队的管理者对PPM进行评价，并解释公司打算如何推行PPM，那么情形将有可能和图中三个盲人各自描述同一头大象非常相似。由于各自的优势，对于PPM是什么、怎么做，每个人在认知上的不同点要比共同点多，这毫不奇怪。

有一个被叫作"快速MBA"的建立共同愿景技术，把愿景分为以下四种类型：①目标型；②共同敌人型；③榜样型；④内部转型类。这个技术能帮助发展和诠释愿景，对激发对愿景的共同认知是非常关键的。

图1.2　没有共同愿景的PPM

第1章 PPM 风险之一：共同的愿景、使命、目标和目的

目标型愿景主要专注于实现一个定量或定性的目标，如一个商业目标。此商业目标可以是可被资本市场衡量的股市估值，用年度利润衡量的行业领袖排名，或者通过行业和客户调查定性衡量的最受信赖企业。

共同敌人型愿景则是聚焦在超越某个特定的竞争者。把目光投向特定对手的竞争往往司空见惯——通用汽车 vs 丰田；MSNBC（微软全国广播公司节目）vs 福克斯新闻；微软 vs 谷歌，以及惠普 vs IBM。

榜样型愿景则是致力于成为另一家公司，特别是在不同的市场或行业。比如，一个线上销售纺纱的企业可能想要成为纺织行业的"亚马逊"。

内部转型类愿景则是着力发现改变活动的方式、如何管理活动、如何实现成果等。内部转型类愿景的一个绝佳例子就是，杰克·韦尔奇曾倡导每个通用电气公司的业务单元都要做到该市场上的"数一数二"，否则就退出。沃尔玛从"省更多钱"到"过得更好"的转型愿景体现在新产品和新服务上，以应对客户所面临的各种挑战，包括不断攀升的能源价格和日益增加的医疗成本。还有一些实例，包括通过内部运营改革而转型成低成本供货方，让产品开发周期缩到最短，或让产品分销从直接销售变成基于渠道销售。

对于大多数导入 PPM 的组织来说，内部转型类愿景非常符合组织需要。其中很多组织当前 PPM 的状态从形式到成熟度各有千秋，既可能是一系列的临时性行为，也可能是一定程度下的采纳并遵循 PPM 的标准模式。如果一个组织意识到变革的需要，想要激发共同愿景，那么在让所有人参与进来并达成共识的时候，首先必须回答一些问题，否则重大风险和执行困难就会接踵而至。关于 PPM 需要回答的三个主要问题分别是：①PPM 的愿景是什么？②PPM 包含什么？③PPM 要与时俱进吗？许多组织在回答这三个问题上颇费力气。

PPM 的愿景是什么

当我们试图回答这个问题时，有一个 PPM 模型或许能有所帮助。项目管理协会出版的《项目组合管理标准》给出了这个模型。关于《项目组合管理标准》的首要目的，在书中是这样定义的（2008, p.3）："《项目组合管理标准》的首要目的是描述那些基本上已被认可的组合管理良好实践。"

对于许多打算参考项目组合管理标准来启动 PPM 的组织来说，最大的问题不在于流程和说明制定得多详细，而在于缺乏一个推行 PPM 的组织环境的可视化全景图。对于很多人特别是企业管理者来说，这些标准的描述看上去有点像在一张住宅的建造蓝图上，规划的车库比房间还大。正如图 1.3 所展示的，PMI 所描述的 PPM 直观地表明，大多数人看到这张图，会认为运营管理和项目管理在规模和大小上对于组织来说是相似的。如果是这样，当我们把高层团队召集

起来时，就不要指望能让他们对 PPM 是什么、可以为组织做什么达成共识了。

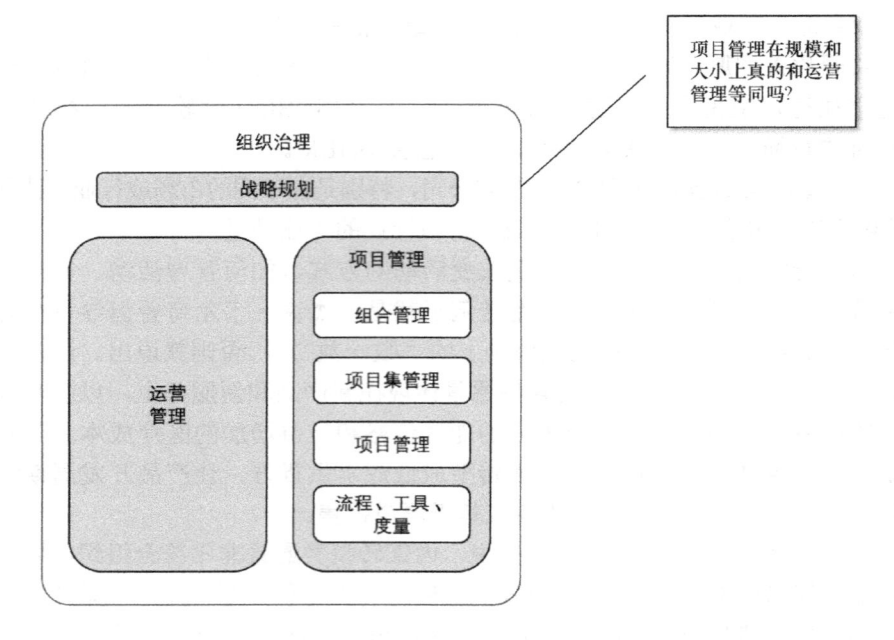

图 1.3 对 PPM 缺乏远见的描绘

一图胜千言。因此，很重要的一点是，图片所要表达的意思应尽可能准确，而且最好是大家共同渴望的。对于典型商业或组织而言，项目管理在规模和大小上真的和运营管理等同吗？我们又是怎样定义运营管理的呢？是指业务运营还是 IT 组织的运营？

最近，我有机会参加了一个 PPM 的报告会。演讲者的一张幻灯片与图 1.3 相似。当被一位听众问及，这里的运营管理是指 IT 运营还是指业务运营，演讲者回答是指 IT 运营。这位听众不赞成这个回答，他说，在 PMI 标准里所描述的运营管理是指业务运营，而非 IT 运营。

《项目组合管理标准》中是这样描述运营的："……是用来描述日常组织活动的术语。组织的运营可以包含生产、制造、财务、营销、法务、信息服务和行政工作等你能列举出来的活动。"所以，这位听众是对的。一些与会者赞同在这个特定的 PMI 标准描述中，运营就是指业务运营；有的与会者则不这么认为。然而，所有人都同意，如果运营管理的目的是代表企业经营，那么图 1.3 的解读就是不相称的，也无助于建立一个直观的共同愿景。

以财富 1 000 强的公司为例，拥有 950 亿美元年收入和 40 万名员工的 IBM

第1章　PPM风险之一：共同的愿景、使命、目标和目的

公司是否像 PMI 标准描述的那样，拿公司一半的员工或者预算，或任何诸如此类的商业度量，即以公司一半的规模和体量从事项目管理呢？当然不能。那么拥有 350 亿美元年收入和 8 万名员工的英特尔集团呢？英特尔的 4 万名员工是否投入在项目管理这边呢？似乎也不是。也许硅谷的金融服务公司 Intuit 是这样的？它有着 30 亿美元年收入和 8 000 名员工，是否一半的员工属于项目管理这边呢？让我们再以一家中等规模、有着 2 亿美元年收入和 1 500 名员工的公司为例，它是否有一半的员工属于项目管理这边呢？我对此表示怀疑。那么一家有着 5 000 万美元年收入和 300 名员工的小企业呢？难道一半的员工属于项目管理这边吗？这是很难想象的。

或许如图 1.4 那样，把 PPM 描绘成在一个组织环境中的、由业务所驱动的架构会好很多。从该图中可以看出，运营管理和项目管理显然并非是同一规模和大小的。

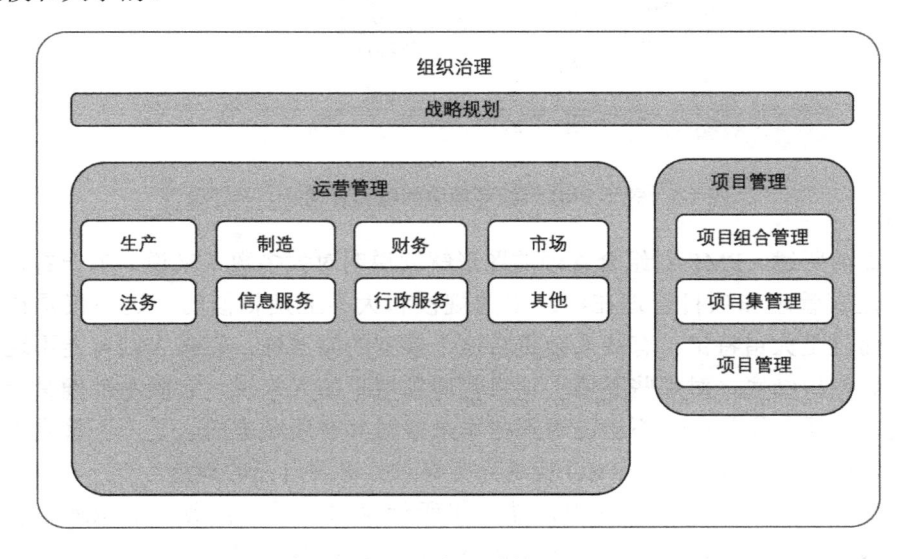

图 1.4　业务驱动的 PPM

用上面这样的图表示，就不会让人对运营管理到底是指业务运营还是指 IT 运营感到困惑了。此外，阴影方框所显示的大小和规模对于大多数企业来说更为准确，对于那些可能正在担心战略和投入，并认为项目管理将会变得和运营管理具有同等重要性的运营主管来说，无论是暗示还是推断的衡量标准，这张图远没有那么让人感觉具有进攻性。这就像一张住宅草图上，如果车库面积大于房间面积会显得很奇怪一样，如果 PPM 的蓝图中，PPM 呈现的比例失调也是令人觉得很奇怪的。

业务驱动的项目组合管理

另一个有问题的是《项目组合管理标准》里第 9 页中展示的标准组合管理可视化图。图 1.5 是对这个图的呈现和评论。

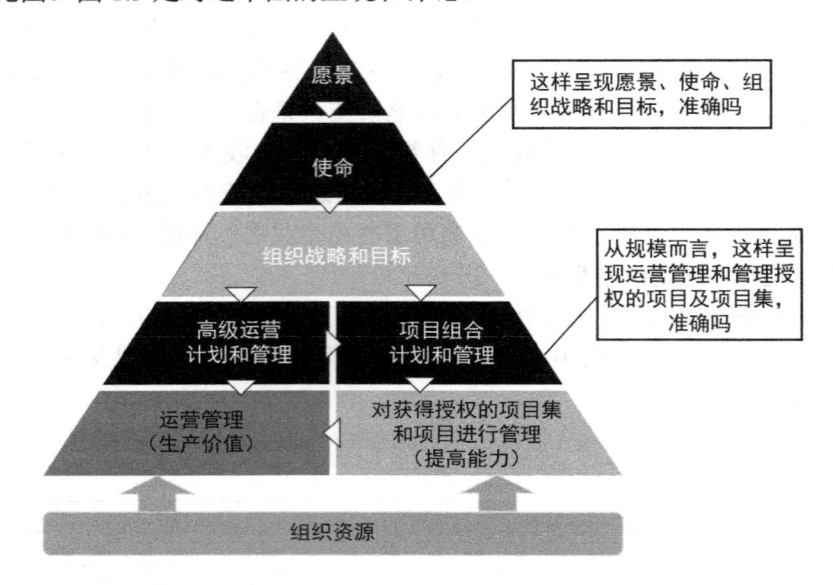

图 1.5 关于 PMI 组织环境中的组合管理的一些评论

如前所述，PMI 对组合管理的图形解读说明对大多数人来说，乍一看，会以为运营管理和项目管理在组织中的规模和大小上是相似的。这不仅是错误的，而且是大错特错。有些人会赞赏这个模型的简洁性，有些人则可能不这样认为。归根结底，对那些不属于项目管理领域里的人来说，它既不准确又无助于建立共同的愿景；更不用说对那些本来就对其有所顾虑的人了，不管是不是真的，这多少让他们感觉 PMO 就是为了寻求并巩固自己的地盘。

然而，更有问题的是图中顶端三层所代表的愿景、使命、组织战略和目标。战略规划是非常重要的，在商业组织内部，在各个层级，从最高行政办公室到基层业务单元，它都会被正式地和非正式地运用。仅仅把战略规划限制在 CXO 范围内是错误的，如果战略规划的基础出现错误，那将会造成更大的错误。PMI 标准的结构图中，顶端三层所描述的就是 PPM 组织环境，它给出了愿景、使命、组织战略和目标的关系。层次之间的顺序和用词意味着似乎战略是在明确使命之后确定的，而目标的组件是缺失的，这些都是不对的。正如图 1.6 所示，所有参与在过程中的各个层级都能反映这些战略规划的高层级组件，并以正确的顺序体现，这样才是真正有帮助的。

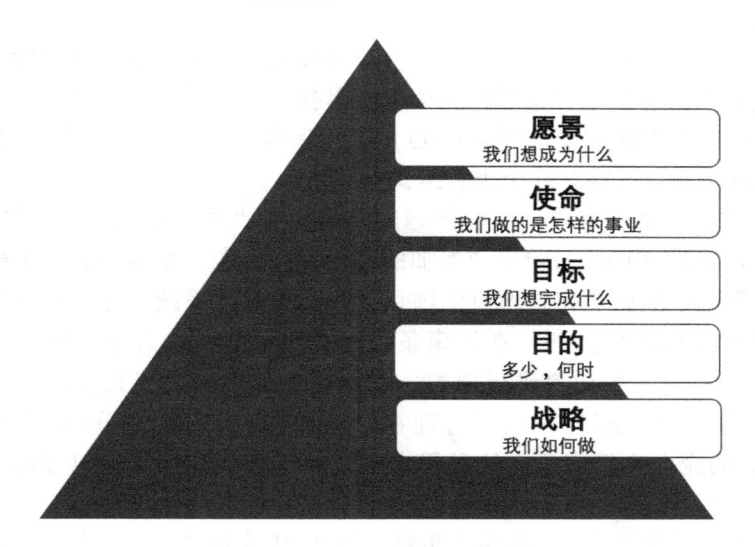

第1章 PPM风险之一：共同的愿景、使命、目标和目的

图1.6 战略规划的高层级组件

依据企业战略专家约翰·L.汤普森所说，战略管理是一个需要被理解的过程而非一个传授知识的学科。汤普森解释说，战略管理是一个给组织赋能的过程，让组织自主决定存在的意义（愿景和使命），决定自己的目标和想要达成的特定指标，决定在哪个合适的时间框架下采取何种行动（策略）来达成这些目标。而在建设项目管理卓越中心（Program Management Center of Excellence，PMCoE）的语境中，项目管理专家丹尼斯·博尔斯更是建议，高层成员需要像团队那样联合起来工作，讨论项目管理事务，并支持达成PMCoE的愿景、使命和目标。汤普森、博尔斯及其他专家一致认为，一个正确的战略规划是相当重要的。这一点对于PPM领域也不例外。

PPM包含什么

PPM有很多定义。项目管理专家麦克尔·基尔提出："PPM就是为帮助组织获取和审视所有项目相关信息，根据一定的标准，诸如战略价值、给资源和成本带来的影响等，对每个项目进行分类和排序的管理过程。"而项目管理协会定义为："PPM就是在考虑资源约束的条件下，挑选和管理组织内所有项目、项目集，以及与日常业务相关的活动。"此外，宾尼派克和瑞特纳也就PPM包含什么提出了他们的观点："从企业角度看，PPM适用于一个企业内投资组合里的所有项目。"

在以上三个定义乃至许多其他定义里，有一个词让人非常困扰，那就是"**所有**"。企业的所有项目真的就一定在投资组合中吗？是不是一个行政高层执

业务驱动的项目组合管理

掌的战略竞争性分析项目也能在这个组合里找到？是不是市场营销团队组织管理的年度客户大会的项目也能在这个组合里找到？是不是客户满意度调查项目也能在这个组合里找到？是不是 CEO 的某个保密项目或者高层成员评估一次潜在收购或收购条件都能在这个组合里找到？

对于大多数组织来说，这些问题的回答会是"很可能不是"。诚然，在任何一本你读到的 PPM 书籍里或参加的 PPM 大会上，都能遇到一个根深蒂固的认知，即 PPM 就是将你所有的项目视为一个单一系统，这个系统能够按照数学计算导出的价值排序，在约束条件下优化投资组合方案，运用假设分析来检验假设，对有效边界进行建模，以及提供演练和图形来支持对投资组合组件的理解。对于那些在项目管理社区之外的人，尤其是被要求支持公司 PPM 建设的企业高管来说，这种思考方式从一开始就把人们对 PPM 的理解带偏。

在 2009 年佛罗里达州奥兰多市举办的 PMI 全球大会上，我有幸聆听了一场关于 PPM 的演讲报告。像许多人一样，演讲者主张 PPM 就是将组织中的所有项目和组织战略目标保持一致的管理过程。为了不和演讲者当众针锋相对，我等到他报告结束，会议室里人基本走完以后，才上前问他："您真的认为 PPM 是关于组织里'所有'项目的吗？"他回答："投资组合管理当然就是关于组织内所有项目的。如果所有项目不被统一治理，它还有什么意义呢？那样会与 PPM 的初衷背道而驰。"于是我又问："那些散落在组织各个角落和缝隙里和业务相关的项目呢，比如销售、市场、人事、财务、法务、客服、工程、行政，等等"。没等我讲完，演讲者打断我说："你是说所有这些被非专业项目经理管理着的非正式项目吗？这些不是真正的项目，管理它们的不是真正的项目经理，所以它们不算。事实上，所有这些应该被称作任务，而非项目。如果把非正式项目和非专业项目经理和真正的项目管理混为一谈的话，那就是削弱了项目管理的专业性。"

如果这是我第一次从项目管理社区听到的观点，我肯定会哑口无言。不过，这不是第一次了。我已经太多次听到这样的观点，以至于现在反倒期待听到这样的观点了，尤其在正式的项目管理聚会场合。人们倾向于把 PPM 看成在组织内识别每个可行项目之后，运用一系列管理流程使项目的最终收益符合业务需要的活动。实际上，这是本末倒置了。其实 PPM 驱动着项目的产生，正如 PMI 在《项目组合管理标准》里定义的那样："PPM 是组织为了达成特定组织级的目标而对投资组合要素进行的一系列协调管理活动。"

如果说 PPM 是有益处的，那么我们应当说正式的 PPM 推动了正式项目，而所有正式项目又受 PPM 流程的治理。或者我们能够赞同，只有正式的项目

第 1 章　PPM 风险之一：共同的愿景、使命、目标和目的

才是真正的项目，而所有非正式项目属于另外的任务。就我个人而言，我不是很提倡把某些项目叫作正式项目，某些项目叫作非正式项目或其他什么名字，对于项目经理同样如此。那么 PPM 到底包含了什么呢？它包含了组织特定的组合管理流程中的所有项目。但是它并不包含组织中的"**所有**"项目。

PPM 要与时俱进吗

在创建组织级 PPM 的愿景时，问一下 PPM 是否会与时俱进不失为明智之举。对于大多数组织来说，答案是会的，而且有大量的 PPM 模型来帮助引导组织根据不同的流程成熟度做出相应的变化。如果能像如图 1.7 所示那样去考虑，即从业务驱动的视角来考量 PPM 在业务能力上的不同级别，将是很有帮助的。

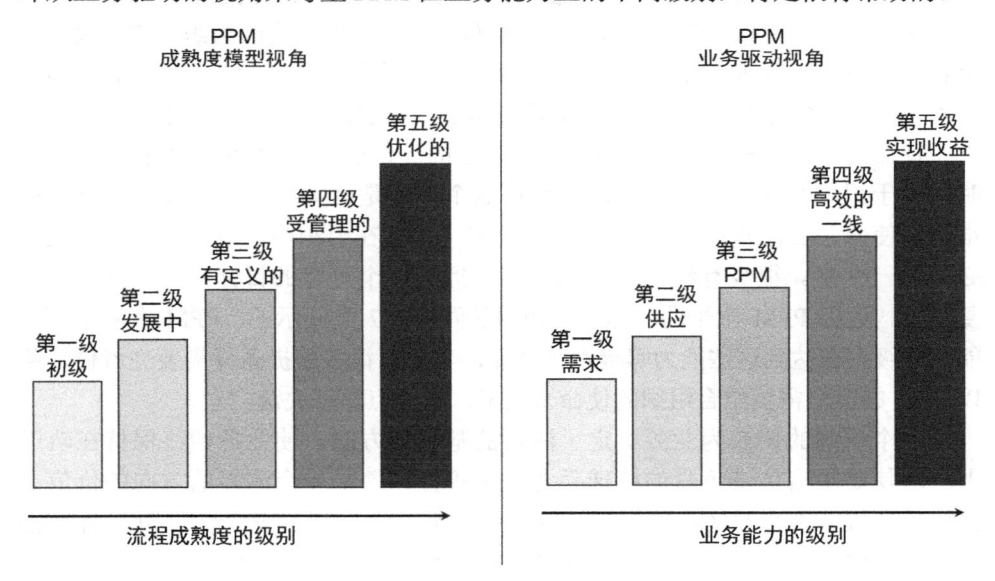

图 1.7　PPM 的两个视角

很多组织的 PPM 能力发展是一个自然演进的、业务驱动的过程。组织常常从需求端管理开始，虽然目的是达到更高阶的 PPM，但是刚开始付出的努力很可能被描述成多项目管理。即使在初始级别上，PPM 也可以实现很有意义的收益，比如识别冗余项目和重复开发的投资项目，有时甚至能识别缺少的或相互竞争的项目。

接下来，组织的注意力就要转向供给端管理或资源管理，在多个项目之间为解决冲突而设置优先级，再根据优先级来分配资源。在建立需求端管理和供给端管理的基础之上，组织可以进一步提升能力，创建把项目投资和业务战略

联系在一起的战略组合，从而使 PPM 具备一个专门的职能。

有了如此完备的工具，组织就可以识别、分析多个投资组合，并用有效边界建模来体现一个组织需要的投资水平，可以通过启动更多不同的项目来创造更多的价值。如果一个组织的 PPM 持续进步，收益实现就可以通过衡量项目实际产出的收益来完成，这需要几个月甚或几年才能做到，而为了确保 PPM 进程的完整性，也确保组织在做正确的项目，这个时间周期是必要的。从成熟度模型和业务驱动的双重视角来审视，能够帮助组织理解 PPM 是如何与时俱进的。

使命、目标和目的

正如没有共同愿景对于一个准备实施 PPM 的组织来说代表着巨大的风险一样，缺乏清晰的使命、明确的目标和可衡量的目的，同样会给组织带来风险。令笔者惊讶的是，虽然 PPM 组织会花很多时间和精力来理解公司的使命、目标和目的，但是很少有 PPM 组织会花时间去实现组织的使命、目标和目的。

使命回答了这样一个问题——我们从事的是什么？在为 PPM 做决策和承诺时，对于组织来说，持续地提出和评估这个问题是至关重要的。拉德和莱文也很强调使命、目标和目的的重要性："决定 PPM 在组织中的目标和范围是很有必要的一件事。很少有组织仅靠想要就能拥有一个可行的目标，更别提有一个复杂的、达到 PPM 水平的目标了。如同前面图 1.7 所展示的，PPM 有着不同的能力等级。在达到这些能力等级水平之前，其实有很多前提条件需要先就位，所以 PPM 的使命需要结合组织的使命来定义，这一点非常关键。"

一个明确的使命为业务奠定了清晰的基调和方向，使业务始终保持在轨道上。即使是极富传奇色彩的棒球手尤吉·贝拉也深知一个清晰的方向的价值。在他众多鼓舞人心的名言警句中，有一句证明了这一点："如果你不知道你要去哪，那么你要小心了，因为你可能到不了那个地方。"对于 PPM 组织而言，一个清晰的使命能为设立明确的目标和可衡量的目的奠定基础，进而制定出明智的策略。如果没有使命、目标和目的，以下三个可能的结果将很快出现。

第一，许多参与 PPM 组织的成员或被 PPM 进程影响的人对 PPM 组织存在的意义没有清晰的理解或认同。组织变革具有威胁性，因此常常会遇到阻力。如果 PPM 组织缺乏清晰的使命、明确的目标和可衡量的目的，人们就会对 PPM 组织和整体变革工作产生各种各样的看法。毫无疑问，这些看法会带来负面影响，并阻碍 PPM 被广泛接纳。

第二，没有明确的使命、目标和目的，即使出发点再好，也很容易导致构想和推演出来的战略不能奏效。大多数不被特定的目标和可衡量的目的所驱动的战略是有问题的。这样的战略会缺乏合适的背景和语境，从而无法判断战略

第 1 章 PPM 风险之一：共同的愿景、使命、目标和目的

最终是否成功。结果就是，刚开始导入战略时，人们执行战略的热情高涨（这一点可以用人们的积极性和可支配预算来衡量），之后很快会降温。

第三，如果没有明确的使命、目标和目的，就算战略是成功的，除了靠直觉，也没办法来解释它的成功。遗憾的是，这种情形太常见了。一个 PPM 组织的建立很可能需要专用资源、共享资源及委员会之类的资源。在这些资源中，对于 PPM 可以做什么和成为什么有着太多不一样的观点。在其愿景、使命、目标和目的方面还没有进行任何真正的规划时，PPM 组织就开始在人员、流程和工具上下功夫了。经过一段时间之后，不管多长时间，PPM 总能完成一些成果。这些成果是什么呢？而且，实际上完成的事情被所有参与者都期望完成的可能性是多大呢？还有，所取得的成绩是证明了这个 PPM 组织是一个成功的、值得为之努力的组织，还是发现 PPM 的价值相对于组织实际完成这些工作所付出的努力而言是存在问题的呢？最终，可以给 PPM 组织和 PPM 组织的经理打多少分？

如图 1.8 所示，可以说明为什么需要为执行 PPM 组织而创建共同的使命、目标和目的。

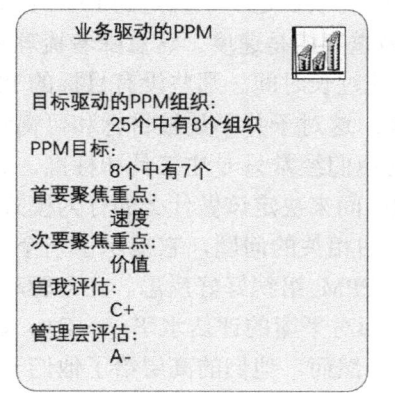

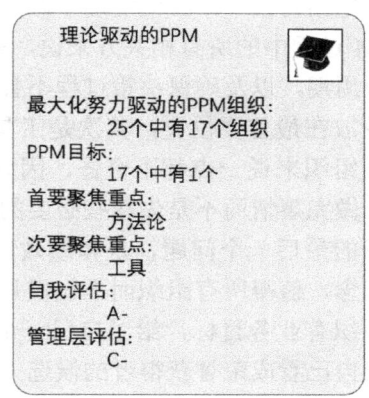

业务驱动的PPM	理论驱动的PPM
目标驱动的PPM组织： 　　25个中有8个组织 PPM目标： 　　8个中有7个 首要聚焦重点： 　　速度 次要聚焦重点： 　　价值 自我评估： 　　C+ 管理层评估： 　　A-	最大化努力驱动的PPM组织： 　　25个中有17个组织 PPM目标： 　　17个中有1个 首要聚焦重点： 　　方法论 次要聚焦重点： 　　工具 自我评估： 　　A- 管理层评估： 　　C-

图 1.8 业务驱动 VS 理论驱动的 PPM 调研

作为在 PPM 领域里的一名后来者和有抱负的服务型领导，我一直从专家那里征求建议，并参与各种研究、投票、调研活动，试图更好地理解是哪些方法、技能和技术造就了好的 PPM、PMO 及项目产出的成果，并把项目引向成功。在众多尝试中，有一个 2009 年我发起的面向 25 个 PPM 组织的调研。这个调研旨在获得一些发现，以便开展进一步详细的研究。这个调研的目的是收集相关信息，对 PPM 组织的目标、PPM 的聚焦点及 PPM 组织的价值之间可能存在的相关性做出判断。针对这个目标，我们准备了一个含有 6 个小问题的问卷

业务驱动的项目组合管理

调查：
① PPM 组织是否明确了要达成的目标？
② PPM 组织是否明确了可衡量的目的（多少，何时）？
③ PPM 组织的首要聚焦领域是什么？
④ PPM 组织的次要聚焦领域是什么？
⑤ PPM 组织的自我评级是多少分（A 到 F）？
⑥ 高层会给 PPM 组织打多少分（A 到 F）？

这个简单的调研得出的结果很有启发性。首先，作为公司的一个业务单位，25 个 PPM 组织当中只有 8 个有业务目标，其余 17 个则没有设定目标。而在这 8 个有目标的 PPM 当中，有 7 个可衡量的 PPM 目标（业务驱动的 PPM）。而那 17 个没有业务目标的组织当中，只有 1 个有 PPM 目标（理论驱动的 PPM），准确地说是两个目的：①安装一个 PPM 工具；②开发一个 PPM 流程。

其次，这个调研揭示了这些有目标和没目标的 PPM 组织之间的重要差异。那些有目标的 PPM 组织把速度作为首要关注的领域，价值是其次。这着实令人惊讶，有人会认为 PPM 组织的要务是保证 PPM 满足业务需要。在随后对调研参与者的电话访谈中，我们明确了做正确的项目是一个确定的 PPM 命令，而且对于 PPM 过程中的所有相关方来说，最重要的是速度。这意味着梳理和优化流程、缩短周期，以及确保决策过程不会花过长时间。那些没有目标的 PPM 组织把方法论放在最首要位置，其次是工具。这对于并不是被目标和可衡量目的高度驱使的组织来说一点都不奇怪，因为他们经常只专注工具和标准，这通常和他们急于做完事情而不是先花些必要的时间来决定该做什么的行为模式有关。

调研的最后一个问题，是和绩效评估相关的问题，它揭示了一个价值百万美元的观念，值得所有组织而不仅仅是 PPM 组织好好反思。业务驱动的 PPM 意味着组织有业务目标，给了自己一个相对平庸的评估水平——C+。显然，他们并不把自己看成荣誉获得者的候选人。然而，他们的高层给了他们一个 A-的评价。业务驱动的 PPM 组织的自评和高层的他评之间的差别既是有趣的发现，又有令人感到别扭之处，但是更有趣的是那些没有目标的 PPM 组织的自评与高层的他评。那些以理论为主导且尚未设立目标的 PPM 组织，给自己的打分是 A-——一个热情洋溢、配得上荣誉角色的自评。然而他们的高层对所交付的结果觉得乏善可陈，仅仅打了 C-。

我们可以从上述这个调研中得出一个结论：被业务需求驱动的组织更加以目标为导向，专注于帮助实现组织的特定目标，结果也被他们服务的对象所认可。相反，不是由业务需求驱动的组织则更加以理论为导向，追求尽力而为，虽然他们深信成果就是标杆，但是高层并不买账。

第1章 PPM 风险之一：共同的愿景、使命、目标和目的

小结

实施 PPM 的组织会面临许多风险。这一点尽管常常被忽视或被认为理所当然，但首先要应对的风险与实施 PPM 的组织如何建立自身的愿景、使命、目标和目的有关。没有比仓促上阵，而不事先建立一套共同的愿景、清晰的使命、明确的目标和可衡量的目的更能让组织前功尽弃的了。尽管如此，这种情况还是不断发生，而且对 PPM 的各种解读和观点也同样存在问题。俗话说一图胜千言，然而有时错误的图片也会产生误导，这时反而不利于建立一个共同的愿景，而它对开启一个良好的变革又尤为重要。如之前讨论的，《项目组合管理标准》中的那张图（图 1.5）就是在某种程度上把运营管理和项目管理的业务描绘得不成比例，愿景、使命、目标、目的和战略的顺序、关系也非常容易导致误解，这些都会让事情偏离正确的航道。

所有这些都指向一个重要的结论——PPM 并非易事，它不是一个一劳永逸的命题。那些刚开始想当然地认为它类似于股票和债券的财务组合管理的人后来很可能会幡然醒悟。对于大多数组织而言，成功启动 PPM 的关键不是仓促讨论，随后急于投入人员、流程和工具等，而是经过深思熟虑之后，建立共同愿景、使命、目标和目的。

问题

1. 现代投资组合管理的前提是什么？
2. 现代投资组合理论的创立者是谁？
3. 把 PPM 类比成财务组合管理，有什么利弊？
4. 愿景对于一个组织的价值是什么？
5. 愿景有哪四个类型？
6. PMI 著的《项目组合管理标准》一书的意义是什么？
7. 在《项目组合管理标准》里面，PMI 对 PPM 的哪些描述是有积极意义的？
8. 愿景、使命、目标和目的之间的关系是什么？
9. 由使命、目标和目的驱动的 PPM 组织有哪些好处？
10. 相对于由目标和可衡量的目的驱动，追求尽力而为的 PPM 可能会遇到怎样的风险？

原文参考文献

Association for Project Management. 2009. "Definitions." http://www.apm.org.uk/Definitions.asp.

Boyles, Dennis. 2002. Building Project Management Centers of Excellence. New York, NY: AMACOM.

Greer, Michael. 2009. "What's Project Portfolio Management (PPM) & Why Should Project Managers Care About It?" http://michaelgreer.biz/?p=147.

Harder, Paul. 2002. "A Conversation with Dr. Harry Markowitz." http://www.gantthead.com/content/articles/119883.cfm.

Kendall, Gerald, and Steven Rollins. 2003. Advanced Project Portfolio Management and the PMO. Fort Lauderdale, FL: J. Ross Publishing.

Kotzman, Mandy. 2004. "Inspiring/Fun Quotes." http://www.creativepursuits.net.

Lebeaux, Rachel. 2009. "Revised project and portfolio management standards get critical review." http://searchcio.techtarget.com/news/article/0,289142,sid182_gci1353693,00.html.

Levine, Harvey A. 2005. Project Portfolio Management—A Practical Guide to Selecting Projects, Managing Portfolios, and Maximizing Benefits. San Francisco, CA: Josey-Bass.

Mello, Sheila, Wayne Mackey, Ronald Lasser, and Richard Tait. 2006. Value Innovation Portfolio Management. Fort Lauderdale, FL: J. Ross Publishing.

Merlyn, Vaughan. 2009. "Common Mistakes in IT Portfolio Management." http://www.pmhut.com/common-mistakes-in-it-portfolio-management.

Mullaly, Mark. 2009. "Redefining Portfolio Management: It's All a Matter of Perspective." http://www.gantthead.com/content/articles/249244.cfm.

Pennypacker, James, and San Retna. 2009. "Project Portfolio Management—A View from the Trenches." Wiley and PMI.

PMI. 2008. The Standard for Portfolio Management. Newton Square, PA: Project Management Institute.

QuickMBA. 2007. "The Business Vision and Company Mission Statement." http://www.quickmba.com/strategy/vision/.

Rad, Parviz, and Ginger Levin. 2006. Project Portfolio Management Tools & Techniques. NY, New York: IIL Publishing.

Reddy, Ashok. 2004. "Project Portfolio Management (PPM): Aligning business and IT." http://www.ibm.com/developerworks/rational/library/4779.html.

Rietiker, Stephen. 2007. "In Search of Project Portfolio Management Processes." http://www.key-9.com.

Sanwal, Anand. 2008. "2008 Resolutions for IT Portfolio Management & Project Portfolio Management Vendors & Consultants." http://www.corpo rateportfoliomanagement.org.

Solomon, Melissa. 2002. "QuickStudy: Project Portfolio Management." http://www.computerworld.com/s/article/69129/Project_Portfolio_Management.

Thompson, John. 2001. Understanding Corporate Strategy. Florence, KY: Thomson Learning.

案例展示 #1：微软

要事优先！
使命、愿景、目标的意义

多克·多特曼，PPM 专家，微软
加里·康利，高级服务经理，思科

◉ 把企业的使命、愿景、目标和组织的工作连接起来

社会上已经有许多关于 PPM 的书籍、文章，以及博客和维基论坛。在这些资料中，显示着一个根本问题："如果 PPM 是答案，那么问题是什么？"[①] 这个问题即使被问到，也很少会有答案，而这个问题是在 PPM 能够对企业真正输出商业价值之前必须回答的关键问题。第一个关键步骤是把企业的共同愿景、使命、目标连接起来，这是为了确保企业目标被设定清楚，被组织中的每个成员拥护，也要确保从对组织的商业价值角度来看这个目标是可衡量的。

第二个关键步骤是把企业的工作和战略连接起来，这是为了确保组织的确在为这些领域的投资和资源使用做优先级排序，以便真正为组织业务带来附加收益。然而，现在很多公司并不是这么做的。

◉ 执行战略不是一件简单的事

在最近的一个调查中，658 名来自跨国公司（年销售额在 50 亿美元以上）的 CEO 被邀请来罗列对他们而言最有压力的管理挑战。结果显示持续地执行战略居然位列第一！根据《复兴方案》《首席财务官》杂志和"商业机密"网站的联合调查发现，没能成功地在整个组织中彻底执行战略的主要因素有以下这些。

- ◆ 意识：95%的主要员工不理解公司战略；
- ◆ 财务资源：60%的组织没有把财务和战略联系起来；
- ◆ 治理：44%的董事会成员对于他们所管理的公司，无法明确哪些是价值的主要驱动力；

---

① 马克·摩根，微软2010 PPM论坛，旧金山。

第 1 章 PPM 风险之一：共同的愿景、使命、目标和目的

◆ 决策层议程：85%的执行团队每月花在战略讨论上的时间不到 1 小时；
◆ 激励：70%的组织未能把中层管理人员的激励措施和战略联系起来；
◆ 人员：55%的人力资源组织要么忙于解释战略，要么只处理日常运营业务的优先事项。

显然，高层及他们的第一要务（比如持续地执行企业战略）和整个企业的各层级员工（比如那些尽管很忙，但或许并未聚焦在第一要务上的成员）的绩效之间存在着巨大的断层。

绩效顾问指出："想要改善绩效的需求和渴望是明确的……之所以大多数公司在乎绩效管理，是因为想要更好地执行他们的战略。"[1]

● 任务管理——另一件麻烦事[2]

所以，也许组织压根没有资源管理的问题？组织有的只是任务管理的问题！很多 IT 公司把 60%~70%的时间花在了保持开灯（Keep-the-light-on，这里指通宵达旦、加班加点）上，留给高优先级业务的时间则少之又少。说大多数组织实际上在超负荷边缘挣扎并不为过，常常不能清楚地阐明他们在 IT 业务上的投资和给企业带来的价值之间的关系。

公司的业绩——组织的底线，正在受到严重影响，因为任务管理实践是如此糟糕。20 世纪 90 年代盛行的优胜劣汰的方法和工具正在遭遇失败，主要原因是未能把大量离散的信息来源整合到一个全面而又通用的图表中。电子表格和 PowerPoint®报告已然成为工业界管理、运营和汇报的标准工具，这导致关键决策是基于不完整、不连续、不准确（甚至动过手脚的）的信息做出的！这听上去是不是很熟悉？

那么，为什么有那么多的电子表格和 PowerPoint®报告可以被用来管理价值数十亿美元的企业的工作呢？数以百万计的电子表格、报告及其他互不关联的信息来源的泛滥有许多原因。一个重要的原因是它们可以拿来解决某个具体的问题，而不用去顾及它们是否适合解决整个层面上的问题；另一个原因是职业技能和经验的短缺，以及"我们没有学习有关 PPM 的课题，也没有理解应该如何在组织中运用它"。[3]

● 失败的原因

每个组织在复杂性和成熟度上千差万别。在大型组织里，似乎不仅有着更

---

[1] 布鲁诺·阿兹纳，乔伊·菲兹，*Drive Business Performance*，ISBN 978-0-470-25955-9，Wiley出版社。
[2] 劳埃尔，哈迪，"Another Fine Mess"，http://www.patfullerton.com/lh/movies/finemess.html。
[3] 克雷格·库朗-莫顿，http://www.gantthead.com/article.cfm?ID=256731& authenticated=1。

业务驱动的项目组合管理

多的电子表格被用来整合所有行政报告，而且工作和资源管理的方法、流程和工具也更多样化，这使得组织复杂度更高，而且常常导致"用工具的傻瓜还是傻瓜"综合症。现在来想象一下，随着多种人力资源系统、ERP、CRM 及其他业务信息系统的引入，通过企业并购的加速和诸如鲁布·戈德堡[①]基础设施的导入［译者注："鲁布·戈德堡机械"（Rube Goldberg machine）这个词语在英文中的意思是"以极为复杂而迂回的方法去完成实际上或看起来容易做到的事情"］，企业将会发生什么！

在某些时候，企业注定要启动一场 PPM 活动，要么在特定的部门（如 IT 部门），要么在企业的更高层级，甚至可能把多个项目或项目集办公室整合为一个统一的实体。根据几位核心项目管理专家的意见[②]，这些重构计划只有在满足下列任一条件时才会成功：

- 人们感知到当前业绩带来的痛苦比他们感知到变革带来的痛苦更强烈；
- 组织谨慎而积极地管理着变革。

不幸的是，这些努力并不总能成功，给高层留下的鲜明印象是：他们要么选择了错误的供应商解决方案（通常是这样），要么错误地实施了解决方案，并责怪自己在组织变革所要求的那部分工作上管理不善（可能性小得多）。

导致 PPM 实施失败的典型原因包括：

- 缺乏有影响力的高层的支持；
- 实施 PPM 的过程本身变成了项目；
- 迫切需要 PPM 来帮助拯救一个面临失败的价值几十亿美元的项目；
- 这是组织尝试的第三个 PPM 工具，必须是这个软件（再来一次）；
- 不切实际，好高骛远（组织有 5000 名员工，需要理解每个人是怎么支配时间的）；
- 自己干（它能有多难呢？）。

也许某些原因，你听上去很熟悉（甚至有点幽默），对吗？

既然我们已经确定了问题所在，下面让我们探索成功实施 PPM 的某些潜在策略吧。

● 成功实施的策略

虽然文化、战略、目标、愿景及目的都是成功部署和实施 PPM 的关键要素，然而它们很少被上下一致地认同、分享或在组织内应用，特别是在大型组

[①] 鲁布·戈德堡，维基百科，自由百科全书，http://en.wikipedia.org/wiki/Rube_Goldberg。
[②] 项目经理的微软项目服务器2010，盖瑞·L. 切菲兹，达利·霍华德，托尼·辛科，http://www.MSProjectExperts.com。

第1章 PPM风险之一：共同的愿景、使命、目标和目的

织里。在同一个组织内，热情的支持、冷漠和公然的反对并存，而且并不少见。即使在高度统一的组织内，这些差异也是可以预料到的，因为PPM的概念并没有被统一接受。

哪怕公司缺乏凝心聚力的DNA，也不意味着组织不能成功地创建、治理和树立完善的PPM文化。注意此处说的是文化，而不是系统、工具或流程。因为从根本上，当组织实施PPM的时候，其实在做的就是变革文化。PPM的意义就是建设一种文化，这种文化允许一个过程系统地将这些差异协调到一个整合的（有优先级的）投资组合中，从而使公司的投资产生更好的结果。

这就意味着，组织的实施策略得充分考虑到这些差异，也就是说很可能需要把组织弄个底朝天。这本身也是意料之中的事。项目组合流程和方法肯定会影响整个项目组织架构。既然它会影响整个组织，那么在组织的推广和培训过程中，描绘WIIFM（What's In It For Me? 对我有什么好处？）就非常重要了。系统和流程，因其能够清晰体现员工日常工作的显性价值而更容易被接受，并成为组织标准中关于"如何做事"的操作程序的一部分。

组织的分裂也意味着需要用共同愿景来找到和组织志同道合的人。分享成功和最佳实践将强化目标和目的感，并为那些思路不开阔、或坦率地说忙得没有太多时间找到替代方法的人提供一种方法来打开脑洞。对那些工作负荷最强的人来说，获得认可是非常重要的，因为他们通常会对周围同事产生很大的影响。

采纳PPM也有可能会使组织变得更加分裂，甚至花掉比组织预期更长的时间。这恰恰也说明了持之以恒是组织的PPM努力取得长期成功的关键。一定要及时认可一路上取得的成功和成果——为成功添砖加瓦，利用他人的经验，让成功可视化。经验显示，最初播种的几个月（如果不是以年来计）里，种子不会马上发芽，同样，往往需要一段时间才能出现一个早期采纳者分享、展示并讨论他的成功，直到足够多的志同道合的个人采纳并支持推进PPM。一旦到了"转折点"[1]，随着更多追随者的加入，事情就会加速发展，接着会慢下来甚至暂停一段时间，然后当足够多的人的看法、观点或理解汇聚到一起，达到另一个成熟度时，它又重新以巨大的惯性加速前进。

组织之间的差异会影响组织成功执行PPM部署的能力，但在许多方面，它们只是采纳和成熟过程中的一部分。一家商业实践中心对一群富有组织级PPM知识的资深实践者和他们所在组织的业绩做了调研。调研报告[2]总结道："超过90%的组织处在PPM成熟度的第1级或第2级，没有一家达到第4级或第5级。"

---

[1] 转折点. 马尔科恩·格拉德威尔, http://www.gladwell.com/tippingpoint/index.html.
[2] 项目组合管理成熟度. 商业实践中心, http://www.pmsolutions.com/uploads/pdfs/ppm_maturity_summary.pdf.

所以，典型的组织处于 PPM 的第 1 级和第 2 级的认知和应用层面上。从 PPM 的定义上看几乎可以这么说，组织不要指望在整个组织内很快得到一致采纳。大多数组织自主开发了他们的 PPM 流程（占 87%），而只有约 13%的组织使用了一套 PPM 软件工具。这些事实也证明了这些组织的低成熟度。

解决分歧、达成共识、脚踏实地，这些正是组织在整个采纳过程中所要做的事情，也是见证文化如何被改变的过程。PPM 是一种愿景，它使组织改变公司 DNA 的方向[①]。

● 用户采纳——WIIFM 的重要性

企业项目管理系统是个很有作用的工具。在项目导向的组织里，每个人都有自己的使命——高层的战略价值观，中层的执行原则和定期汇报，以及项目集和项目团队的详细计划和执行——在时间计划和工作空间中提供协作。系统和流程有时给人喂养机器的感觉，有着因缺乏基层的承诺而逐渐僵化的风险。

显而易见的是，假如在项目层面的用户没有采纳 PPM，那么那些更高级别的汇报就不可能被创建，在管理整个企业级的投资组合时 PPM 也不会富有成效。为了得到真正的组合价值，你需要在项目团队层面获得广泛的支持。这就需要你在项目团队内再三强调并识别早期的采纳者。

早期采纳者出于不同原因而采纳 PPM，有些是想成为第一个吃螃蟹的人，有些是想试试做事的更好方法，有些是因为被他们的经理这么要求的，还有些采纳者是因为他们是技术人员，而其他人仅是出于好奇，或者只是用来丰富他们的履历而已。

有时会有团队和个人全身心投入到系统中来，跑得太快以至于你都跟不上。其他人或忽视、或拖延、或完全抵制。也有人边走边观望，花最小的力气。所有这些行为在项目层面上看都不足为奇，但组织内的上上下下都能看得到，毕竟我们都是人。

通常可以把问题归结为：我把每个项目放进系统了吗？我对大规模项目集的严谨程度是否和对为期三周的小项目的严谨程度一样？本文的建议是跟踪好那些对组织来说特别重要的项目，并对合适的投资级别给予适当的重视程度。尽管组织把所有项目放入同一个组合内，但很可能需要为不同程度的项目投入制定不同的标准。较小的、定义良好的项目不应该被要求做和大型项目集相同水平的审查和分析。定义不同规模的项目和项目集所需要的严谨程度，将不仅有利于 PPM 被采纳，而且可以防止组织把有价值的项目团队和管理时间浪费在

[①] "Executing Your Strategy, How to Break It Down & Get It Done"，马克·摩根，雷蒙·E. 雷维，威廉·A. 马雷克，http://executingyourstrategy.com/book/index.php?option=com_content&task=view&id=24&Itemid=40

那些收效甚微的工作上。

架构——什么场景用什么工具

如今的企业面临的最大挑战之一，就是职能重叠程度日益加大带来的工具的大量繁殖。随着融合 IP 网络的出现，网络接入和数据存储的成本进一步降低，协同应用程序如雨后春笋般涌现，所有这些都是为了让团队能够更好地协同工作。现在带有一定程度的文档存储和安全工作空间的实时消息传递工具非常常见，它们能够实现实时通信。这些极大地增强了团队在实时和非同步时间上的协作能力。

然而正因为这种能力的提高，组织并不总是很清楚新的工具该如何适应整体的工具箱。更重要的是，组织也不清楚是什么样的架构将这些工具整合成一个可理解的工作框架的。

因此，个人需要去理解为了企业级项目管理（Enterprise Performance Management，EPM）环境而设定的目的和目标，其中个人期望完成哪些，其他工具如何适应全局——因为没有单独的工具能做到这一切。说明某个工具如何满足项目团队的需求乃至高层团队、财务和支持团队的需求，在更大的图景当中创建总体的工作框架，并允许每个人将其融入自己的思考过程。

正如并非所有项目都适用于 EPM 系统，给定的工具也未必适合所有项目。即使在 EPM 系统中，认识到流程、实践和治理需要根据项目/项目集的规模而有所变化也是很重要的。动辄在一个为期两个月的项目上，投入和一个几百万级别的大型项目同样的精力是没有意义的。在整体治理中，组织不断把阈值调整到适当的水平，有助于 EPM 部署的应用和效果。

另外，EPM 环境搭建并不是一时兴起的，它需要在一个包含流程和架构在内的工作框架下才能部署成功。架构使得工具的使用贯穿整个流程，所以为 PMO 的流程和工具设计一个架构是大有裨益的。当我们缺乏内部开发流程框架的时候，如图 1.9 所示的 PMI 过程组可以为此提供一个良好的起点。

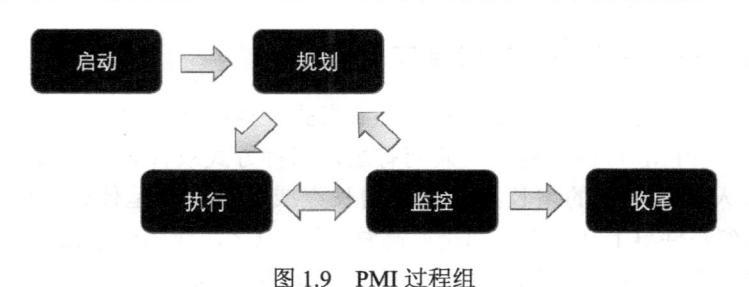

图 1.9　PMI 过程组

这个流程框架为设计大多数 PMO 常见的运营和职能提供了基础。需要指出的是，PMI 过程组不是项目生命周期，而是可以贯穿项目整个生命周期、不断循环的过程。这就是说，即使小型组织也需要信息的连贯性。组织的 PMO 架构需要满足这样的需求。图 1.10 展示了项目集/项目的沟通领域。

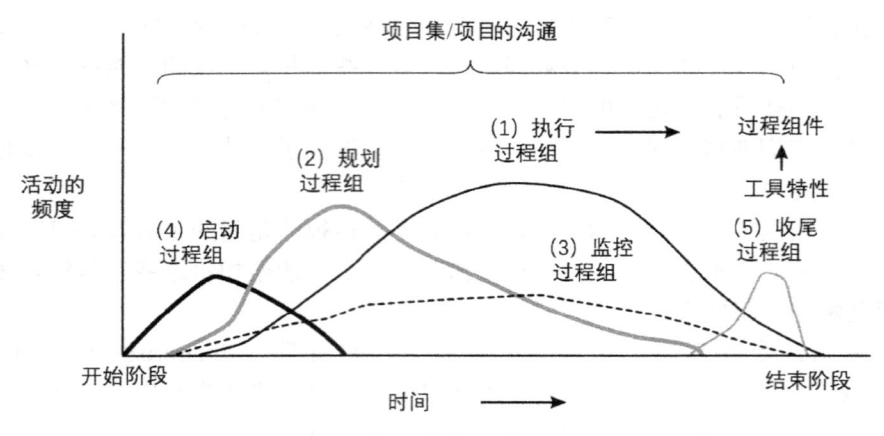

图 1.10　项目集/项目的沟通领域

流程和工具的布局完成后，将其映射到 PMO 的架构中也同样重要。

另一个好的起点就是使用如图 1.11 所示描绘的 PMO 架构。为了描述映射过程，下文中附上了具体的图例。

工具、系统和组织结构会随着业务需要而变化，相应普遍的做法是使这个过程周期性地迭代多次。上述 PMI 过程组只涉及了项目和项目集，不能解决 PPM 的相关问题。但是所有公司总是以某种形式管理投资组合，如果 PPM 属于 PMO 的责任范围，并且定义了目标和目的，那么即使技能和方法不尽相同，PMO 的架构、过程和工具映射过程也是相似的。组织将那些为过程赋能的工具映射到过程组中，并将它们逐一对齐到架构中去，有助于明确方向，创建持久愿景，减少冗余，改善采纳度。

● 病毒式 vs. 自上而下式的推广

有两种推广 PPM 的主要方式：①病毒式，也就是靠口口相传；②自上而下式。推广 PPM 可以两种方式兼而有之，两种方式双管齐下是最有效的。找到大多数人乐意接受的增长点。那些增长点或者敏感点是什么？没有必要一下子投入到每件事上（可以说那是好高骛远）。总之，我强烈建议不要这样做！像其他主要的文化变革一样，循序渐进地推广有助于推动组织前行。

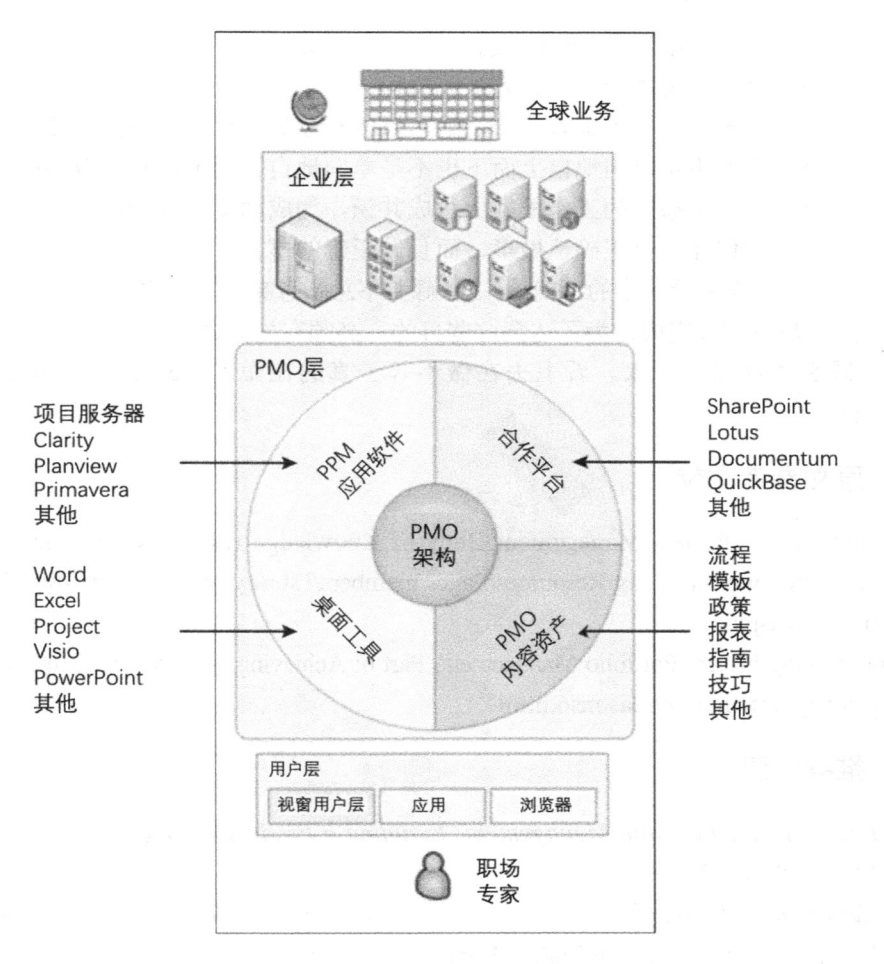

第1章 PPM风险之一：共同的愿景、使命、目标和目的

图 1.11　PMO 架构

来源：《业务驱动型 PMO 建设》，佩里

● 总结

要事优先！当组织建立 PMO 规划时，以下两个关键点需要考虑。

（1）把企业的使命、愿景、目标和组织里的工作联系起来，这对于成功的 PPM 部署和采纳来说是极其关键的一步。

（2）认识到建设和治理 PPM 远非仅仅搭建一个系统、工具或流程——这一切都是为了改变企业文化，使企业能够将这些差异系统地整合成一个有机的投资组合。这就是威胁 PPM 成功最首要的风险，所以是时候摘掉眼罩看清局势，理解关键要素，实施计划来减少这些危险因素了：

· 27 ·

- 大多数组织在 PPM 理念上相当不成熟；
- 这不仅是关于工具、方法或流程；
- 这一切都是关于方法和采纳，以便与业务的优先级保持一致；
- 它既不是单向地自上而下也不是单向地自下而上，它是双向的；
- 在一个通用的工作框架上达成共识，为成功奠定基础；
- 确保你不仅正确地做事，而且做正确的事。

引用托马斯·爱迪生的话就是："忙碌并不总是意味着真正的工作。所有工作的目的都是生产或完成，为了达到这些目的，必须有先见之明、制度、计划、智慧、诚实的目标及汗水。看上去在做不等于真的在做（Seeming to do is not doing）。"

原文参考文献

A Guide to the Project Management Body of Knowledge (PMBOK® Guide) —4th ed., http://www.pmi.org/Resources/Pages/members/Library-of-PMIGlobal-Standards-projects.aspx

Implementing Project Portfolio Management, Part 6: Achieving Best Practice http://www.prioritysystem.com/reasons6.html

推荐阅读

Strategic Project Portfolio Management: Enabling a Productive Organization, Simon Moore, Wiley, 2009.

Executing Your Strategy: How to Break It Down and Get It Done, Mark Morgan, Raymond Levitt, William Malek, Harvard

Business School Press, 2008. Business Driven PMO Setup: Practical Insights, Techniques and Case Examples for Ensuring Success, Mark Price Perry, J. Ross Publishing, 2009.

第 2 章

PPM 风险之二：
高层的支持

对于想要引入某种变革、特别是实施 PPM 的组织来说，高层的支持不是可有可无的，它非常关键，应当被视为必要条件。但是，如果谁告诉我，有公司或组织的高层团队在尚未对构想的变革充分理解和做出承诺时，先找人做些私下工作，一旦成功，之前非正式的努力就会得到重新审视，以此获得高层批准和支持的方式，我一点也不惊讶。正如图 2.1 的隐喻，对于这种似曾相识的感觉，我们都再熟悉不过了。

| 管理层有这样的想法，但是还没准备好批准这个PPM实施计划。为什么你们不先做一阵子，试试看会发生些什么呢？ | 你们认为怎么样？ | 就像尤吉·贝拉说的，"似曾相识的感觉！" PPM |

图 2.1　PPM 漫画——似曾相识

我自己第一个刻骨铭心的受挫经历，就是多年前作为新聘的高管加入一家高速成长的安全软件公司，在未得到高层的支持前就试图推动变革。公司的 CEO 出于多个原因雇佣我，其中一个原因就是想把战略规划引入公司。尽管得益于具有竞争力的产品、良好的市场接受度、逐年增长的销售额及有吸引力的投资，公司取得了巨大成功，但 CEO 还是担忧公司缺乏必要的严谨规划和度量体系，既要管理好公司的成长，又要确保从风险资本公司和主要投资伙伴那里得到的投资能真正地帮助公司获得更大的成功。因此，我的职责之一就是推进必要的变革，更好地协调内部投资机会（这被高层团队称之为项目和举措），从而与公司的战略目标保持一致。

人们也许会以为，这样的尝试会让我从高层团队那里得到各种支持、建议和高管的参与。其实不然，我的同伴中没有一个人对改变现有的体系有兴趣。一个原因是现有的体系对于他们来说很舒适。还有一个原因，就是大部分高管在大公司里辛苦打拼了很多年，就如我在 IBM 里一样，所以他们最不想做的事就是把这么一个庞大的体系改造成一个全新的、更加敏捷的新体系。这些顾虑是有一定道理的，前提是公司的速度、创新和敏捷可能被牺牲掉，但是 CEO 的信念也同样有道理，即公司如果仅仅依赖能干的人、临时性的努力和某种运气，那么公司迟早会被超越。

作为两个有着使命感的男人，CEO 和我试图说服管理团队接受我们的提议，将我们的项目计划当成组合投资来管理，通过正式规划和持续回顾，和公司战略目标保持一致，然而没能成功。当然，理论上，每个人都理解其中的概念，也认同用更加有序、严谨和透明的方法来管理业务是个明智的想法。新产品开发，内部基础设施、销售、市场和客户服务应用的部署，国际业务的拓展，原厂代工业务（OEM）等业务举措都是我们面临的好机会，它们在理论上非常符合战略一致性和投资组合管理。但是实际上，管理团队中没有一个人想这么做。而且，作为小型软件公司，许多关键高管持有公司的股权，并且与董事会和主要投资者有良好的关系，如果没有最低法定人数的支持，CEO 无法单方面做决策。

处于这样一个妥协的位置，CEO 提出照常进行现有的业务，我们两人自己来协调和管理组合配置。我们愿意为之尝试一下，尽一切可能，和高层团队定期回顾这个新方法的结果。现在回头看，上述过程就是 PPM。因为我们的想法是，一旦我们开始，就能克服万难走到终点，那么期间高层成员肯定会陆续加入。毫无疑问，这个策略惨遭失败，经过 6 个月的努力（这对于一家小型高速成长的软件公司来说不算短），我们放弃了。

经历这次挫折之后，没过多久，我偶然在工作中读到了马基雅维利的著作 The Prince（2009, p.1）中关于变革的至理名言："没有什么比领导一场秩序变革更难掌握、更危险或更不确定的成功了。"马基雅维利还说道："改革者的敌人来自那些受益于之前旧秩序的人们。只有那些不冷不热的捍卫者，才会从新秩序中获利。"

我从这段经历中学习到的一点就是，为确保成功、避免失败，避免浪费大把时间，像 PPM 这样的变革必须要有高层支持，不仅需要 CEO 或一个有良好意愿的高管来带头发起进攻，而且需要调动高层团队里所有的高管。在这种情况下，高层支持不应当是单数的，即只是来自某一个高管，比如 CEO。这种支持应被看成是复数的，即来自整个高管团队。

从顶层高管开始

有效的 PPM 之所以要从顶层高管开始，有诸多原因。如图 2.2 所示，无论是建立共识、激励成员参与，还是确保遵循必要的流程、任务和活动要求，以便管理乃至最终实现 PPM 的收益；无论是解决沿途的各种冲突，还是通过认可和奖励来加强行为和巩固成果，都要以高层的接纳作为前提。没有高层的参与，PPM 就会无效，而且组织也可能会趋于或者回到"会叫的孩子有奶吃"的局面。

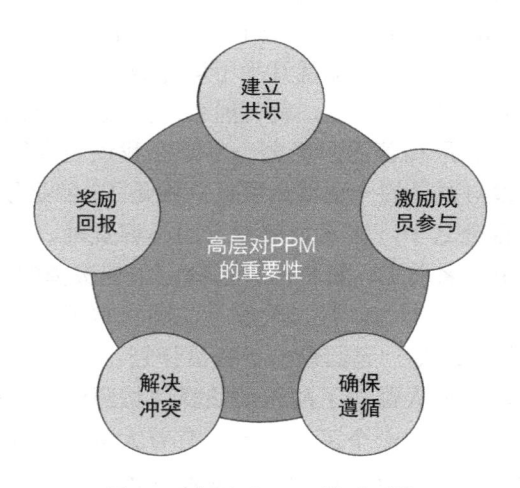

图 2.2 高层对 PPM 的重要性

尽管听上去很容易，其实从高层开始就相当困难，而且难度横跨两个方向：使高层接受所需要投入的工作量和时间。对于大多数组织来说，让高层接受的不应该是一项被迫的或仓促上阵的任务，虽然常常出现这样的情形。从顶层高管开始的关键是提前参与，因为每个高管在理解、激情和支持变革上，一开始有可能不在同一起点上，也更不可能随叫随到，迫切地等待、渴望去进行更多组织变革，并在他们现有使命赋予的关键任务中按优先事项去处理这件事。

另一个困难是需要考虑高层团队的异质性和阿尔法倾向。要使 15 个在 PPM 领域里经验丰富的实践者形成相同的想法，并且像一个团队一样快速达成共识并投入实施 PPM 战略，这绝非易事。你能想象这对于一个有 15 个高管的团队来说有多困难吗？这个团队的每个人来自组织里不同的领域，拥有不同的技能和经验。作为 PPM 大师和 PMI®成员，哈维·莱文（2005, p. 57）曾说道："我的经验是——PPM 能力的设计和实施经常跑题的原因，仅仅是两个团队（项目导向的人和业务导向的人）缺乏一致性，不能聚焦在同一件事情上。"

PPM 也会给高层团队带来一系列的流程、角色和必要的转变。这些行为起初可能看起来很新奇，但很快就会变得单调乏味。作为高层团队，有效实施 PPM 所需的行为必须根植于一个开放的、诚实的对话，以及分享想法和信息的文化之中。许多高管在管理他们的职业生涯上是专家，且很乐意涉足数字游戏。这样的行为尽管常常有利于其在组织内晋升，通过为某业务单元的利益游说，为更多资源和更低的业绩目标进行谈判，以及利用个人说服力来搞定一份处理不当的商业论证等，但是这些行为对于 PPM 来说都是起反作用的。约翰娜·罗斯曼（2009, p.81）警告说："即使每个人都合作，PPM 决策也依然很难，如果有些人再玩零和游戏，那就几乎不可能成功。"只要高层中的一个人不齐心协力，不同其他人在一条船上，就可能会严重破坏过程和结果。

我最糟糕的经历和最痛苦的回忆之一，是在我还是高管团队中一名年轻成员的时候，不得不参与领导的一个裁员项目。我是 16 名业务单元高管之一，我们每人都需要裁员百分之十，这是总部制定的不容置疑、必须达成的目标。我们每个人都有大约 100 名员工，每个高管都锁定了要裁掉的 10 名员工。为了不影响当时已经很差的员工士气，有一天晚上，在正常工作时间之后，我们高层碰了头，准备和执行副总裁一起回顾一下裁员计划。

除了其中一人，其他人都做了痛苦的抉择，按照流程，带着要被遣散的员工名单来参加会议。我们中一个工于心计、有着大量非正式权力的高管却没有这么做。在这个会议召开之前的日子里，他连续地与执行副总裁见面来解释他的情况，并认为他的员工没有一个能离开，给他的裁员目标太苛刻等。执行副总裁鼓励他尽他所能并透露说，这个总体目标本来就定得偏高，是为了避免有些业务单元高管不能达成目标。

在执行副总裁参与的全体高管会议上，我们检视了每个将要被裁员的候选人。在我们与他人展示和交流时，每个人都表现出了强烈的同情和质疑。一个接一个，我们 15 个高管做了该做的，现在轮到我们的同伴、最资深的那位高管了，他是最后一个上台的。这位最资深的高管宣布他没有名单，因为他找不到任何一个候选人来辞退，这马上引起了轩然大波，而这个时候，我们的执行副总裁，因为有了足够多的裁员候选人，宣布后续裁员流程将在线下一对一进行，就此结束了会议。不久以后，裁员名单敲定了。真正的目标低于我们每个人拿到的目标，我们的执行副总裁允许我们 15 个高管每人再保留一名员工，并仍然允许我们那位同伴——最资深的业务单元高管，一个员工都不裁。

从整体业务角度来看，总有人不该被裁但被裁掉，也总有人本应被裁但没有被裁，实属正常。但是从高层团队角度来看，我们从来没能像一个团队那样有效合作，也从来没有尽力尝试去有效合作。这就是缺乏高层支持、利用手腕、玩弄零和游戏给高层团队带来的不良后果。

从一开始就聚焦业务目标

要想有效地把 PPM 当成高层团队的纪律、技能、核心竞争力，组织就要从一开始聚焦业务目标。对于一些组织来说，这将是一个自上而下的业务重点，把 PPM 当成一项组织活动，推动项目机会的获得。比如，IT 战略领域专家克里斯·波特（2010, p.1）曾说过："PPM 的基本原则就是，首先你得为 PPM 选择目标，然后选择适合的投入来达成这些目标。"往往越重视业务目标，组织越有机会回答好这样一个问题："我们是否在做正确的项目？"许多 PPM 理想主义者强烈倡导，PPM 不仅是另一种类型的项目管理或者 PMO 的进阶版，而且是从最佳实践的视角往前飞跃了一大步，其重要意义不亚于亨利·甘特开创的图形化时间表（通常称之为甘特图）对于项目工作中规划和监控的意义。如图 2.3 所示，项目是 PPM 的结果。

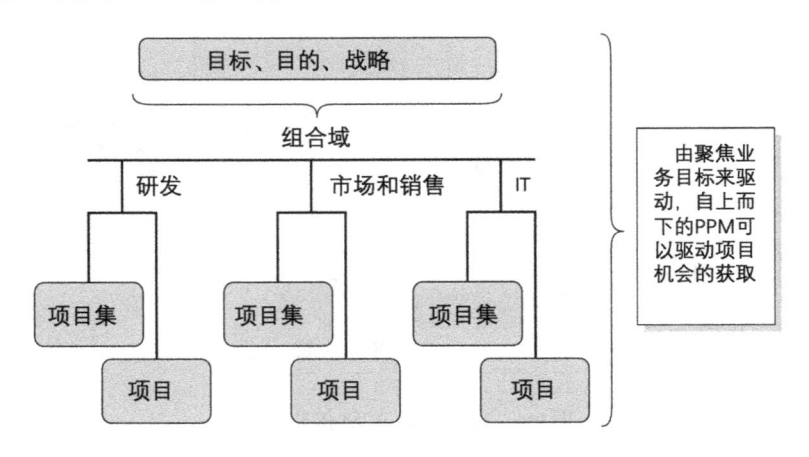

图 2.3　PPM 作为项目的驱动器

在另外一些组织里，聚焦业务目标对于 PPM 来说，意味着自下而上的业务重点。在这样的组织里，项目管理会演变成更多东西，并随着时间推移，呈现出 PPM 的现实样貌。

斯科特·贝林纳托（2001, p.1）在他的论文"Using Project Portfolio Management to Demonstrate IT Value"中描述了 Schlumberger 公司的简·沃顿，一名 IT 服务公司的 IT 分析师，是怎样因为偶然因素，在她的组织内开始实施 PPM 的。这项工作始于一个项目经理同事试图把他的项目收集起来汇总到单一的表单里。当沃顿收到这份完整的清单时，她立刻意识到了这份表单所提供的机会。粗略的分析显示，100 多个项目中的三分之二有重叠，10%的项目实际上是相同的，也就是说，他们在重复做着同样的事情。

沃顿和她的团队没过多久就想到了，在数据库中查看电子表格中的项目列表将会非常有意义。在这个数据库中，可以根据利益、风险、优先级及与企业目标和目的的一致性等，对项目进行定义和分析。刚开始，高层遇上激情四射的沃顿而目瞪口呆的情形，跟午夜时分，一群麋鹿在路上遇到一辆亮着车灯迎面而来的卡车时睁大眼睛的样子没有太大区别。然而，一旦相关活动、分析及高层讨论开始之后，那种惊讶很快消失，而沃顿很快就到了新的职位——组合配置管理经理。这个案例说明，组织内全新的组合管理工作和实践是现有项目管理相关活动的成果，如图 2.4 所示。

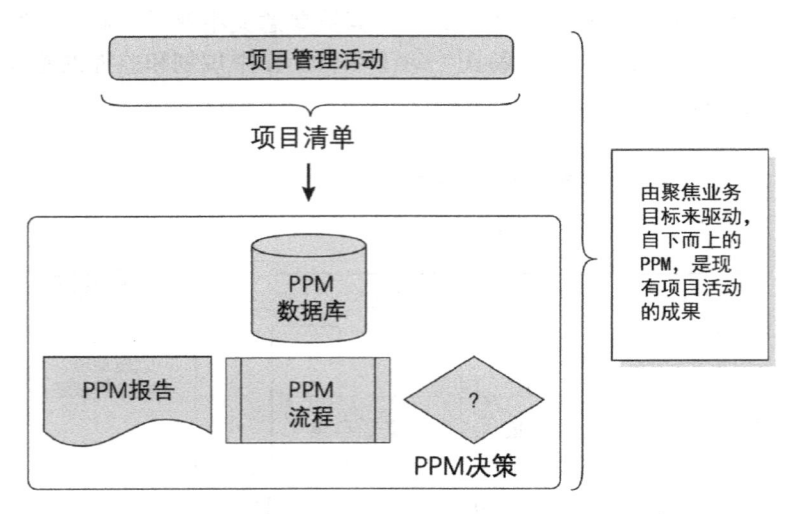

图 2.4　项目作为 PPM 的驱动器

在上述两个案例中，自上而下和自下而上的 PPM 都能确保 PPM 的有效实施，这得益于人们首先聚焦在业务目标，其次参与某种形式的高层协作，有很好的信息支撑，且总是想要回答一个核心问题："我们是否在做正确的项目？"

建立 PPM 的高管手册

除了要从顶层高管开始、一开始就聚焦业务目标，对于许多组织来说，成功启动 PPM 的另一个关键是 PPM 高管手册的建立、使用和持续改进。PPM 高管手册是一本简介，是关于 PPM 的总体流程和政策框架的浓缩版本，适合高层团队使用。

PPM 高管手册使高管团队凝聚到了一起。它就像运动队教练指挥运动员的作战草图，保证每个上场的运动员清晰地知道他必须要做什么来赢得比赛。PPM 的高管手册起到了同样的作用，它促进高层团队的合作，有效地选择和管理公司的项目组合。需要注意的是，PPM 高管手册不是一系列关于 PPM 的详细流程和指标。这些细节当然很重要，事实上，它们属于独立的章节（详见第 5 章）。

近来，关于 PPM 的高管手册成了一个研究课题。我们对 25 家公司进行了关于 PPM 环境的调研，目的在于得出一个关于什么是保证 PPM 成功的良好、较好和最佳实践的结论。所有被调研的组织都已经拥有 PPM 的最佳实践。实际上，这些组织里很多都有了详细的 PPM 流程，与现行标准及支持政策和指导相当符合，因此把记录下来的最佳实践呈现出来不是难题。然而，如图 2.5 所示，在 25 家公司中只有 6 家有高管手册。

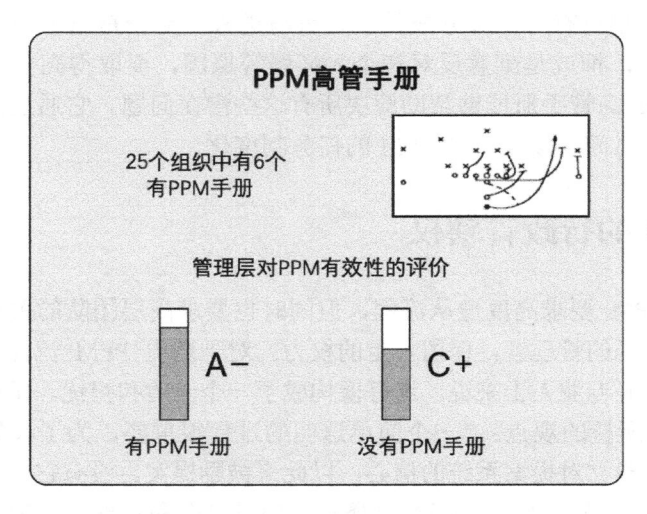

图 2.5　PPM 高管手册

再强调一遍，PPM 高管手册是浓缩版的最佳实践手册，能确保所有相关方意识到必要的流程，并一起参与进来。PPM 高管手册提供了一个高层次和直观的工作流程的视图，同时回答了下面这些问题：

- PPM 流程的目标是什么？
- PPM 流程的范围是什么？
- 谁是 PPM 流程的相关方？
- 每个参与者的角色和职责各是什么？
- 谁来决定 PPM 流程？
- PPM 在组织内的总体日程表是怎样的？
- 高层关于 PPM 的关键活动有哪些？何时进行（按年度、季度、月度、周度，还是按需）？
- 什么样的关键指标在推动 PPM 流程？

理想情况下，PPM 高管手册只需通过几个概览插图和几页附带文本就能为上述所有问题提供答案。当然，详细的 PPM 最佳实践手册也能做到这一点，但是高层所有成员都需要花时间来详细阅读所有的 PPM 方法论吗？对于很多组织来说，答案是"不。"

除了发现有多少组织有或没有 PPM 高管手册，我们还得到高层团队关于 PPM 有效性评估的结果对比数据，这也是有意义的。那些提供给高层团队 PPM 高管手册的组织大多取得了比那些没有提供的组织高得多的评价。PPM 内在的协同特征使得事情变得复杂，即使相关方都付出了最大的努力，事情也不那么容易进行。哪怕只有一小部分成员没有参与进来，无论是出于缺乏理解，还是未能找到时间，抑或是刻意反对和个人怀疑等原因，要取得高分评价几乎是不可能的。PPM 高管手册能够帮助解决所有这些潜在问题。它通过提供所有参与者都能理解的时间和场景，把 PPM 的任务制度化。

保留 PPM 的行政管辖权

诚然，PPM 要求高度遵从流程，但同时也要求高层团队的关键成员，特别是执掌整个组织的管理者，保留一定的权力。对于期望 PPM 流程被遵循且有机会成功的 PPM 专业人士来说，这好像构成了一个矛盾和担忧。正如西蒙·摩尔（2010，p.5）所持的观点："一个简单透明的过程很重要，为了收集大量有价值的提案，必须建立对提案系统的信心，以此来鼓励提案。没有它，首先就不会有人愿意提交建议书。"如果组织在选择新的项目机会和管理现有项目机会上，在 PPM 流程边界之外做太多决策，就会以"爱哭的孩子有奶吃"的模式来做决策和进行业务运营。这样的做法会很快使组织里 PPM 的努力和所有相关方通过提

第 2 章　PPM 风险之二：高层的支持

高决策透明度而建立起来的信任成为泡影。然而，企业管理有时还是需要让高层保留权力来做出 PPM 既定流程之外的决策。

有两种普遍场景——当某些信息和活动必须严格保密，而且当少数人的需求、甚至是一个人的需求超过了多数人的需求时，PPM 流程会有所偏差，需要保留 PPM 流程之外高层做决策的权力。就机密信息、动因甚至项目而言，一个组织拥有一些在按需知晓的基础上才会被揭露的机密并不少见。这样的机密可以是收购一家公司、卖掉一个业务单元、召回一个产品或者退出一个新兴市场的计划等。这样的机密可能并没有做好被揭露的准备，但对于 PPM 而言极其重要。

以某个 CEO 和董事会为例，在行业领导者收购他们公司的早期，信息是绝对保密的。这里无疑存在一系列具体的优先事项和项目，来支持公司为收购谈判做好准备，确保诸如投资银行、行业专家的参与方和参与谈判的双方最终做出最优估值。作为 PPM 流程和高层活动的一部分，或许有些项目看上去比筹备公司的被收购更具吸引力，然而 CEO 和其他可能参与秘密行动的人员很可能不被允许公开公司收购计划的真实情况和战略重点。

没有什么比泄露公司的高度机密更能转移公司的运营注意力了，就像"二战"期间著名的战争广告委员会所倡导的口号——"口风不严战舰失"一样，这句话至今仍然在全球领先的企业里盛行。所以，所有参与 PPM 流程的相关方需要理解、忍受而且允许高层有行政管辖权，以及在外界看来可能有悖于透明流程的决策权力。

类似的情况是，有时少数人，甚至一个人的需求，超过了多数人的需求。比如，组织的战略指令是要进军某个新兴市场、行业或专业细分领域。尽管从投资回报率来看没有竞争力，但是为了支持新的战略决策，某些项目还是需要做的。理论上，这样的问题可以通过重新审视那些决定战略优先级排序的价值和权重来解决。某种程度上，这也是大多数领先的 PPM 在工作中应用的方法。他们基于不同的标准对不同组合建模，而工具的便捷性和先进性也使他们能够进行并行和迭代的假设分析。在战略规划层面，这些能力的确是必需的，而建模和分析使得产生一个优化的组合配置成为可能。然而在实际工作中，如果仅仅因为要支持一个决定而对排序系统的各种变量做出改变，那么团队就像是某些成员在玩"答案就是……"的游戏。也就是说，人们可以对纳入分析的变量和参数进行调整，直到得到的答案是最初想要的。

与上述例子一样，PPM 的行政管辖权和决策权应该被允许使用。正如澳大利亚项目管理专家兼 PPM 思想领导者内维尔·特尔比特（2010, p.1）指出的："它（PPM）是一种帮助企业在务实的框架里进行优先级排序的方法。"一个 PPM 工作框架对企业具有非常大的价值，也为高层团队选择和管理项目组合提

· 37 ·

业务驱动的项目组合管理

供了某种程度的灵活性，但它不是靠自动导航来运行的。

小结

高层支持是 PPM 获得成功的必要条件。为了获得高层支持，有人倡导先让 PPM 非正式地开展起来，让取得的结果自行证明其是成功还是失败。有时这样的做法可行，但这种做法往往会遇到重重阻力并使结果不了了之，从而使得整个 PPM 前功尽弃。尽管可能会带来难度并且花费更多时间，但推迟开始 PPM，直到高层所有成员都理解它并真正支持它，仍然是明智的选择。

为了获得高层支持，有一系列因素需要考虑、一系列技巧可以使用。例如，从顶层高管开始，从一开始就聚焦业务目标，建立 PPM 高管手册，以及给高层保留一定的行政管辖权等。同样，在寻求高层支持时，很重要的一点是高层团队的组成。大多数在高层里支持 PPM 提议的成员并不一定在正式项目管理领域上有相同经验，也不一定都赞成 PPM 能给组织带来好处。你完全有可能甚至应该预期到会面对种种怀疑、阻力及担忧，更别提在如何开始这一点上存在的观点差异了。

对于一些人来说，获得高层支持的困难难以克服。对于另一些人来说，这样的困难看起来就像"第 22 条军规"。高层也并非倾向支持 PPM，因为他们不认为它能管用，但是如果在没有高层支持的情况下尝试使用 PPM，那么基本不会成功。这就是为什么任何一个想要开展 PPM 的组织应该把高层的支持看成成功的必要条件，而且在没有真正获得这个支持之前，这将是威胁 PPM 成功的第二大风险。

问题

1. 为什么高层支持对于 PPM 如此重要？
2. 高管如何影响组织对实施 PPM 的承诺？
3. 在获得高层充分理解和支持之前就开始 PPM 的好处是什么？
4. 在获得高层充分理解和支持之前就开始 PPM 的风险是什么？
5. 在启动 PPM 时，从一开始就聚焦业务目标的好处是什么？
6. PPM 可以以什么样的方式成为组织内项目的驱动力？
7. 项目管理活动可以以什么样的方式成为组织内 PPM 的驱动力？
8. 什么是 PPM 高管手册？
9. 一个组织内的 PPM 高管手册和详细的 PPM 流程有何不同？

10. 什么是 PPM 高层的行政管辖权，在什么场景下需要它？

原文参考文献

Berinato, Scott. 2001. "Using Project Portfolio Management to Demonstrate IT Value." http://www.cio.com.

Levine, Harvey A. 2005. *Project Portfolio Management—A Practical Guide to Selecting Projects, Managing Portfolios, and Maximizing Benefits*. San Francisco, CA: Josey-Bass. McKinney. Michael. 2009. "Quotes on Change." http://www.leadershipnow .com/changequotes.html.

Moore, Simon. 2010. *Strategic Portfolio Management: Enabling a Productive Organization*.

Hoboken, NJ: John Wiley & Sons.

Potts, Chris. 2010. "Using Portfolio Management to Meet Company Goals." http://www.cio.com.au/articles/.

Rothman, Johanna. 2009. *Manage Your Project Portfolio*. Raleigh, NC: The Pragmatic Bookshelf.

Turbit, Neville. 2010. "Project Portfolio Management (PPM)." http://www. projectperfect.com.au.

案例展示 #2：Compuware

赢得和维持
高层支持的秘方

洛里·埃尔斯沃斯，副总裁，ChangePoint 事业部

● Compuware 和获得高层支持

高层的理解和支持对于 PPM 的成功至关重要，满足这个前提条件才能创造一种有利于成功且被用户接受的环境。那就让我们从得不到高层支持的风险开始讨论。几乎每天，组织都在不断往前并持续投入关键性的资源。考虑到这一点，本文提供了几个我们多年来在大型企业实施 PPM 的过程中看到的场景。

场景 1——缺少高层支持

在这个场景中，PPM 的动议完全是被一个英雄般的人努力向前推动的——一个真正的信徒，你可以这么理解——但这个人就是缺乏高层的支持。在项目生命周期的某个阶段，我们的英雄不再扮演这一角色或离开组织，PPM 项目就失败了。在这个场景中，高层对项目的理解和支持的缺位导致了项目最终的失败。面临失去摇旗呐喊者及缺乏高层支持的难题，PPM 的实施陷入困境并且完全没有设防。组织不愿意回填必要的资源以确保项目的延续和长期成功。时间和金钱被浪费，而 PPM 还落得一个坏名声。

场景 2——高层的不一致

在这个场景中，高层对 PPM 动议有一系列的优先级标准和目标，而工作组却有着另外（完全不同的）一系列目标。公司管理层存在的不一致从一开始就注定了 PPM 项目的不成功。在这个场景中，工作组本可以按照他们定义的来彻底完成 PPM 项目，结果却是经历了执行上的失望和最终的失败。这个场景就是把项目管理等同于合乎预算的准时交付管理，而忘记适当定义客户的需求——结果自然是失败。高层的业务目标没有达成，而且项目注定失败，还浪费了精力和资金。

考虑到这些普遍存在的陷阱，让我们把注意力放在制订一套方案，确保 PPM 动议得到高层的支持上。动议的确是个正确的用词——如果 PPM 被认为是单一、有限的项目，那这个组织很少会获得成功。我们将讨论在早期就赢得批准的流程，提供搭建商业论证稳固基石的建议，并且提出一些贯穿在

PPM 动议中维持高层参与度的策略。最后，我们将基于在一些企业里的经验概括出一些最佳实践，来确保你的 PPM 实践获得长期成功。把功夫下在过程中来维持高管支持，而不是在失败后试图挽回支持，这样做更简单、更有效，风险也小得多。

获得支持的准备工作

根据我们的行业经验，赢得高层支持的过程应该在组织考虑采用哪种方法或工具之前就开始。记住前面提到的不一致的陷阱，一个 PPM 的发起者必须首先从理解和确认高层的目标和优先级入手，并且问自己一个至关重要的问题："PPM 规则和工具能否解决一个引人注目的商业问题？"

你的调查应该始于对企业战略的清晰理解。今年企业的目标和目的是什么？后面 2~4 年的呢？什么样的业务问题是你的高层赞助者正在寻求解决的？哪些挑战是当前最高优先级的？他们预见到了什么样的可能阻碍业绩增长的障碍？如果业务的目标和最高优先级没有被很好地理解，那么就没有依据来证明投资 PPM 是合理的。当这个信息没有以书面形式体现在商业计划当中时，一对一的互动就是有必要的。

着手准备获得高层批准的第二步就是了解高层的想法。这就要求你从识别那些正在被业务挑战所困扰，同时正在解决这些挑战的高管入手。了解他们的世界观、各自部门对企业战略的贡献及他们的业务目标。这可能是个艰巨的任务，因为高层成员的个人信仰和偏见、高管的个人工作经验都不是能在书面的商业计划里轻易找到的。有时可能需要做一些调查工作，通过个人访谈、走廊里的谈话或是别的非正式方式来获得信息。这个工作是意义非凡的投资，因为它将使你透过高层的眼睛来定位你将要交付的价值，这意味着你提出的商业论证将产生强烈的共鸣。

有了这些信息，现在你可以拟定获得高层支持的计划了。你需要了解哪些人是高层中负责审批的关键相关方。你校验了企业和个人的目标，也识别了企业首当其冲的商业痛点。但是在你往前推进之前，得确认你的确充分理解决策流程——谁能看到商机、多久会考虑重大投资，诸如此类。这个调研流程同样适用于那些被组织指定的正在领导一个进行中的 PPM 方案的个人。在这种情况下，至关重要的是，作为一个 PPM 动议的倡导者，你应该基于第一性原理，开展适当的尽职调查和风险评估。这个过程始于对项目起源的清晰理解。如果你的高管已经把某个 PPM 项目识别为有资金支持的项目，并指派给你，理论上你可以假定这就是支持，但是要留意——盲目投入而没有对项目的来龙去脉有充分认知的话，可能对你的公司和你个人的职业生涯来说都是致命的。在接受这份职责的时候，你需要理解 PPM 动议是如何发起的，谁参与、谁没有参与相关讨论，以及将会采取哪些其他行动来解决这个问题。最后，问自己一个问题："PPM 的确是解决这个问题的正确方案吗？"在决定之后，做个逻辑验证，特别是当这个决定是别人做出的时候，这对于确保成功至关重要。

赢得批准动议的支持

你已经完成了必要的准备工作，并验证了这个动议对于取得符合业务目标的成果是非常关键的。然后你建立了有利于多个相关方的业务利益的前提条件，也理解预算和签署流程是怎么回事。当这些工作完成以后，你必须开始密集地推销，以便赢得支持，并让你的 PPM 动议得到批准。在本节，我们将介绍当一些 PPM 推动者在你的高层团队中推进 PPM 时应当考虑的商业论证要素。首先，聚焦于如何在这个项目和业务战略目标之间建立连接，但是得现实一些——越是直接的关系，整个高层团队理解起来就越容易。应用你之前从整个活动中所学到的经验，将 PPM 收益与业务需求进行匹配。

尊重这样一个事实，即你的 PPM 商业机会未必是唯一一个可以考虑投资的机会，其实还存在许多好的投资途径。即使商业收益对你们来说很明显，也不能假设 PPM 项目是理所应当的。在建立你希望组织采纳的 PPM 商业论证时，你需要展现同样的业务规范性。就如同一个人要采用 PPM 方案来衡量不同 IT 投资的利弊一样，你的高层团队也面临着投资权衡。所以就像所有销售业务活动一样，你必须面对竞争，基于选项的价值对比来营销你的 PPM 动议，以此来说服你的高层团队。

你还必须确保整个指挥系统看到 PPM 商业论证的价值。为此，你需要深入了解你在准备阶段争取到的所有参与者。否则，你将面临一种风险——你成功地向你的老板推销了 PPM，但是后来发现整个计划被一个手握竞争性议程的高管否决了。高层在 PPM 投资上的共识是至关重要的。请记住，PPM 方案的首要作用是驱动并实现企业内部的协同合作。

为了得到广泛的认同，你必须超越最高层次的业务目标，在你的商业论证中满足高层团队每个人的具体需求，并帮助他们应对挑战。运用"这对我有什么好处？（WIIFM）"这一技巧，试着想象一个场景，你能从 PPM 解决方案中输出某些信息，来满足你的首席财务官（Chief Finance Officer，CFO）或首席信息官（Chief Information Officer，CIO）尚未被满足的需求。通过真实地展示 PPM 方案的具体可交付物，运用高度个性化的术语表达，你可以为每个高管描绘出新世界中的业务情况。我们有一个客户，是总部在美国的健康服务公司的 CIO，我们通过为他的每位高管伙伴建立个人商业论证而成功地把 PPM 计划推

第 2 章　PPM 风险之二：高层的支持

销给他的管理团队。他基于对他们具体业务的了解，结合 PPM 方案的现有信息，针对每个人的关注点量身定做地提供了有针对性的解答。如果你也能够使用 PPM 报告或报表为你的财务执行官提供他们长期渴望但又从来没能获得的信息，那就能很快让他们对 PPM 系统的价值心服口服。

如图 2.6 所示，为一个 PPM 应用程序截屏。它以报表的形式为你的 PPM 商业论证增加了一个可视化组件。高管喜欢看异常报告和图表。利用你在早期收集的信息与供应商合作数据，为高管模拟演示报告和报表，从而向他们展示他们所面临的挑战。俗话说，一图胜千言。

用潜在收益、市场份额或者成本削减来量化项目的预期财务收益，这应当是向高层团队或董事会呈现所有商业论证的标准化操作。确保你的结果是可以量化的。不过我鼓励 PPM 领导者拓展这个操作流程，为正在进行的流程定义度量成功的手段。通过定义关键绩效指标和相关目标，让执行官批准这些 KPI，你就能为今后衡量项目投资回报率（ROI）打下稳固的基础。许多组织在创建看得见而又吸引人的案例上做得很好，却在后续重新审视这些数字来判断投资回报率上做得很差。本章我们还要讨论一下度量在保持高管长期支持这一点上所起的关键作用。

记得在你的 PPM 商业论证里阐述一下现状。有点敬畏心总是没错的，特别是如果这个企业的惰性和不作为的后果很严重的时候。你可以采用"如果……的话"的假设来带领你的高管完成此项工作：什么将无法实现，什么将不可能实现，以及如果现在问题继续恶化会发生什么。然后指出通过实施 PPM 可以解决这些潜在的担忧。

为你的高管描绘一个完整而现实的图景。你的商业论证内容应该包括更多用于购买软件的预算。高管必须理解并接受那些支持 PPM 成功所需的相关过程和文化变革的努力，并且必须在所需的资源投入方面有充分的理解。在正确的范围内获得支持至关重要。之后发现的每一个惊喜，对于你的高管来说都是一个重新审视当初投资的这个动议的契机。

最后，提醒你的高管在保障 PPM 动议的成果上所扮演的角色，并且制订一个可以帮助取得成功的时间计划。设定期望来确保高管在签完合同后继续置身其中，帮助他们做到持续参与并从 PPM 项目中真正获利。这个早期的期望将为当前的项目沟通建立基础。当组织开始意识到技术可以被应用于解决问题之后，PPM 方案经常因巨大的范围扩张而面临危险。高管应该理解并同意项目范围在项目开始之前就应明确，这样才不至于陷入试图过快地解决过多问题的风险之中。他们对项目和该项目范围的理解能够帮助你今后聚焦于 PPM 在组织中的实施。

业务驱动的项目组合管理

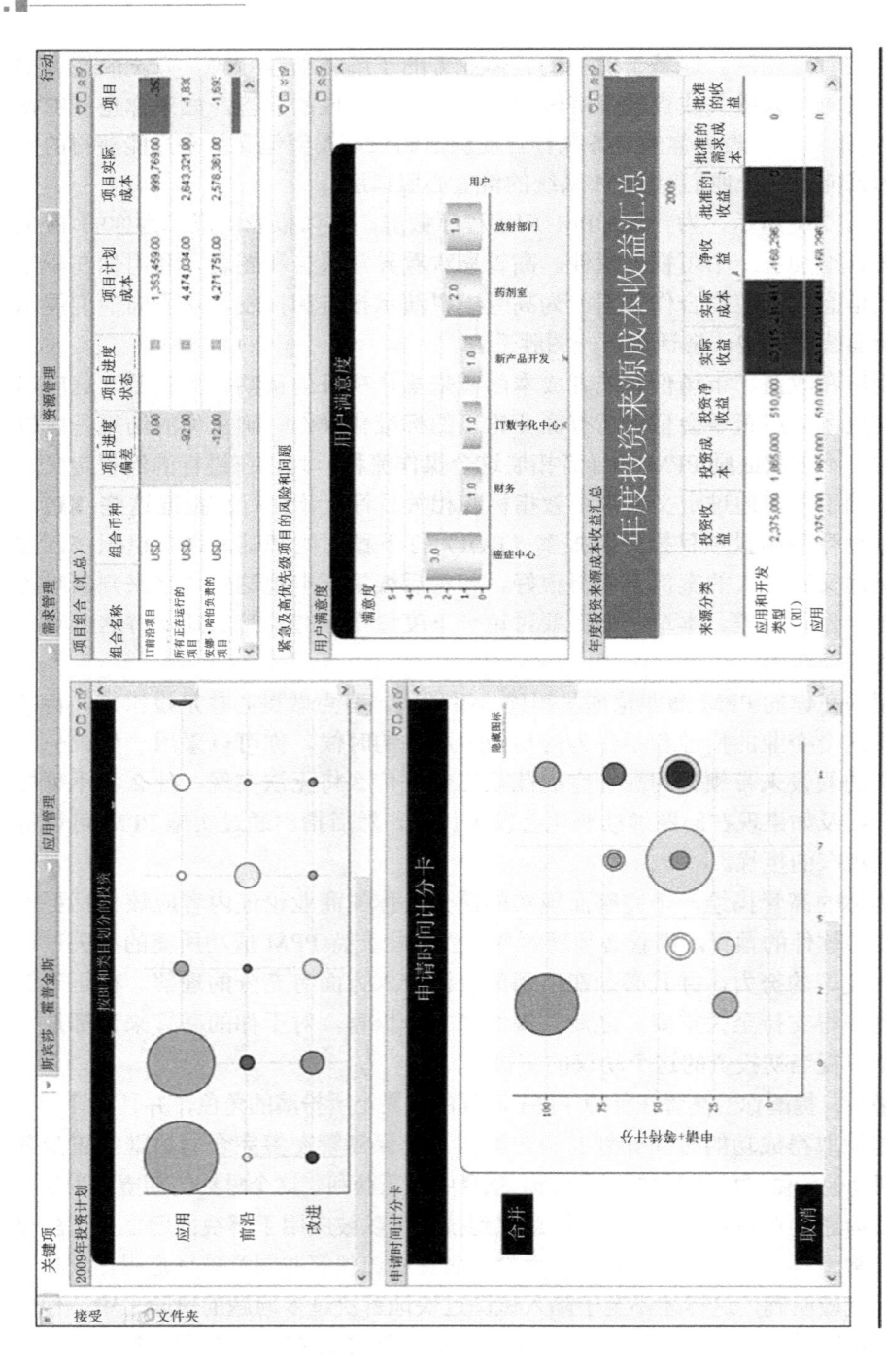

图 2.6 PPM 应用程序截屏

第 2 章　PPM 风险之二：高层的支持

● PPM 项目的开始

　　供应商已选好，合同已签订，资源也已到位，那么你的 PPM 项目就开始上路了。这时，高管支持显得前所未有的重要。作为项目领导人，你的角色现在要从销售员转换成沟通者。本节就来讨论你可以如何转换到沟通者这个角色，并介绍一些确保高管们持续承诺的策略。

　　定期与你的高管们碰头，随时向他们汇报项目进展，坚守既定的时间计划，并且展示项目初期成果。我们强烈建议客户的 PPM 项目领导利用这个机会来验证项目是否始终符合业务的目标和目的。无论在什么样的组织里，变化总是频繁而快速的，PPM 项目可能需要不断适应这些变化。如果企业在你不知情的情况下收回对你的投资或支持，那你就麻烦了。高管支持者应该保持信息灵通，以便在高层非正式地为你发言，而不致彻底放弃这个计划。即使在最坏的情况下——当项目领导人离开企业，一个高度投入的高管也能以个人来担保这个项目会有充足的人力资源来确保成功完成。

　　下一步，让他们不自觉地迷上这个项目。在你的商业论证中，你已经确保理解了每个高管的业务难题。那么在执行阶段，你就有机会建立起大家对 PPM 提供的信息的依赖。这个可以通过提供某些报告或者为关键高管提供所需信息而创建的定制报表来达成。如果你的高管信息灵通，和项目成功保持方向一致，并从解决方案中获得价值，那你就有最佳机会来把高管领导转变成一个在组织内为你摇旗呐喊的"代言人"了。也许他们的支持能有助于争取其他不情愿的高管加入这项事业，或者促使一个落后的业务单元接纳 PPM。这种自上而下的激情和领导力也将有助于在更大的组织范围内传播 PPM 的价值。反过来，这又有助于促进客户采纳 PPM 或者减小客户对变革的阻力。

　　最终，在整个项目过程中，与高管不断沟通，以期获得他们的理解和认可。如果你仅仅每季度给高管赞助者发送一份状态报告，那么是不太可能取得理想结果的。会议要尽量短。信息必须简练且高度可视化——最好用看得见的指标和财务结果来表达。

● 建立价值观

　　随着项目的推进，你始终在向高管证明你正在解决 PPM 投资方面的主要商业难题。你埋头干活，沟通并展示短期结果。但是这些是否就足以维持高管对你的 PPM 项目的长期承诺呢？

　　你得记住一件事，PPM 解决方案具有非常广泛的范围，所用的技术也非常多样化，你完全可以利用现有的投资来解决任何数量的额外的商业难题。你的

业务驱动的项目组合管理

组织也许最开始想要寻找、投资 PPM 来解决 PPM 本身的问题，但是其实方案的目标有可能会延展到处理一个组合管理的申请、解决需求管理的难题或改进产品开发流程。应不断扩大价值，与供应商保持步调一致，以此来决定在新的不同商业难题上应用什么样的技术，这会成为向你的高管证明 PPM 长期价值的关键。你得做好这些事，开辟出一条内部道路，如图 2.7 所示，这将使你的 PPM 道路越走越宽。作为 PPM 领导者，你必须时刻关注下一个展示新价值的机会，这一点至关重要。

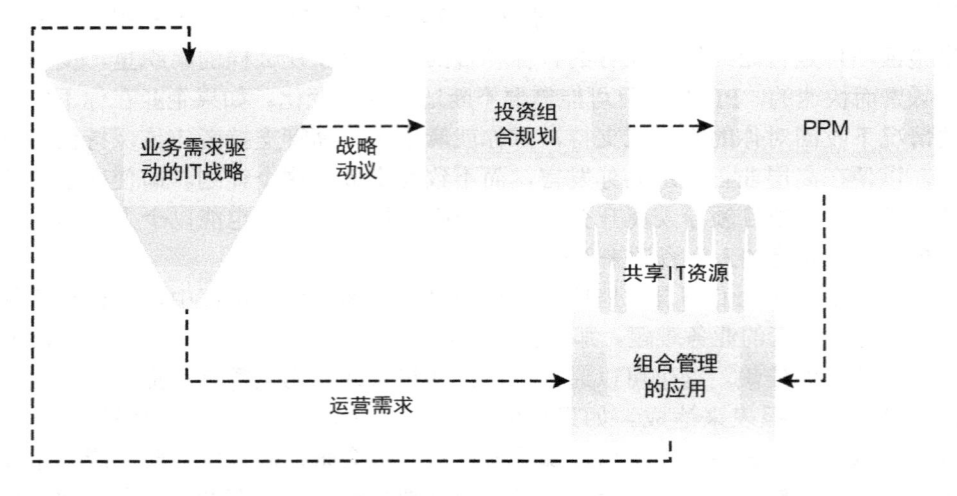

图 2.7 PPM 路线图示例

是什么让你失去了高管的支持？这种事在今天时刻变化的商业环境中是完全可能发生的。任何一个任命、合并/收购或者一些其他基本业务的改变，都有可能影响高管对你的支持。虽然重新赢得他们的支持不是不可能，但这将是场硬仗。我们都曾见过这样的组织，即采购并部分实施了类似 PPM 工具的庞大系统，扩充了相当规模的资本金额，获得了一定程度的用户基础，但仅仅因为沟通不畅、缺乏衡量成功与否的方法或某些其他内部失败，就失去了所有动力和高管的支持。缺乏高管对你项目价值的理解，可能会导致你和你的团队回到原点——重新开始选择供应商和实施 PPM 的流程。

用一句积极而乐观的话来总结就是，在组织内一定有着足够的空间让你启动 PPM，让你能看到终点是一个非常成功的 PPM 动议。在实践中，我们看到最成功的组织已经完成了这样的目标，他们制定了一个 3~5 年的 PPM 路线图，明确地为高层制定了清晰的项目目标，以及组织要完成的交付成果。这个路线图还强调了未来需要解决的潜在问题。我们最成功的客户之一——一家国际医药公司，为这个项目管理分支提供了一个很好的例子。在他们的路线图里，他们在三年框架下为 PPM 设定了每年聚焦的领域，以此指引他们下一步应该去向何处。该计划考虑了自动化工具，也考虑了方法论、培训、文化变革等。即使高管赞助者发生变动，这样的计划也依然不受影响，因为该计划已经出台并在一定程度上有效执行，并且因为该计划的长期可见性，保证了组织中的每个人都处在计划之中，从而减少项目失败的风险。

● 总结

赢得并维持高管对你的 PPM 支持的秘方就是：提前做足功课，对你的商业论证进行宣传并调整，使得它能满足企业和个人的需要，并在项目进程中，沟通、沟通、再沟通。如果你停顿一下，思考本章所定义的策略，实际上，你已经在引领你的组织走向 PPM 这个领域了。要知道，实施 PPM 并不意味着带领你的高管和组织走向成功是一个容易达成的目标。在你管理和确保项目成功的过程中，通过遵循 PPM 原则，你将构建 PPM 最佳实践的基础，作为回报，这个基础在随后的几年里将会贯穿整个组织并在许多项目中发挥作用。

赢得管理层的支持

简·霍顿，C.A.，执行总监，
投资项目集管理，加拿大健康信息中心

虽说每家公司都认为自己是独一无二的，但就加拿大健康信息中心（Canada Health Inforway）而言，真的是这样。该公司是一家加拿大政府投资的独立非营利性企业。企业有十四位成员，成员分别来自十个省、三个地区和联邦政府的健康部。企业的使命是加速泛加拿大地区电子健康记录（HER）系统的实施和使用。电子健康记录系统将增加病人的安全、减少成本，并使健康医疗服务更加便利。为了实现这些规划，该公司正在负责一个总金额高达 16 亿美元的项目投资组合，由涉及几百个 IT 项目的十个战略投资项目集组成，要与来自全国十三个省和地区的上千个相关方合作。Infoway 的角色就是这些项目的战略投资方，负责监控并提供建议，但不实际执行项目。

为了高效地处理这样大型而复杂的事务，加拿大健康信息中心开发了一系列 PPM 工具，并把它们嵌入到日常业务中。在我们的 PPM 进程中，最近的一个举措为期两年，我们采购并实施了一个企业级、最先进的 PPM 系统（我们的选择是 Compuware 公司出品的"Changepoint"系统）。这段经历最有挑战的事情，是说服高层需要这样的系统，而这将是加拿大健康信息中心史上最大的内部技术项目。这是一个关于我们如何赢得高层支持的故事。

在很大程度上可以说，在加拿大健康信息中心工作，是像我这样的项目管理专业人士所梦寐以求的。我们的核心业务就是项目，所以项目管理规则的重要性和对严谨的信仰早就植入企业 DNA 里，贯穿整个组织，上至高层。六年半以前，当我加入公司时，我的任务之一是建立一个 PMO。与我在另一家公司的同行相反的是，我不用很费力地说服高层需要一个 PMO，因为管理层中有好几个人曾经从事项目管理几十年，很早就认识到 PMO 的价值。在高层的支持下，我们建立了一个一流的 PMO 和扎实的流程，除了其他好处，作为公共资助企业，这些帮助我们成功地经受住了许多外部的审核。

和许多组织一样，我们只是利用现有的一切开始了 PMO：Excel 表格和其他桌上办公软件——简单、便宜、灵活，就是你开发和优化流程时所需的工具。短短几年，我们真的将这些工具的可用范围进行了拓展。我们用这些基本工具所完成的工作，令我们得到了组织内外的赞誉。但是，随着时间推移，我们越来越意识到 PPM 效率正在因为这些工具的内在局限性而面临风险：

- 信息分散在几百个 Excel 工作簿和 Access 数据库中，所以跨组合的透明度非常难做到也难以维持。
- 对于单独项目、项目集或项目组合，没有一个统一且可更新的信息来源。许多相关方手上各不相同的局部信息在不同程度地流通。
- 许多信息孤岛造成了重复劳动。
- 对工具和流程的人工操作，带来了数据完整性的天然风险。
- 无法规模化地响应未来业务的变化——在卫生信息系统等开创性领域，这是一个可能的前景。

除了以上所述原因，还有其他许多原因，使我清楚地知道加拿大健康信息中心需要企业级整合的 PPM 系统。但是这项工程的规模（就范围、成本和人力资源变更管理而言）都是前所未有的，所以我深知高层很可能表示怀疑。在外部项目中，我们的投资已经超过 15 亿美元，在内部运营时却一直能省则省，以使得用来投资项目的资本最大化。

我第一次去找我的老板——这位高级副总裁，向董事会全权负责加拿大健康信息中心的投资项目是他的职责之一。他马上认识到需要一个 PPM 系统，并同意做这个动议的高层赞助者。然而，他告诫我，他的几个同事，尽管作为项目主管有着丰富的背景，但是可能刚开始并不会赞成加拿大健康信息中心启动如此重大的变革。而且，众所周知，没有坚实而有影响力的高层做支持，任何一个大型项目都注定失败。

在争取高层支持的过程中，我想到了一些关键的指导原则和优先事项，这些原则和优先事项是开展业务的基础，不管是正式还是非正式的。所有这些原则和优先事项，都是我们的高管们建立的，并且是使得加拿大健康信息中心成功至今的基石。对我来说，比较符合逻辑的是，如果我能够展示 PPM 系统如何支持加拿大健康信息中心的原则和优先事项，那么高管们很可能会支持采购并实施 PPM 系统。下面是一些原则的示例：

- 一个清晰的使命；
- 公开的、可测量的年度企业目标；
- 聚焦风险管理；
- 一个高绩效的组织；
- 国家电子健康记录组织的意见领袖；
- 对公共基金高度负责任。

本节余下部分会描述一下我们向高层提供的信息，即 PPM 系统是如何促进加拿大健康信息中心实现上述原则和优先事项的。结果是高层批准了采购和实施 PPM 系统，而且目前已经在整个组织铺开，正在取得不错的可量化收益。

- 一个清晰的使命——几乎所有在加拿大健康信息中心工作的人都被组织的使命与信念所吸引——改变全民医疗保健体系，这也是加拿大人改善生活的基石之一。电子健康记录系统提供了一个统一的信息源，这样每个加拿大人医疗保健的历史都可以给到他/她的临床医生那里——简单地说，无论医生在哪儿、病人在哪儿或数据存在哪个物理地址，都能在正确的时间提供正确的信息。这个愿景是过去加拿大健康信息中心（有 PPM 系统之前）用几百张 Excel 表单和一些 Access 数据库里维护项目信息的方法所远远达不到的。以前的表单使得我们很难看到全景图，也很难对项目数据的准确性和时效性有信心。通过提供可以网络访问的、实时更新的企业级项目信息整合数据库，PPM 系统就能实现对电子健康记录的承诺：统一信息源，在正确的时间、正确的地点提供正确的信息。

- 公开的、可衡量的年度企业目标——加拿大健康信息中心被委托管理 16 亿美元的公共资金，并向联邦、省和地区政府承诺对资金的支配及其带来的收益全权负责。每年，加拿大健康信息中心都会向政府和加拿大人民报告在实现一系列公开企业目标方面的进展。和很多私人组织一样，加拿大健康信息中心高层的报酬有一部分就是基于这些目标的达成情况来确定的。我明确了 PPM 系统可以增加实现多种目标可能性的具体方法。

业务驱动的项目组合管理

◆ 聚焦风险管理——因为某些原因，加拿大健康信息中心的业务存在内在风险。第一，它的项目没有先例，会有很多不确定性。第二，要做的事纷繁复杂。它意味着加拿大经济最大组成部分之一的转型，这个部分涉及每个加拿大人。第三，加拿大健康信息中心依赖省政府和地区政府的表现，他们才是加拿大健康信息中心投资项目中的实际执行者。第四，由于医疗在加拿大社会中的支柱作用（大量的纳税人基金投入其中），任何严重的、引起不良反应的事件都很可能导致媒体的夸大，而这将削弱公众对加拿大健康信息中心的信心。于是，不出意料，加拿大健康信息中心对所有业务领域的风险管理保持着高度聚焦。PPM 系统带来最大的预计收益之一是改善加拿大健康信息中心风险管理的实战能力。以下是一些例子。

  ◇ 贯穿整个投资项目组合，显著风险对执行官保持最大化的可见度。比如，保护个人信息隐私是健康信息技术应用中存在的一个很大的隐忧，所以所有加拿大健康信息中心的投资项目必须符合严苛的隐私要求。通过 PPM 系统，高管们就能分析、监控和管理存在于几百个投资项目里的所有相关风险。

  ◇ 管理的分析和决策更好地建立在综合、汇总最新信息的单一来源基础上，不管从哪个终端，都可以使用一个公司内部可访问的共同平台。

  ◇ 对重大业务变化的快速反应能力得到了提高。例如，加拿大政府最近将加拿大健康信息中心的资金从 16 亿美元增加到 21 亿美元。将这一主要业务增长纳入 PPM 系统将相对简单，但是如果仍然使用以前的一套工具就很难了。

  ◇ 有健全的审计跟踪，以确保过程合规，并将审计风险降到最低。正如前面提到的，由于其公共资助的身份，加拿大健康信息中心要接受几项外部审计。正面的审计报告对维持公众对加拿大健康信息中心的信心很重要。PPM 系统提供诸如电子工作流程和文档管理的功能，这有助于确保在必要的检查和制衡（例如，电子签名）下按要求执行流程。

◆ 一个高绩效的组织——加拿大健康信息中心吸引了非常有才华的人士，并对他们抱有很高的期望。反过来，员工被高度正向的文化氛围所感染，比如重视学习，在员工的成长和发展上投资，以及强调工作/生活的平衡等。发现和保留高素质人才始终是扩大健康医疗 IT 领域的一个挑战，因此，我知道高层如果听到 PPM 系统如何帮助他们的员工进一步提高绩效，同时有可能增加他们的工作满意度并减少流失率，就会变得很感兴

第 2 章　PPM 风险之二：高层的支持

趣。比如：

- ◇ 我会见了来自加拿大健康信息中心各个业务部门的代表，了解他们的业务问题，并确定 PPM 系统如何能够帮助他们的工作变得更容易。这在业务单元层面上创造了对该系统的需求，然后这些需求被传递给各业务单元的高管。因此，当我与每位高管单独会面时，他已经从自己的团队成员那里听说了 PPM 系统对业务的潜在价值。业务单元的咨询进程还促使我及早查明对该系统潜在的反对意见和其他障碍，然后在达到执行层之前加以解决。
- ◇ 这条信息的一个重要方面是，如何通过减少人工流程和消除重复数据，让 PPM 系统帮助员工提高生产力，使他们有更多时间专注于工作中真正具有附加值的方面，比如深入分析和外部利益相关者管理，而不是把大量时间花在处理电子表格上。
- ◇ 我曾经参加过一个 PPM 研讨会，在那里我遇到一个分析师，他声称组织花费了 15%~30% 的时间收集数据，还为此做了一番论证。虽然我无法估计时间，但我知道每个月和每个季度，加拿大健康信息中心部门间的数据验证和协调都是一个问题，这也导致所有相关人员感到沮丧。实施 PPM 系统意味着所有部门将根据同一套信息来开展工作，因此不再需要跨部门验证和核对数据，从而改善部门间的关系和协作。
- ◇ 与此同时，由于大多数 PPM 系统的设计使然，每个部门可以控制自己的子系统，而不用放弃任何地盘。
- ◇ 拥有一个集中的系统，还可以简化加拿大健康信息中心的内部 IT 架构，减少需要管理的应用程序数量，从而使 IT 团队能够专注于其他重要的优先事项。

◆ 国家电子健康记录组织的意见领袖——除了提供投资项目资金，加拿大健康信息中心的角色还是十三个省和地区电子健康记录组织项目的国家协调员。加拿大健康信息中心制定了泛加拿大的医疗标准，并提供了关键领域（如架构、隐私和相互操作性）的专业知识。因此，高层总是对加拿大健康信息中心展示医疗 IT 领域领导力的任何机会很感兴趣。PPM 系统和增强版的 PPM 实践能使得加拿大健康信息中心与各省和地区分享专业主题知识之外的诸多领域知识，目的是帮助它们确保其医疗信息技术项目取得好的成果。

◆ 对公共基金高度负责任——如前所述，加拿大健康信息中心已被委托管理 21 亿美元的公共资金。这些基金的管理是加拿大健康信息中心各个业务领域工作的组成部分，包括内部类似 PPM 系统这样的 IT 基础设施项目。提议中的项目将是加拿大健康信息中心历史上规模最大、成本最高的内向型技术项目，高层需要确信，这种投资会带来正面回报。为了实现这一点，我们创建了一个全面而正式的商业论证模板，为获取和实现 PPM 系统提供了坚实的保障。商业论证包括如下重要元素。

- ❖ 独立的第三方研究（来自 Gartner、Forrester、IDC 等资源）支持项目组织对 PPM 系统的需求，以及没有这种系统的风险。
- ❖ 根据一些 PPM 解决方案供应商提供的真实信息，进行实际的采购和运营成本估算。在估算中也考虑了充分的意外因素。最终的项目成本完全控制在商业论证中的估算范围之内。
- ❖ 重要的效能提高预测——根据我们的计算，如果这个系统能使加拿大健康信息中心员工的平均工作效率提高 5%，它就能收回成本。
- ❖ 在现有 IT 应用程序上节省成本，这些应用程序要么可以"退休"，要么原先计划的采购可以避免，因为 PPM 系统具有同样的功能（如电子工作流程）。
- ❖ 项目如何实现加拿大健康信息中心企业信息战略的目标，并降低整体 IT 风险。
- ❖ 将 PPM 系统的广泛适用性呈现出来，这样就可能进入所有的业务单元，一旦各业务单元的领导选择采纳，就能够使投资回报最大化。
- ❖ 即使这是一个内部项目，它也将以与我们的外部投资一样严格的项目管理水平来执行，从而使其成功率最大化。

如前所述，结果是高层批准了针对一流 PPM 系统的挑选、采购和实施。这个过程并不容易，从最初 PPM 体系的构想，到正式获得高层认可，花了整整一年的时间。四个月后，我们通过计算机软件选择了改变点；又过了四个月，我们进行了一系列部署。加拿大健康信息中心的整个核心业务在接到高层批准后一年内就转移到了新系统。项目本身按计划、按预算完成了。如今，这个系统已经部署到整个组织，几乎每个员工（不同程度地）都在使用它（包括赋予它生命的那批高管）。在最初常见的沉默之后，用户反馈（使用 Changepoint 自带的调查功能测量）是非常正面的，商业论证中描述的预期节省已经开始实现。这是一段有时令人沮丧，但在大部分时间里令人振奋的、充满挑战的旅程。如果没有高层的支持，这不可能发生。项目虽然花了一年时间才完成，但最终，一切变得不同。

第 3 章
PPM 风险之三：
职能倡导者

有些项目对于管理层团队来说，因其很容易构想，所以总能获得支持。这类项目具有强有力的商业主张，而且能够制造出一种"OK，让我们现在就开始吧"的氛围。同时"我可以从中得到什么（WIIFM）？"，这是所有参与管理层审查的人都会问的问题，无论他们是大声说出还是在内心嘀咕，而参与到这样的项目里本身就是一个令人信服的答案。这类项目不需要动脑筋，就像在自动驾驶的车辆上一般，直至最终成功结束。对于大多数组织而言，推行 PPM 可能既不像实施这类无须费脑的项目，也并不意味着是一趟能顺利结束的自动驾驶旅程。正如图 3.1 所示，任命一位非常优秀、受人尊敬、有能力的职能倡导者，将有助于做出实施 PPM 的决定。

图 3.1 PPM 漫画——PPM 的职能倡导者

项目倡导者 vs 职能倡导者

许多人把项目倡导者（Project Champion）和职能倡导者（Functional Champion）

混为一谈。而且，当提到项目倡导者时，常常说话者本人实际就是项目的赞助人。丽莎·科宁在她的文章"Project Sponsorship—How to Effectively Champion a Project"中写道："项目赞助人远不是一个傀儡。他是项目中的一个虚拟角色，高效的赞助人会在很大程度上决定项目的成功和失败。"科宁女士这篇佳作为项目赞助人如何通过积极参与到项目中来保障他们项目的成功提供了颇有见地的观点——比如扮演项目驱动者、项目倡导者及项目领导人的角色。科宁女士建议，项目经理管理项目的日常事务，而项目赞助人对组织有着真正的影响力，所以他才是最终决定事情是否办成的那个人。

说到项目倡导者的作用，来自澳大利亚的 IT 老兵——斯科特·威斯洛（2004，p.1）也同样评价道："项目管理界的一条公理就是'如果没有项目倡导者，就没有项目'。换句话说，如果在你的组织内没有人主动地推广和宣传项目的好处，你的项目就会面临风险。"威斯洛认为项目倡导者要为项目的整体宣传和扫除障碍提供支持。威斯洛还建议项目倡导者存在于组织的各个阶层，那些最热衷该项目的人是培育高效项目倡导者的"热土"。

还有一位健康理疗首席信息官（Chief Information Officer，CIO）及博主——威尔·韦德（2005，p.1）在谈及 IT 项目时，也提出了对于项目倡导者的观点。他比较推崇项目倡导者协议的概念，以此来指导项目的倡导者。这样做的好处是，需要采取传统做法来启动一个项目，和组织里的高层筹备一个项目章程，并用类似于法律协议的项目协议来确保每个人都做出承诺。在这种情况下，项目倡导者不仅对项目有重要意义，而且需要就项目的期望收益及项目得到的成功的管理达成一致。

从上述来自科宁女士、威斯洛、韦德及许多其他同行的关于项目倡导者的观点当中，我们可以得出一个结论：项目倡导者对于项目的整体成功非常重要，且项目的成功就是主要由项目赞助人或项目某一个相关方的努力决定的。对于许多项目，特别是在组织中偏低阶层完成的项目，或者在项目相对常见的组织层面上的项目来说，这些关于项目倡导者的观点确实是有效且恰当的。但是，对于那些涉及执行官和高层成员的项目来说，通常需要另一种不同类型的倡导者，即职能倡导者。在项目赞助人或热心相关方之外，这个额外的职能倡导者就需要被指派来确保项目的成功。

如表 3.1 展示的，所谓职能倡导者，顾名思义，既不是项目倡导者，也不是项目赞助人，更不是项目的利益相关方。倡导者、赞助人、关键利益相关方已经对项目的成功做出了承诺，并在影响力范围内发挥作用。职能倡导者是从另一方面被指定介入项目的，很多时候并非自愿。

第 3 章　PPM 风险之三：职能倡导者

表 3.1　职能倡导者 vs 项目倡导者

特　征	职能倡导者	项目倡导者
利益	法律法规赋予的项目利益	对项目的个人兴趣
角色	项目监管者	项目啦啦队队长
焦点	监控项目的参与方	监控项目的进度
决策	不做项目决策	贡献项目相关决策
职权	公司最高层	向最高层汇报

项目倡导者常常被视为啦啦队队长，而职能倡导者安静地纵观项目全局，被项目团队成员和其他人视为高管和管理层的耳目。所以，职能倡导者不会太多关注项目进展，也不关注项目绩效（进度和成本）相关的决策及项目回报，这些都是正常项目管理进程中的事务，属于项目经理和项目团队的职责。职能倡导者的角色和关注点是保证所有参与相关方和随之而来的商业变革都能真正地融入项目并产生新的合作范式。

为什么需要职能倡导者

组织任命一个职能倡导者一般有三个常见原因：对变革的阻力；新的未被识别的业务的复杂性；组织内的互相依赖导致必须采用高度透明的方式来解决问题。对于不同形态和规模的组织而言，当它们实施 PPM 解决方案并展示 PPM 最佳实践和能力时，上述这些驱动力及其他因素都有可能体现出来。

那些业务专家，甚至那些宣称自己对新点子和新方法持开放态度的人士，抗拒变革的原因也有很多。在初始阶段，业务专家经常首先想到的是变革是否奏效，随后就是考虑这事对我有什么好处。如图 3.2 所示，我们可以根据对待变化的心态得出 2×2 的矩阵，其中有 3/4 给成功的 PPM 带来了重大挑战。

不久以前，我得到一个机会与一家中型企业的高管们合作，一同改进他们选择和管理项目的方式。CEO 和管理层团队致力于 PPM 理念，并已非正式地推行了多年。CIO 被任命全权负责 PPM 战略，尽管 CIO 有一个 PMO 向 IT 总监汇报，CIO 仍然创建并成立了一个小型企业级 PMO 来向他直接汇报。CIO 还和 CEO 一起建立了一个 PPM 高管委员会，CIO 对所有人都明确表示企业级项目管理办公室（Enterprise Project Management Office, EPMO）实际上是向该委员会汇报并为他们工作的。

CIO 有个愿景和战略，是让 EPMO 来负责 PPM 进程和活动，作为关键驱动力来选择正确的企业级项目组合配置，并通过交付项目产品来妥善管理这些项目。就像有了魔咒一般，EPMO 一心想做正确的项目，并正确地做项目，而

· 55 ·

业务驱动的项目组合管理

指导这个愿景和战略的，是一个五步路线图和一份详细计划：
- 保证高层支持；
- 建立一个 PPM 的治理结构；
- 开发一个用来评估项目机会的共同语境；
- 实施必要的流程和工具；
- 为 PPM 高管委员会建立一个沟通和决策流程。

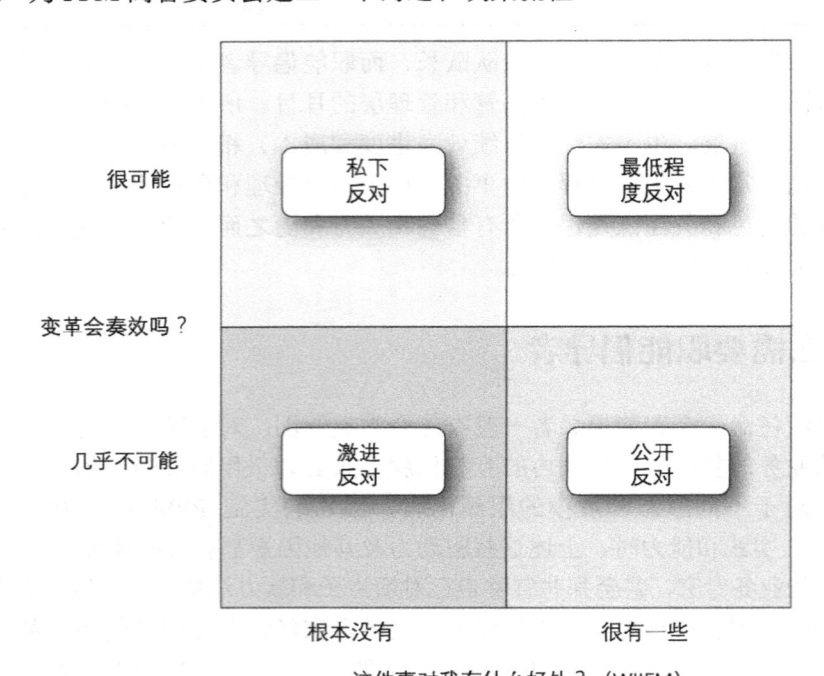

	根本没有	很有一些
很可能	私下反对	最低程度反对
几乎不可能	激进反对	公开反对

变革会奏效吗？

这件事对我有什么好处？（WIIFM）

图 3.2 对待变革的阻力心态矩阵

尽管 EPMO 和管理层采用的策略是从一开始就用非常正式的方式启动，调动了很高的热情，但是没过多久，希望就开始破灭。

CIO 惊讶地发现每个涉及的或被影响到的人，都对 PPM 动议产生了一定程度的阻力。那些曾经有着最大利益并成为 PPM 最大支持者的人，也产生了一定程度的轻微阻力，这通常表现为他们不愿包容有瑕疵的信息、连续的建设性批评，虽然出于善意，但这使得计划变得愈加复杂、让进度延迟。而且要知道他们都是支持者——所谓的盟友！对变化有着更大阻力的是那些质疑者。他们质疑正式的 PPM 是否真能像宣传的那样奏效，投入的时间、成本和精力是否值得。当然，那些觉得自己没得到什么，甚至有可能还会失去些什么的人，更是很早

第 3 章 PPM 风险之三：职能倡导者

就表现出非常抵触 PPM 所带来的变化。更让 CIO 始料未及的是，如此多的人倾向重新审视已经做出的要开展 PPM 的决定，仿佛这个决定从来未曾下过、还有待讨论一样！

CIO 继续带领这个 PPM 计划穿过各种阻力的雷区，而他手下的 EPMO 则在后续 6 个季度里和 PPM 高管委员会一起，在 PPM 计划和进程上蒙混过关。管理层的共识是，业务一如往常地被放慢下来，因为完成的现行项目和正在进行的新项目花费了太长时间。

导致这个情形的事实是，这是管理层团队第一次开始真正了解项目的整体需求，有效管理项目对组织来说意味着真实的工作量，以及怎样的配置能让所有项目符合业务需要。这个真相不仅没有让任何人感到轻松，反而困扰着管理层团队。由于面对出现的问题束手无策，许多人只想回到老路去做业务。不出所料，当 CIO 离开这家公司接受另一家公司的高管职务时，EPMO 和 PPM 的战略很快就被拿出来重新讨论，大部分管理层成员希望放弃 PPM 并回到原先的业务模式。这就是变化的阻力从一开始可能带来的影响和后果，PPM 在这一点上无法避免，且在一定程度上有出现以上情形的风险。

当这家公司的新任 CIO 到岗时，他的任务之一是让正式的 PPM 复活且重新焕发生机。CIO 和 CEO 一起回顾了整体 PPM 战略，并探讨了当前的进展，以及关键问题和仍然需要排除的障碍。他们还探讨了需要一位职能倡导者，同侪之首——平辈中的佼佼者。这个人将会是 PPM 高管委员会成员，也是最能胜任这份工作的人，他的出现可以保证所有委员会成员都会给予充分支持并为 PPM 的成功做出努力，而不仅仅是在开会时出现或在 PPM 过程中动动嘴皮子。

一些候选人脱颖而出。事实上，所有 PPM 高管委员会成员都有着适合这个任命的特质和性格。但是在最终分析中，人事副总成为了最佳的候选人。人事副总年轻、有活力、有才华，她富有魅力、为人亲和，且善于与人合作。所有高管成员都乐于跟她共事，她是公司中许多人的榜样，不论男女。说白了，对于那些没有完全参与或者还没有承诺致力于 PPM 的人来说，她是一个平等的对手。当她被宣布为 PPM 的职能倡导者时，所有人都很支持，又重新有了热情，并且意识到 PPM 没有离开，相反，公司下定决心要完成它。

接下来的几个月，CIO 和人事副总共同领导着 PPM 的推进。CIO 带领 EPMO 按照达成共识的战略规划推进治理、沟通和决策的流程落地，而人事副总则时不时与 PPM 高管委员会成员开会碰面。当 CIO 与高管伙伴一对一开会时，高管们时常表达出各种无谓的担忧，并对 PPM 事务提出各种批评，还怀念起过去——多么轻松且没那么多繁文缛节；而到了人事副总那里，她既不欢迎

业务驱动的项目组合管理

也不接受这样推诿和带有抵触情绪的对话。作为职能倡导者，同时是首席，她有权力审查并期待大家对既定计划的遵从。当然，有效的问题和顾虑还是受接纳的，也会被解答，但若是企图重新审视正式开始了的 PPM，探讨它的好处，展现出对变革的阻力，则不再被接受。

又经过几个季度的努力之后，管理层和 PPM 高管委员会开始大展拳脚了。承担过多项目的主要问题终于得到了解决，同样影响深远的是在是否承担项目这一点上经常存在决策不一致的问题，也通过正式 PPM 流程得到了解决，并最终满足了业务需要。如果没有职能倡导者，新的 CIO 很可能遭遇和前任 CIO 一样的困境。与同事合作，一起面对复杂变化被证明是非常不容易的。职能倡导者，来自同侪之首，是平辈中的佼佼者，可以成为强有力的变革助推器，同时成为所有 PPM 进程参与者的主心骨，特别是对于那些正式负责制定和执行战略，提升组织能力和获得预期收益的高管而言。

谁来担任职能倡导者

很多情况下，为一个项目或高管的动议选择谁来作为职能倡导者，基于谁是这个项目或动议最热情的支持者。虽然这个说法没有理由不成立，这样的倡导者也确实存在，但是事实上某个机会的热情支持者往往已经是倡导者了。于是，让一个热情的支持者成为一个事业的倡导者，一方面，你将失去让这名热情支持者在职能倡导者被任命后成为其强有力的拥护者的机会；另一方面，失去了利用倡导者的任命来赢得团队成员的机会，而这名团队成员会比一个缺乏热情的参与者更加有效地参与进来。

另一种方法是利用外部主题专家，通常是一名有经验的顾问，与管理层团队合作并扮演促进者和倡导者的角色。当一个同事或伙伴提出一个建议或策略时，其他人对该提议的好处避而不谈的情况并不少见。但是"外来的和尚好念经"，当一个外部专家进来并提出同样的建议时，团队成员就会开放地聆听并高度接纳。

聘请外部顾问作为倡导者有利有弊。有些人赞成这样的想法，因为组织中其他可以担任这个角色的人可能没有时间和精力。另一些人则并不那么愿意，而倾向于从内部管理层团队任命一个合适的成员。如果管理层因为有其他更重要的事项而没有一个人有时间做这个，那么项目就可能搁置，直到这件事成为最高优先级事项。瓦希姆·可汗在他的文章"Responsibilities of a Project Champion"中建议（2009, p.1)："一个项目倡导者通常是公司高层集团内部的

第 3 章　PPM 风险之三：职能倡导者

一名成员。在合同基础上雇用一名外部项目倡导者的机会微乎其微。"可汗和许多人所认同的是，一个项目若是没有最高层的承诺，是不太可能成功的。于是，如果最高层没有人有时间或兴趣来牵头项目，那么这个项目很可能不是那么重要。无论外部倡导者有多么努力，对一个缺乏兴趣和没有承诺的管理层团队来说，结果并不会有多大的区别。

还有一个开脑洞的做法——选拔 PPM 职能倡导者时非常值得考虑，很有效果，尽管不是没有风险——那就是从管理层团队或 PPM 高管委员会中选择一位成员，而且是最不能接受这个决定的那个人。这个想法其实就是招募一个领头的唱反调者，就是最抵制整个计划的人，来担任职能倡导者。与其让这个人在角落里说三道四，无关痛痒地拿出理由证明 PPM 战略为什么不奏效或是错误的，不如让这个人发挥关键作用，确保获得正确的战略和执行顺利。以下两个结果中的其中一个肯定会发生：要么唱反调的人变得高度融入，并通过识别和解决问题来保障 PPM 的成功；要么这个人从不热情高涨，仍然带着漠然和不承诺的态度，为管理层团队提供最少的支持。

无论哪种个人（热情的支持者、外部主题专家、领头的唱反调者等）被任命来担任 PPM 职能倡导者，重要的是，这个人需要有很好的商业头脑，丰富的项目管理经验，卓越的沟通能力，以及懂得欣赏和尊重管理层其他成员。最佳情况是，PPM 职能倡导者是来自高层的某个成员，所有这些特质和能力都已经具备，在必要情况下，能为管理层中的每个人创造共赢的结果，以此推动大家对 PPM 的支持。

职能倡导者的技巧

一个负责商业计划或项目的职能倡导者可以在和同事、下属甚至上司的合作中展现许多技巧。如图 3.3 所示，三大技巧经历了时间的检验：共识工作坊、现场走动管理和情境式领导力。每个技巧对于 PPM 职能倡导者都有着巨大的价值，值得去学习和应用。

引导共识工作坊（Nemawashi）也许是在引领组织变革时最有效的领导力技巧之一。共识工作坊是一个日语单词，直译过来就是"根回"。"Ne"是指"根"，"mawashi"姑且翻译成"回到大地"。Nemawashi 原来的含义是为了移栽一棵树所做的准备工作。随着时间的推移，这个词被赋予了额外的意义，在咨询之前，通过与人们广泛讨论他们对变革的担忧，解决他们的顾虑，并搜集他们的支持和反馈，来安静地构建变革所需的稳固基础。

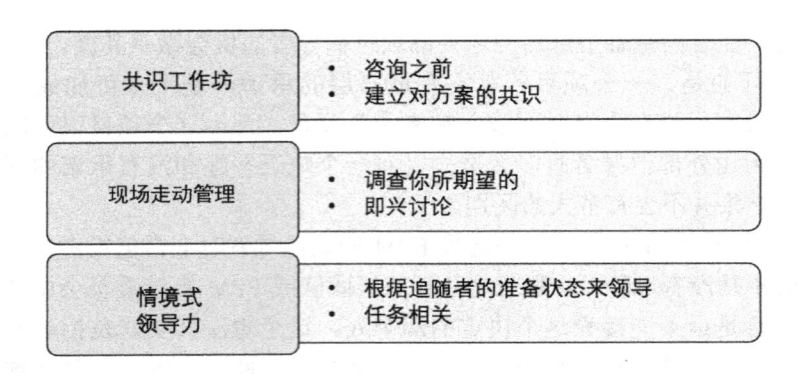

```
┌─────────────┐   • 咨询之前
│ 共识工作坊  │   • 建立对方案的共识
└─────────────┘

┌─────────────┐   • 调查你所期望的
│ 现场走动管理│   • 即兴讨论
└─────────────┘

┌─────────────┐   • 根据追随者的准备状态来领导
│  情境式     │   • 任务相关
│  领导力     │
└─────────────┘
```

图 3.3　职能倡导者的三大技巧

在日本企业中，共识工作坊是非常重要的，在做出任何重大的变革或决定时它是一个必要的活动。在做出任何正式决定之前，负责的一方组织共识工作坊，与所有参与制定决策的个人开会。只有在这些人的顾虑被提出和解决，并取得他们的支持之后，才能召开会议来做出实际的决策。的确，这个过程耗时很长，需要很多前期工作，远比组织的管理层会议涉及更多的事务，但可以避免实际上没有达成统一思想，也尚未形成对决策或战略的支持，而导致的时机不成熟和开工假象，由此得到的最终结果一直以来被证明是更有效和更及时的。

实施 PPM 的全景图是五花八门、千差万别的。一些组织已经相对轻松地实施了 PPM，并取得极大成功，但是大部分组织还是非常不顺利的。虽然一些热衷 PPM 的人鼓励尽快开始和呈现结果，以此来维持高管们的兴趣，但是许多人还是建议要深思熟虑——先确保所有相关方充分参与、投入、支持战略和随之而来的变革。这样做，可能刚开始需要更多的时间，但这种投资可能会带来更好、更快、更可持续的回报。作为 PPM 的职能倡导者，通过 Nemawashi 技术，作为共识的一部分，在达成组织变革的共识之前与所有相关人员事先进行充分的协商，将有助于得到一个有效和持久的方案。

另一个 PPM 职能倡导者可以采用的有效技巧是现场走动管理，这被称为 MBWA（Management by Wandering Around）。现场走动管理已经是一个普及的管理技巧，被许多领先公司的管理者采用，比如惠普、IBM、通用电气等大公司。20 世纪 80 年代，汤姆·彼得斯在《追求卓越》一书中将其发扬光大。早年公司的大型业务部门都在同一个办公楼里，高管们进行面对面管理和领导的时候，MBWA 就是被推荐的领导力技巧之一。像 EDS 的创始人兼 CEO 罗斯·佩罗德这样善于鼓舞人心的高管，就是以在走廊里散步、与员工谈话、利用每个机会学习如何在一线工作而出名的。他们真的会为了信息灵通和帮助他人而这么做。罗斯·佩罗德在 EDS 经常使用的一个走动管理技巧就是午饭时随机坐在一桌员工边上，倾听和学习，并给予建议和鼓励。他在午餐时间的聊天非常受欢迎，常常让参与者记忆犹新。

现场走动管理并不是富有魅力的 CEO 们才拥有的技巧，组织里的任何人都可以有效地运用它。现场走动管理需要实践者付出真诚，不仅是走过场而获得加分。现场走动管理为参与者提供了非正式的、安全的对话机会。在 PPM 的语境里，现场走动管理使得 PPM 职能倡导者可以获得其他人的反馈，并对这些人的问题和想法给予回应。通常情况下，通过正常的组织汇报结构和领导、团队、同事之间的关系，以及老板（许多情况下可能是 CEO）之间的关系，是无法进行这种无拘无束的对话的。管理层团队和 PPM 高管委员会看上去有着不错的关系，但这并不意味着他们在怎样做业务的话题上不存在利益冲突和观点差异。作为 PPM 职能倡导者，就这个话题定期地和每个关键人非正式地碰头，就是一个极其有效的解决问题方式，这样便于识别早期警报信号，有利于把实施上的困难摆到桌面上，而且如果必要的话，通过识别并采取修正措施来保证最后的成功。

除了共识工作坊和现场走动管理，情境式领导力也是一个重要技巧。组织中任何人在需要领导他人的时候都可以有效地利用。情境式领导力模型最早是由保罗·何塞和肯·布兰查德于 20 世纪 70 年代提出的。其核心前提是没有一种领导力能在每个场景里都管用。领导力需要根据对方的接受度决定，即根据对方的意愿和能力两方面的综合因素来做因人而异的领导力调适。比如，如果一个人能够完成某个任务但是并不情愿，那么对他的领导技巧就应该和领导另一个没有独立完成任务能力但是有意愿尝试的人有所不同。需要注意的是，即使同一个人，面对不同任务时，他的能力和意愿也会有所不同，此时也要运用不一样的领导力技巧。

PPM 职能倡导者如果能事先理解这些规律，然后展现最有效的领导风格，将受益良多。作为职能倡导者，带领同伴是一个精细活。尽管遇到谦卑和懂得尊重的同事的机会很多，但也有可能需要去直面有害无益的挑战，表现为顽固、好战、故意为之或习惯性的抗拒。

小结

对于大多数打算正式启动 PPM 的组织来说，不得不接受这样一个事实：推进 PPM 系统、行为和态度的项目不会像自动驾驶那样轻松，一定会遇到各种困

业务驱动的项目组合管理

难。即使在最理想的环境里，不用多久，就会有参与者公开挑战任何一个 PPM 战略的细节并私下里嘀咕："这件事对我有什么好处？"会有人从时间、成本及工作量的角度来考虑，认为所需的努力会远大于收益，因此流露出想回到过去的愿望——其他人在旧秩序下过得很好。因为需要经过一个费时耗力的过程，才能得到正确的数据（可能刚开始不正确、不完美，也可能永远不会正确和完美）和全新的分析与决策技术，因此他们抱着不耐烦、不包容的心态，而这给团队的工作速度带来很大的影响。

随后职能倡导者加入了。PPM 职能倡导者除提供代表高管层面的支持和根植于 PPM 坚实基础的共同愿景、使命、目标和目的外，还能够扮演一个促进和保障成功的关键角色。虽然许多人将项目倡导者和职能倡导者混为一谈，但这是两个不同的人，扮演项目中两个不同角色，同时也是项目不同的产物。项目倡导者首要关心的是项目绩效并承担项目啦啦队队长的角色，而职能倡导者负责监督项目，更关心人们是否存在阻碍变革的行为和态度，以及参与者在追求 PPM 战略和业务新方法上的承诺是否坚定。

选拔 PPM 职能倡导者的方法有很多。热衷于支持 PPM 概念和 PPM 专家的，以及来自组织内外部的 PPM 专家都可以有效促进项目取得成功。很多时候，选一名唱反调的人被证明是一个能够把消极的怀疑者转变为 PPM 主导支持者和变革代言人的有效办法。本质上，职能倡导者有点像 CEO 或 COO 这些高管们的耳目。不论选拔谁，有一点很重要——需要在管理层团队里宣布对这个人的任命，并被看成同侪之首，平辈中的佼佼者。

尽管 PPM 的职能倡导者对管理层同伴很可能不存在职务上的权威，但是职能倡导者需要去领导和展现高超的领导力。在众多职能倡导者可以运用的领导力技巧中，三个经过时间检验的技巧（共识工作坊、现场走动管理、情境式领导力）被证明在建立共识，保持齐头并进，以及确保支持和遵循 PPM 整体计划上有着巨大作用。也许职能倡导者的最大价值之一正是他本人可以与管理层团队成员以非正式但又直接有效的方式进行互动。如果管理层的一个成员对新战略并不服从或并未充分承诺，职能倡导者能够把那个人叫过来谈话，要求他在态度和行为上做出明显而迅速的改变。职能倡导者能够主持一场热烈的辩论，允许并鼓励大家争得面红耳赤，然后待一切结束，握个手回去工作。而且，所有这些并不需要正式的管理会议，更像一支球队的队长在其队员当中发挥关键领导力，而不需要为了每个不快或观点纷争来麻烦教练出面。正如球队需要队长，管理层也需要——在具有挑战的 PPM 场景里，这个人正是职能倡导者。

第 3 章　PPM 风险之三：职能倡导者

问题

1. PPM 职能倡导者的角色和关注点是什么？
2. 与 PPM 项目倡导者相比，PPM 职能倡导者的角色和关注点有什么不同？
3. 委任职能倡导者的原因和驱动力是什么？
4. 一个商业人士虽然宣称欢迎新概念和方法，但仍然有抵触变化的心态的原因是什么？
5. 选择本来就热衷 PPM 的支持者来担当职能倡导者有什么利弊？
6. 选择外部主题专家来担任职能倡导者有什么利弊？
7. 选择一个领头的唱反调者来担任职能倡导者有什么利弊？
8. PPM 职能倡导者可以如何从应用共识工作坊技巧中获益？
9. PPM 职能倡导者可以如何从应用现场走动管理技巧中获益？
10. PPM 职能倡导者可以如何从应用情境式领导力技巧中获益？

原文参考文献

Khan, Vaseem. 2009. "Responsibilities of a Project Champion." http://www.brighthub.com.

Koning, Lisa. 2008. "Project Sponsorship—How to Effectively Champion a Project." http://business-project-management.suite101.com.

Weider, Will. 2005. "Project Champion Agreement," http://www.biztechmagazine.com.

Withrow, Scott. 2004. "How Project Champions Can Rally Support for Your Team," http://www.builderau.com.au.

业务驱动的项目组合管理

案例展示 #3：Innotas 公司

职能倡导者的角色

基斯·卡尔森，总裁兼 CEO，Innotas 公司

● 职能倡导者——变革代理人

本章阐述了职能倡导者（对比项目倡导者）的角色能够促进 PPM 的成功。我强烈赞成一个职能倡导者对 PPM 的成功非常关键，不过理解职能倡导者的应用场景也很重要，这关系到 PPM 实施的整体成败。

到底 PPM 指的是什么，我们如何提高成功率？从根本上说，PPM 的意义是帮助组织以更少的成本来获得更大的收入/利润，并使股东获得更多的利益。这才是重点！那么怎么做到呢？通过确保正确的人在做正确的事情，而正确的事必须符合公司战略目标和目的。

为了推动 PPM 成功，意识到 PPM 不仅仅是一项新技术或软件工具，它还是一场变革是很重要的。换句话说，是关乎人们如何工作，如何安排优先级工作内容和工作计划，薪酬如何，以及组织如何生产更好的产品。

或许唱反调者会说："PPM 算什么变革计划，它只是一个项目管理系统。"这就像说 ERP 系统只是一个订单输入系统一样。图 3.4 说明了 PPM 系统的组件。项目管理只是 PPM 系统里众多部件中的一个。

对于组织里的质疑者来说，他们不相信 PPM 实施有那么难，也不相信它将是一个"变革计划"，那么考虑 PPM 系统的影响深度是很必要的。一个 PPM 系统包含几十个功能组件，这些功能组件能够保证业务计划始终与组织的目标一致，包括应用、维护、资产、预算、投资组合、需求、资源、时间，当然还有项目，保持一致。当你把涉及多少人和什么类型的组织也考虑进来时，它就更加全面了。一个 PPM 几乎会影响 IT 组织里的每个人，包括项目经理、资源经理、开发人员、质保人员、发布经理及首席信息官。它同时影响许多 IT 组织以外的人员，包括管理层、商业分析师和企业用户。

PPM 对于组织而言是非常重要的、具有战略意义的。那么为什么一个职能倡导者如此重要？因为职能倡导者就是成功实施 PPM 的最重要的变革代理人。在探究 PPM 失败的原因及采取哪些步骤来确保成功时，我们需要深刻意识到这个变革代理人的重要性。

第 3 章 PPM 风险之三：职能倡导者

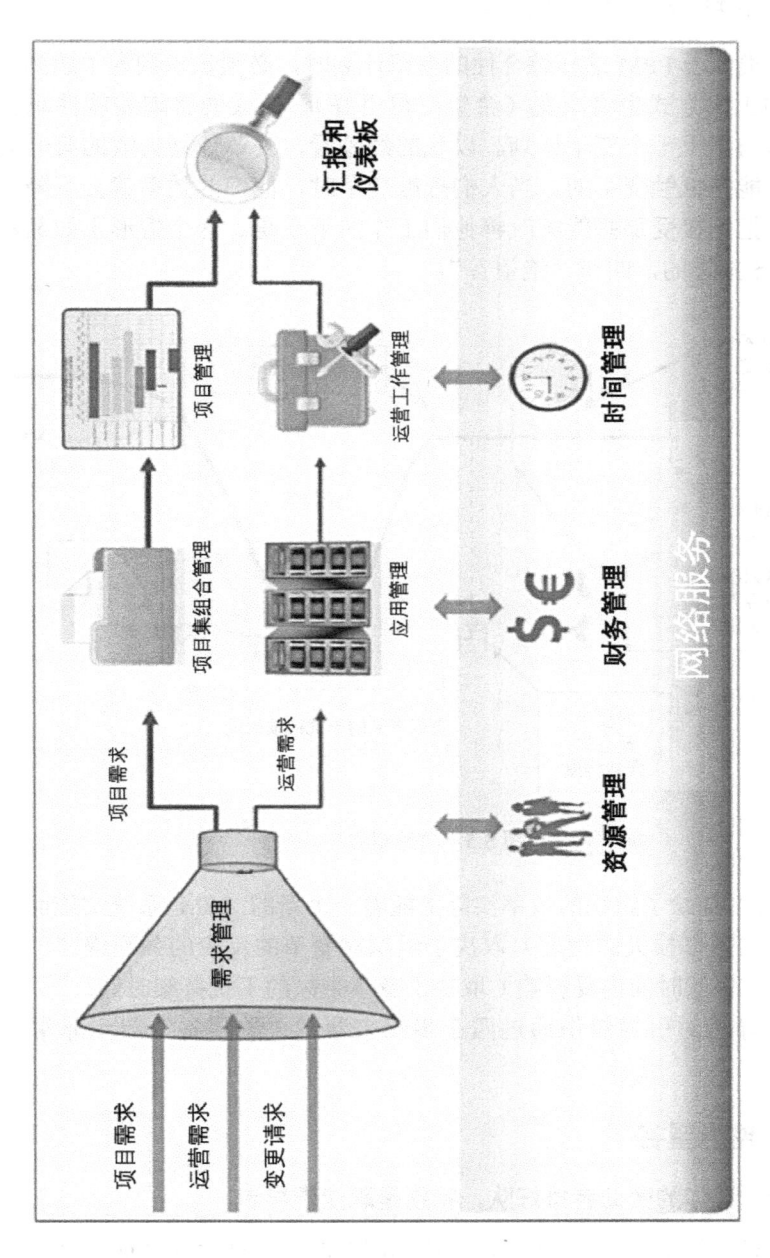

图 3.4 PPM 系统的组件

业务驱动的项目组合管理

● 变革的表现模式——绝望谷

当实施类似于 PPM 这样综合性的变革计划时，必须认识到为了达到变革目的，人们的工作方式也将改变（希望变得更好）。在我的咨询和软件职业生涯里，我曾参与了上千个变革计划。以我的经验看，变革计划失败的第一原因就是人们的本能是抵触变革的。当人们抵触变革时，他们的效率就会下降，他们固执己见，拒绝接受那些能够改善他们工作的新系统。这个情形正如瓦尔·拉尔森在图 3.5 描绘的，叫作"绝望谷"。

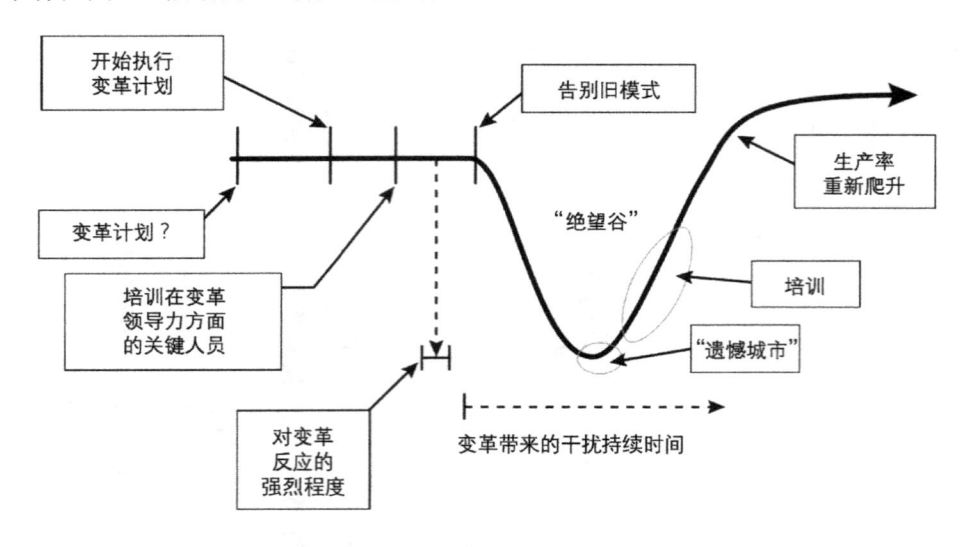

图 3.5 "绝望谷"

"绝望谷"描绘了组织的效率实际上随着一个新的 PPM 系统实施而**下降**。谷底的深度（效率损失的程度）取决于组织对变革的反应的强烈程度，而谷的宽度（效率在多长时间内受影响）取决于变革带来的干扰持续时间。

职能倡导者对引导组织通过四个步骤来穿越"绝望谷"起到非常重要的作用。

● 四步穿越绝望谷

第一步：让你的赞助者排好队，特别是职能倡导者

当人们看到 PPM 的赞助人来自正确的层级时，往往会快速而自然地加入。CIO 和项目倡导者固然肯定需要参与，但是一旦有一个好的职能倡导者加入，

第3章 PPM风险之三：职能倡导者

就会在组织中产生更大的吸引力和影响力。根据我的经验，这个人需要有激情、有悟性、聪明、有权力和影响力。在我过往的职业生涯里，我曾在一家快速成长的高科技公司担任IT总监，推动PPM的实施。当我初次提出这个计划时，许多人不理解为什么需要PPM。出于文化的原因，这家公司一直表现得比较被动。为了确保PPM计划的成功实施，我招募了销售副总作为职能倡导者。这位销售副总是一位聪明、积极主动、成功的女性，她非常热衷于PPM。为什么PPM对她那么重要呢？因为她敏锐地意识到，PPM能帮助组织按计划、按预算交付更多项目，而这些项目又能帮助她销售更多的产品和服务。这就是一个"这对我有什么好处？"（WIIFM）的经典体现。她非常乐意而又热情地接受了职能倡导者的邀约。当看到她出马时，组织其他人包括CEO几乎都跟风了。这位女士成为PPM得力的倡导者和啦啦队队长，这是后来PPM以成功告终的关键。

第二步：沟通

当某个人被迫改变时，他们通常倾向于抵触，除非他们知道为什么需要改变，以及改变是如何有利于整个组织的。这就是人性。尝试简单的练习：走向一个朋友，抓住他/她的手臂，开始拉他/她的手臂（当然是轻轻的那种）。你朋友会怎么反应？他们会抽回手臂说："你在做什么？"当改变出现在人们面前时，他们本能地抵触。现在走向同一个人然后说："你好，我可以拉起你的手带你去冰激凌店，请你吃冰激凌吗？"结果可能是你将得到一个与之前完全不同的第一反应，因为你和朋友沟通了你的意图。好的沟通可以瓦解人们对变革的抵触，并帮助他们跨越"绝望谷"。

我的一个好朋友是一家大型纽约财务服务公司的项目经理，这家公司花了两年时间和几百万美元实施一个非常庞大的PPM系统。我给这位受人尊敬且智慧的经理朋友打电话，询问他的经历。他现在是这个系统的用户，但不是职能倡导者或项目倡导者。用他的话说："我被不停地告知需要把我的项目信息录入系统，但是我始终没被告知为什么。我个人既没从这个事情得到任何好处，也不知道这个系统会如何给公司带来帮助。事实上，我与我的上司（一名高管）聊天，他都不能给我一个真正的好理由，以及为什么PPM能让公司受益。如果我能知道全景图，我会更乐意每周把我的项目信息录入。"最终组织取消了这个PPM计划并支付了几百万美元。为什么？其实有许多原因，但是至少有一个原因是使用新系统（而且原本期望能受益）的人缺乏良好的沟通。

那么良好的沟通计划是怎样的？把它想象成一份营销计划，只不过是针对PPM的内部听众的。计划内容应包括：

- 谁是接收者？比如用户、项目经理、高管。
- 哪些信息需要沟通：当新的系统/流程即将导入，什么时候导入？用户是如何被培训和通知的？新系统又是如何为公司助力的？
- 你准备用多久并且用怎样的媒介来沟通即将到来的变化？员工大会、邮件、内网、博客、维基都包含在内。
- 沟通从谁那里发布？这正是职能倡导者作为沟通过程中的核心来发挥关键作用的地方。

第三步：培训

PPM 通常关系到许多不同的人和组织——项目经理、资源经理和商业分析师、IT 主管、商业用户、职能主管。他们都在 PPM 计划的成功实施上扮演着重要的作用，因此他们都需要被培训。

正如我们需要一个好的沟通计划，一个好的培训计划更是至关重要。

- 一个好的培训计划包含哪些部分呢？首先，它是基于角色的。你不能采用一个大一统的 PPM 培训，因为每个角色都有不同的职责。
- 你打算用什么样的媒介来提供培训呢？线上学习？教室培训？书面培训？这些都是要明确的。

职能倡导者就是这个培训计划的重要发起人，从开发到审核，他/她都需要参与进来。职能倡导者还应该在参加前几次培训课时坐下来，展示对 PPM 强有力的支持；这将有助于克服变革阻力，因为职能倡导者能够用这样的培训环节来强调 PPM 对用户的重要性。

第四步：用快速制胜来取得早期成功

PPM 的实施有时可能很昂贵、很漫长、很全面。我曾见过 PPM 实施得过于劳民伤财，以致最后几乎被庞大的预算压垮。当系统已经准备好投入使用时，赞助人已经离职，人们也忘记了最初为什么要开始 PPM。

这就是我大力倡导快速制胜的原因。职能倡导者会成为组织快速制胜的关键因素。那么快速制胜在哪里呢？以下是典型的三类快速制胜。

（1）管理供需——这里的快速制胜就是决定项目和人员的当前存量。掌握 IT 部门正在做的事和谁正在从事哪些工作，可以产生显著的早期利益。

（2）让统一的优先级安排和治理流程准备就绪——简单地利用新的 PPM 系统来强制执行项目和提议的优先排序/治理，可以很快取得成功。

（3）利用新的 PPM 系统来交付一个关键项目——新的 PPM 系统肯定能够有助于按计划、按预算来交付一个重要的项目。

第 3 章 PPM 风险之三：职能倡导者

　　毫无疑问，在这三种"快速制胜"的类型之中，我竭力倡导第一种。利用 PPM 系统来管理当前 IT 项目上的资源库存，可以发现许多领域的潜在价值。我发现，IT 部门工作的 30%～40%项目可以被删除，因为它们是重复的、不必要的，或者与公司业务目标是不一致的。PPM 系统能通过删除不必要的项目，在该领域取得显著的回报。如图 3.6 所示，显示了一个能很快从 Innotas 系统里调出的项目库存仪表板，强调了当前计划的状态和业务目标。

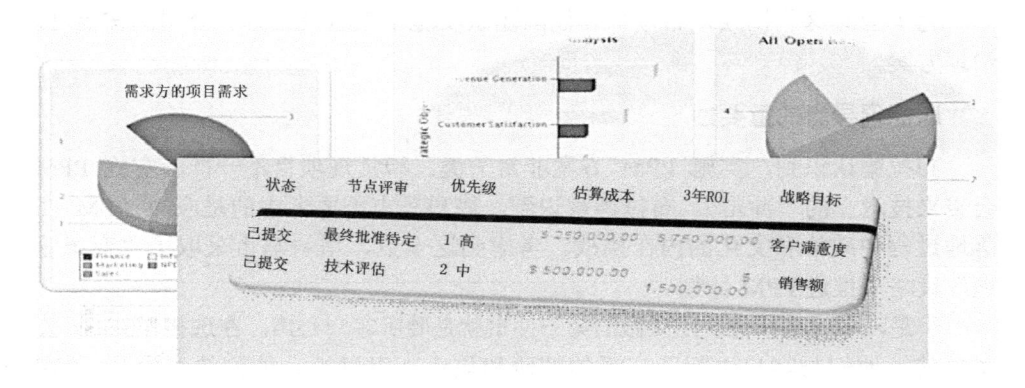

图 3.6　项目库存仪表板（Innotas 系统）

　　我们有一个客户是一家中等规模的电器分销商。在实施 PPM 之前，CIO 相信在任何给定时间内，IT 部门里都有大约 20 个项目在运行。采用项目和 PPM 系统的资源库存管理之后，他发现原来有 60 多个项目在他的组织内同时运行。CIO 对所有"开后门的"、重复的、不必要的项目数量感到震惊。在咨询职能倡导者之后，他很快去掉了一些项目，并在大约一个月之后支付了 PPM 系统的费用。

● 案例分析——塔科马市

　　塔科马市是拥有 202 700 名居民的华盛顿州第三大城市，位于莱纳山山脚下，科蒙斯蒙特海湾的海岸。塔科马市被誉为一个宜居而进取的国际化都市。塔科马市 IT 组织有超过 100 名平均工龄为 25 年的 IT 专业人员。这个 IT 组织为整个城市的雇员、客户、供应商和业务伙伴提供技术服务。

挑战：通过可视化和一致性达成业务结果

　　布拉德·布斯克是塔科马市的执行 PMO，现在他正面临重大的挑战。

- 企业客户想要更大的价值。"他们想使那些飘忽不定的、延迟的、取消的或者部分被放弃的项目更加可视化。IT 要在 8 张不同的清单上跟踪业务。"布拉德说道。显然这家企业的项目交付存在改进空间。
- 事业部有着 100 名员工，IT 部门需要找到一个方法来把人力资源工作在提升、成长、维持和成本方面进行归类。关于人们在哪里花费了时间，工作如何安排优先级，以及如何与城市总体战略目标保持一致等问题上，这个团队面临着与高管们沟通上的挑战。
- 优化成本的需要催生了对治理、可靠性和可视化方面的需求。

为了应对这些挑战，布拉德和他的团队实施了来自 Innotas 公司的按需 IT 治理方案。

职能倡导者的重要性

布拉德认识到，实施 PPM 方案非常关键。和常规项目不一样，实施 PPM 会带来技术上的"冲击"。布拉德意识到，塔科马市需要考虑的是应对 PPM 在落地过程中政治和文化的内在挑战。考虑到这一点，塔科马市采取了"变革管理"策略来推进 PPM 计划。

于是，布拉德和他的团队做的第一件事就是聆听客户心声。在选择 Innotas 公司之前，他们与客户进行了广泛的调研和焦点小组讨论。他们的结论是："客户需要一个 PPM 系统……他们只是没有意识到这一点。"他们做的第二件事是需求开发并选择了 Innotas。Innotas 被选中是因为它的端到端 IT 治理能力，以及它便于使用和安装的优势。他们做的第三件事是组建一个管理层团队来推动 PPM 项目。管理层团队由一位执行官赞助人、一位项目经理、一位职能倡导者组成。布拉德谈到职能倡导者的必要性时说："我们认识到需要一个内部的倡导者来推动此事。我们本可以通过执行官层面的法令来推动此事，但是我们认识到，由用户来推出法令会更加具有说服力，也有助于确保项目的成功。"

职能倡导者具备的多重技能（用布拉德的话说是"瑞士军刀"）对 PPM 项目的成功至关重要：
- 她集魅力和精明于一身。她还熟知塔科马市的文化。这使得她能很容易和业务主管及 IT 员工打交道、
- 作为变革的一分子，她积极主动、富有热情。这有助于克服人们对变革的顾虑和抵触。
- 她是一个优秀的沟通者。她不仅与他人很好地沟通了变革的必要性，还知道如何识别合适的信息发出者/接收者，而且她也是写文案的一把好手。

作为利用变革管理来实施 PPM，同时由富有魅力的职能倡导者推动的副产品，塔科马市现在所有其他计划（动议）上都在使用这种方法。这是一个很好

的例子，说明它是在所有业务活动中都可以采用的运作模式。

成果和收益

通过利用 Innotas 公司的系统，IT 部门在这个城市里比其他任何部门都能够更好地找准定位。"只需动一下手指，我们就能从多个层面证明所需工作量。"布拉德这样说。Innotas 排除了两个临时系统和大量的电子表格。IT 部门过去习惯于手动跟踪项目和变更需求，这带来了生产量的减少和待办事项列表管理的挑战。"现在我们的五年待办事项列表都是可控的。"布拉德说道。IT 部门已经变得越来越敏捷和灵活。企业现在知道了 IT 部门所做的事情：增长、维持和紧急需求。现在，IT 部门可以用"热插拔"方法来解决 PPM 组合的平衡问题。如此一来，IT 部门能够用更好的预测性来满足需求。IT 部门现在能把完成的 KPI 交付给管理层，从而推动 IT 数字化的成长和增值。"我们正在促进文化变革，以便能够以简化的方式来推行新的项目举措。"布拉德这样说道。

第 4 章
PPM 风险之四：
一蹴而就还是循序渐进

想要成功实施 PPM 和相应的流程等，关键之一就是切断任何退回到原先秩序的老路。对于许多高层成员而言，当面对变革所带来的挑战的时候，就特别想退回到常规业务模式，对 PPM 的实施也不例外。如图 4.1 建议，如果组织转变到理想状态耗时太长，或者节奏太慢，或者觉得没有得到所有参与者足够的承诺和接纳，就会有采取激进措施来加快进度的倾向。

> 先生们，我意识到我们并不想用太多变革把组织淹没掉，但是把常规业务流程转变成新的PPM流程的确太耗时间了。

> 你现在有什么想法，科特斯先生。

> 破釜沉舟，这是我们的家族传统。

图 4.1　PPM 漫画——破釜沉舟

16 世纪的时候，赫南多·科特斯将军——臭名昭著的西班牙征服者，战胜了阿兹特克皇朝而登陆墨西哥，强占了该皇朝的财富，并建立了新西班牙。传说，在对阿兹特克人发起进攻之前，科特斯命令手下烧毁了所有船只，以避免他的手下临阵脱逃。这么做是有些无耻，但是科特斯认为需要这么做，如此一来他的手下才能为这个充满风险和磨难且鲜有支持的行动有所牺牲。

近来，每当商业领袖引用这个破釜沉舟的典故，他们的目的就是要说明，管理变革就像开弓没有回头箭，既不要对已做的决策再辩论，也不要找理由不支持新秩序。对于某些实施 PPM 的组织来说，破釜沉舟或许是恰当而有效的，

第 4 章 PPM 风险之四：一蹴而就还是循序渐进

然而对于大多数组织来说，制订一个计划周详、循序渐进的实施方案，才不失为一个具有更少破坏性、更低风险，能将管理项目组合的当前状态快速转变到理想状态的有效策略。

许多组织实施 PPM 时，普遍拥有的理念包括以下考量因素：
- 不要一下子给组织太多负担。
- 使用差距分析。
- 使用概念证明。
- 容忍不完美的信息。
- 给予足够时间让系统就位。
- 认识到数据的完整性不是一个工具问题。

这些考量因素使得组织可以循序渐进、快速而成功地开展 PPM。

不要一下子给组织太多负担

许多 PPM 专家提倡温和而循序渐进地推广 PPM。李·麦克霍夫（2008，p.3）建议："不要一下子给组织太多负担。变革的步伐要与组织的进化能力匹配。"类似地，UMT 创始人和 PPM 先驱吉尔·马克雷夫（2005，p.4）在他的白皮书 *Seven Habits of Highly Effective Portfolio Management Implementations* 里给出了他的第二个好习惯，就是作为实施 PPM 的负责人不会用一蹴而就的方式对组织"狂轰滥炸"。另外，微软 EPM 专家西蒙·摩尔（2010，p.97）也反对仓促采取一蹴而就的方式："一开始就把摊子铺太大而又过于雄心勃勃的部署，不仅会把组合管理系统带偏，而且会导致人们对未来系统的悲观。"摩尔还说道："创建一个阶段性、结构化的方式来导入 PPM 系统，对于它的成功至关重要。"包括其他许多专家在内，都认为这种急于求成和过于雄心勃勃而超出组织能力的冲动，通常会遇到挫折，执行起来会困难，有时甚至会失败。

另一方面，人们虽然非常推崇循序渐进地推进 PPM，但同时认为，如果有事实证明无法在可接受的时间内取得期望的实施行为和结果，那么也是有问题的。在许多情况下，实施 PPM 系统、开发必要的流程和最佳实践，以及把业务和管理规划周期结合成一个新的 PPM 流程和日程表，这些的确会花很长一段时间。即使最有耐心的高管团队，都可能因为只看得到不断增加的在制品（work in process）和各种付出，而看不到显著进展，变得过度焦虑。

许多 PPM 供应商和顾问推荐的消除这一风险的一种方法，就是用明确而固定的时间盒来定义增量发布的内容，比如按季度或以任何适合组织和高层的时间周期逐渐取得范围增量。这和敏捷 Scrum 方法里的冲刺很相似，尽管耗时更长，但是收益是翻倍的。首先,可见结果更早而不是更晚交付。其次,以固定的周期迭代,不论是季度、月度,还是其他时间周期,都能让高层团队收到预期成果。就像在图 4.2 里简单展示的,固定周期的迭代方法为高层团队提供了统一的回顾流程。这不仅有助于在 PPM 推进过程中更快交付成果,而且有助于巩固 PPM 领导团队已形成的行为和期望,即他们可以通过计划的流程、规律性且可预测的 PPM 日程表来开会、回顾和决策。

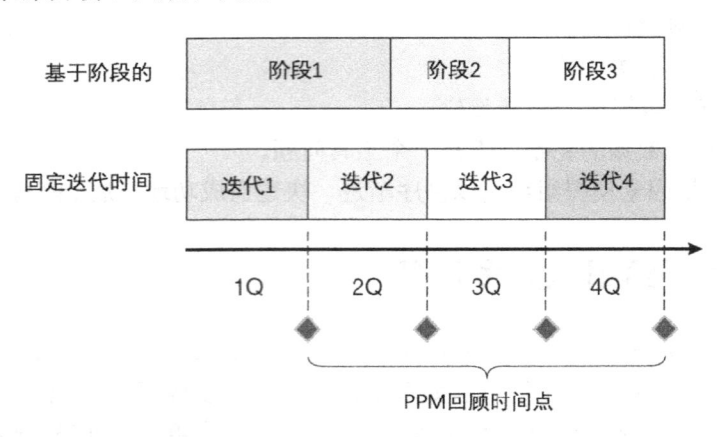

```
基于阶段的    | 阶段1 | 阶段2 | 阶段3 |

固定迭代时间  | 迭代1 | 迭代2 | 迭代3 | 迭代4 |
                1Q      2Q      3Q      4Q
                        └─── PPM回顾时间点 ───┘
```

图 4.2　固定迭代时间 VS 基于阶段的时间点

相比之下,基于阶段的 PPM 推进方式,则是按照每个阶段的自然起止时间来安排开会,这就导致开会的时间间隔,在跨度上很容易产生不一致。从而导致两种选择:要么不定期召集 PPM 高层团队,要么把这个进展回顾会推迟到下一次安排好的 PPM 高层会议上。对于许多组织而言,这两种选择都不具有特别的吸引力。于是,通过以循序渐进的方法来开展 PPM,辅以固定迭代周期来实现增量发布的范围,领导 PPM 的团队将更能够以一种及时和一致的方式来推进计划。

利用差距分析

差距分析,在 PPM 的语境里是一项帮助公司对比它在管理项目组合方面的实际表现和潜在表现的技术。有些人把这项技术看成一种将当前状态和期望状态进行比较的方法。组织进行差距分析,是试图回答两个基本但又颇具挑战的问题:"我们表现得如何?""我们想要表现得如何?"差距分析从对标开始,再到定性和定量的评估。一旦组织对某方面表现或能力的大致期望有所了解,接下来将当前表现水平和期望水平进行对比就不难了。这个对比可以揭示差

第4章 PPM 风险之四：一蹴而就还是循序渐进

距，并建立理解和弥补不足的基础。

为了建立达到理想状态的短期和长期计划，以及实施一系列弥补差距的项目，对于组织的文化和能力而言，差距分析是最有效、及时、可承受的实用方式。在指导过程中，许多组织成熟度领域的专家建议，在进行任何形式的评估之前，第一步应该是去设法了解行业内最佳实践的卓越水平。约翰·席勒就是组织成熟度方面的一位专家，也是 OPM Experts 公司的 CEO。约翰·席勒曾是项目管理协会的项目集总监，该项目集产出组织级项目管理成熟度模型，即著名的 OPM3®。在《业务驱动型 PMO 建设》的主题专家部分里，约翰·席勒提出四个步骤对于文化转型非常重要，如图 4.3 所示。约翰·席勒认为，并不是所有的组织领导人对于项目管理文化是什么，业界最佳实践处在何种水平，都有着清晰的认知和相同的观点。因此，第一步也是最基础的一步是先去了解卓越水平，以及组织的文化环境。

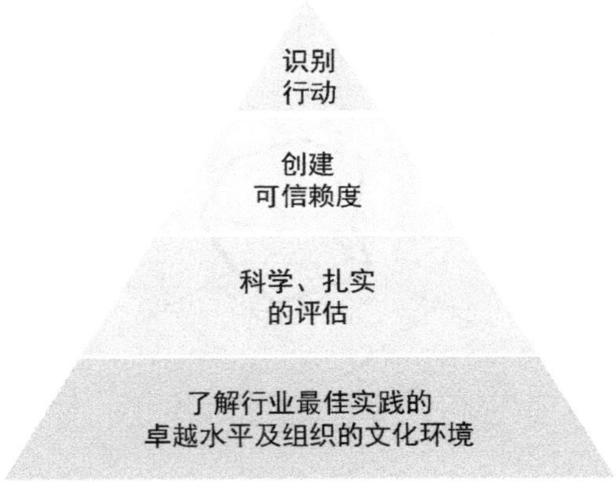

图 4.3 组织文化转型的四个步骤

（金字塔自上而下：识别行动；创建可信赖度；科学、扎实的评估；了解行业最佳实践的卓越水平及组织的文化环境）

这四个步骤中的第二步是组织的领导者需要用科学的方法评估组织，然后确定当前真实状态，而且是从整个组织里那些实干者的视角进行。第三个步骤则是创建可信赖度。组织可能并没有文化转型所需要的鲜明的主人翁精神，而这是任何变革成功的必要条件。最后一步是关于识别行动的。在最后这个步骤里，组织必须创建一个切实可行的、可衡量的计划来进行文化变革。

无论是基于行业最佳实践、标准、管理判断，还是基于这些方面的综合判断，以及开展一次对现状能力的评估和对由此得出的差距进行分析，像约翰·席勒这样经验丰富的组织成熟度专家也意识到，很多东西不是像表面上看起来那么简单。太多的组织为了得到又快又便宜的答案，在付出上倾向于走捷径。虽然这种急功近利的行为在推断当前状况方面有一定的作用，但这种推断需要有所保留，它不能被看成对客观事实的揭示，甚至不能被解释为是经过了严谨评估而得出的精确的观察结果。

两个生动的例子跳入我脑海。就在不久以前，我得到了一个机会，与两个想要改善 PPM 流程的组织一起合作。两个组织都处在建立一个 PPM 文化的初始阶段，他们的 PMO 都是项目管理、PPM 流程、政策的主要推动者。在这两个组织里，PMO 经理非正式地评估了当前状态并对比了未来期望的状态，而不是聘请一个外部专家来引导整个过程。

如图 4.4 和图 4.5 所示，两个 PMO 经理都使用了 PMI 标准作为评估的依据。其中一个 PMO 经理采用了《PMBOK®指南》，而另一个 PMO 经理则采用了 PMI 项目组合管理标准。

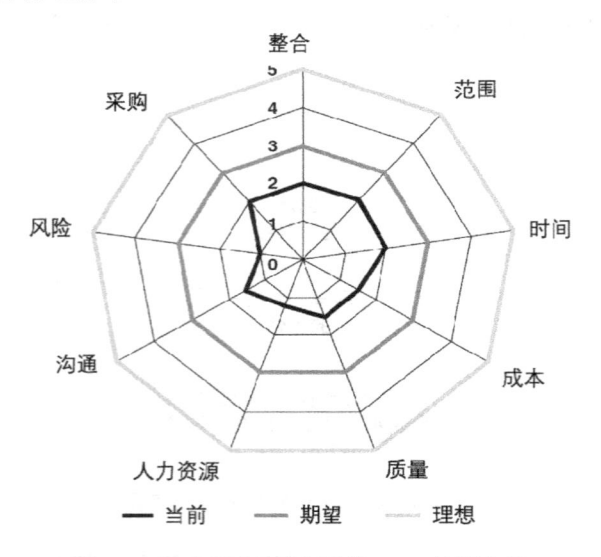

图 4.4 基于项目管理标准的 PPM 差距分析

两个 PMO 经理自我评估了当前的 PPM 成熟度水平，分别使用 PMI 知识领域的标准。两个 PMO 经理遵循了流行的 1~5 级成熟度模型，并使用公开、有效的 5 个级别的成熟度模型进行描述，各自设计了一个可以对当前状态、期望状态和理想状态打分的方法。有趣的是，他们都设置了期望的 PMO 成熟度级别要达到 3 级。这项工作的确能生成各种漂亮的图表，毋庸置疑。但是，它是否真能产生那种只有通过严谨评估才能得出的值得付诸行动的数据，就值得商榷了。

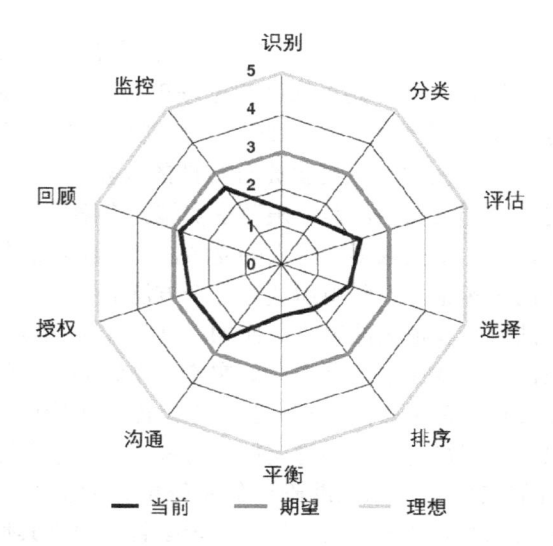

第4章 PPM风险之四：一蹴而就还是循序渐进

图4.5 基于项目组合管理标准的PPM差距分析

　　许多 PPM 专家认为，一个非正式且高层级的差距分析对组织没有多大价值，请一个外部专家来引导、而不是负责领导差距分析，从时间和成本来看是非常值得的。怀疑者可能会把这个建议看成在兜售顾问服务，但是其他人未必这样想，因为聘用一个专注于帮助组织解决难题的外部主题专家，其实有着巨大的价值。仅仅因为有效 PPM 的好处和正确使用 PPM 的价值可以获得数百万美元这一事实，就很难反对使用外部主题专家。在这种背景下，由外部主题专家进行差距分析的咨询费就算不上什么了。事实上，许多主要的 PPM 供应商不仅在开展 PPM 差距分析方面有着丰富的经验，而且他们常常为此提供免费和增值服务，作为他们生意的一部分。

　　在任何情况下，循序渐进地采纳 PPM，要以差距分析为基础。非正式评估是一个不错的开始，有助于揭示在更严谨的评估和事实调查中应该具备的广度和深度。差距分析做得越好，确保成功推广 PPM 的计划就能制订得越好。

使用概念验证

　　概念验证是一种简单的，通过不完整设计来实现的对方法或想法的可行性的论证。概念验证的目的是验证概念或理论有可能在一个真实的、经过充分设计和部署的系统里运作。通常来说，有两个方法来验证概念。第一个是众人所说的功能性概念验证。这个方法的目的是证明提议的商业论证易于采纳，并且适合典型性问题或反对意见——即使不是全部，也基本已得到充分的解决，从而使人们能够做出可行与否的决定。功能性概念验证有着巨大的帮助，使得决策团队能进一步评估提议，同时为了成功实施 PPM，需要发现并确认哪些要素是关键的成功要素，哪些是重大风险。此外，功能性概念验证能够促使那些可能对提议的新方法尚未做出决定或提供充分支持的人获得充分的接纳。

概念验证的另一个通常做法就是有限范围实施。有限范围实施就是先在组织的单个部门里实施，目的是先取得一些人的支持，然后当概念得到成功验证后，再在组织的其余部门里实施。一些组织通过这个方法取得了成功，然而对于其他组织来说，这个方法可能有很大的风险。比如，某些涉及高度协同应用和决策的复杂系统未必能在部门内或局部范围内有效实施。系统的诸多特征及系统能够做的和需要做的最佳实践，都未必能够充分甚至未必能够正确地在部门级别上应用起来。同时，如果为了获得充分的高管支持而对概念进行了有限范围的证明，那么仅限于有限范围的实施可能无法准确评估系统按计划实施时的全部价值。此外，通过有限范围实施而验证出来的价值，也未必就能说服其他人支持将其推广到整个系统。PPM 专家李·迈克霍夫（2009，p.1）是这样评价这个风险的：先在一个部门里进行有限范围内的 PPM 实施可能有助于组织开展 PPM，但如果没有顶层高管支持，就不要期望这条路能够走得很远。

如图 4.6 所示，组织在考虑进行 PPM 概念验证时，应注意它在完美程度上存在一个概念验证的最佳点。

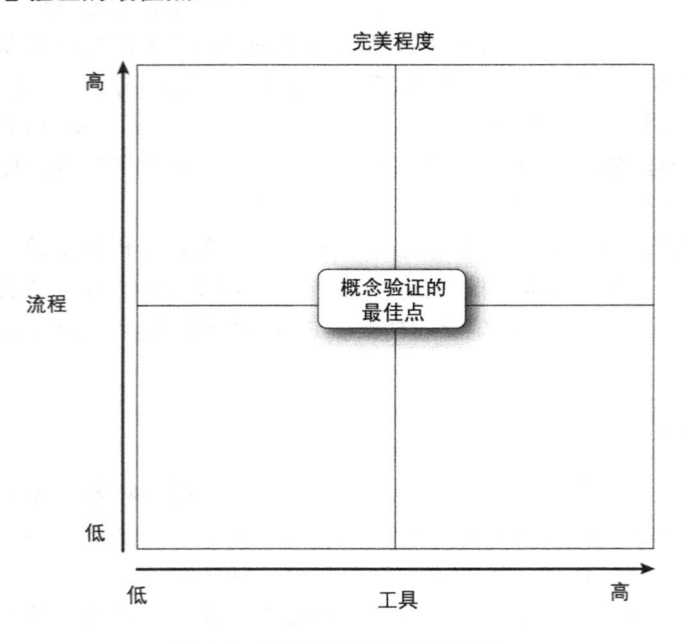

图 4.6　PPM 概念验证的最佳点

第 4 章　PPM 风险之四：一蹴而就还是循序渐进

组织常常存在一种倾向，就是想要通过概念验证，从流程和工具两方面完善系统的工作实验。超出 PPM 概念验证的最佳点就可能会有问题，因为概念验证的方法存在内在局限性，它限制了概念验证的时间范围、花费和可用资源。所以，如果让常规事务性工作尽善尽美只是为了取得高管的支持，那么从一开始就注定了失败。大多数组织如果把流程和工具的完美程度保持在一个对于高层设定的目标而言较为合适的水平，就可能在概念验证上取得更大成功。

容忍不完美的信息

成功的 PPM 对速度和耐心，以及不完美信息的包容度都有要求。对于许多人来说，这些要求看上去有点矛盾。我们需要速度来推进 PPM 实施，并持续改善各方面的流程。我们也需要耐心，因为让 PPM 真正发挥作用需要时间。有着太多基本的前提条件会影响 PPM 的成功。比如，如果核心的项目管理流程和实施能力还不够，那么项目的假设和数据将严重缺乏完整性，而这将直接影响组织成功选择和管理项目组合的能力。就 PPM 系统的应用而言，遵循 PPM 最佳实践、作 PPM 相关决策及包容不完美信息都是必要的，因为刚开始许多的核心数据不一定完美。思考以下问题：

- ◆ 经济稳定吗？
- ◆ 市场需求可预测吗？
- ◆ 业务目标和目的是否固定？
- ◆ 高层的规划和战略的复原力如何？
- ◆ 我们的流程效率如何？
- ◆ 我们的员工效率如何？
- ◆ 我们的商业文化有效吗？
- ◆ 项目组合是否符合业务需要？
- ◆ 项目收益的估算精准吗？
- ◆ 项目成本的估算精准吗？
- ◆ 项目的时间进度估算精准吗？
- ◆ 人力资源的共享性如何？
- ◆ 我们管理风险和不确定性有效吗？

以上只是众多考量因素中的一部分，而这些考量因素会对一个信息不完善的环境造成影响。对于大多数实施 PPM 的组织来说，期望的完善信息和手中的实际信息之间存在巨大差距。然而，这不应该是逃避的理由。面对不确定性和不完善的信息，人们很容易放弃 PPM 然后回到做业务的老路。这当然永远是最轻松的选项，却不是最佳选项。PPM 工具和流程使组织能够开始一段寻求并致力于正确处理事情的旅程。随着时间的推移，不完善的信息会变得完善，PPM 能力也会得到提高而日渐成熟。初始信息很难完善，所以务必抱有这样的心态——能够容忍不完善的信息，而不要因此半途而废。

留出足够的时间让系统就位

在创建一个成功的、可达成的计划来管理 PPM 系统的实施项目时，时间是最重要的因素之一。想要采购 PPM 方案的组织，常常没有认识到他们可能需要花一到两年来等待 PPM 系统完全实施到位。这意味着他们当前所投入的时间、金钱和精力很可能在很长一段时间里无法带来他们期望的 PPM 能力，更不要说达到期望的投资回报率了。有远见的甲方必须同 PPM 方案供应商一起探寻该方案充分实施到位所需的框架是什么样子的。而且，与其把时间直接砍掉一半、压缩，或者缩短到一个根本无法实现的长度，倒不如给足为了成功而需要的时间来得更高效和有意义。

所幸的是，所有主要 PPM 供应商都在这个领域里展现了巨大的领导力。PPM 供应商不是围绕必须做的工作和必须花的时间敷衍了事，而是非常传统地提供实施路线图，使组织能够启动 PPM 的实施工作并快速呈现结果，同时规划和留出足够的时间来让组织日渐成熟，提升组织及 PPM 能力，从而实现这些能力所带来的收益。此外，所有主要 PPM 供应商也愿意并渴望促进和客户的对话，这些客户都能围绕他们的实施经验、达成结果、实施阶段和时间框架来进行探讨。

尽管没有刻意为之，但人们还是误以为 PPM 的实施必须快速完成，而历时太久就是一个糟糕的实践。高级的 PPM 专家可以快速地举出很多例子，比如当高管团队没有很快看到显著成果后，从心态到对战略的承诺都会发生改变。在大会演讲中听到这样的话是不足为奇的：PPM 系统必须在六个月内实施完毕，而且必须取得一个可衡量的投资回报率来回报初始投资，以此来履行高管团队和所有过程中参与人员的高度承诺。偶尔会有 PPM 供应商和新进入 PPM 软件即服务（SaaS）市场的厂商，用提供最快、最容易实现的 PPM 解决方案的承诺作为营销手段。但是这就像把面包变成吐司需要时间并不会使烤面包机受到诋毁一样，把组织内与项目相关的活动变成有效 PPM 需要时间也不会使 PPM 工具失去信誉。不管获得怎样的成功，获得速赢还是很重要的，特别是当对速度的渴望来自业务驱动的需求时，比如响应市场需求，打败竞争对手，准备或促进一个并购。然而，决定实施 PPM 不是一个短期策略，它是一个长期战略变革，所以，必须留出足够的时间。这样的时间框架应当是业务驱动的、现实合理的。

认识到数据完备性不是一个工具问题

也许成功管理项目组合的最大挑战之一就是管理数据的完备性。数据完备性被定义为，数据拥有一个完整的或整体性的结构。数据特征必须是正确的，以保证数据的完备性。这意味着诸如数据定义、日期、业务使用规则和场景、数据的含义，以及与之关联的其他数据都必须是完整和正确的。在 PPM 场景中，数据完备性并不完全是工具问题。PPM 工具在工具使用的功能参数范围内发挥其功能，并确保数据是完备的。但是不像交易性数据，比如已知的和准确输入的日常销售额，PPM 的输入数据如项目产品的收益，完全不是已知的、准确的、经计算能够导出的。这样一来，PPM 数据完备性的问题就更可能集中在最佳实践、组织能力、领导团队及个人判断上，而不是在 PPM 供应商的功能对比上。

好的数据成就优秀的 PPM，差的数据导致糟糕的 PPM。从更大范围来看，如果你有优秀的 PPM 最佳实践，那么基于这些最佳实践的成果，你将拥有好的 PPM 数据。一些人甚至认为，PPM 数据质量比 PPM 工具的功能要重要得多，如果你有好的 PPM 数据，那么你在一个 Excel 表格里就能够管理好一个项目组合。类似地，如果你的 PPM 数据质量很差，那么最精致且功能丰富的 PPM 应用软件也只会成为一张昂贵的电子表格。

对于许多想要实施 PPM 应用并建立和制度化管理项目组合的最佳实践的组织来说，关于先聚焦在什么上面这个问题，难免会有一番辩论和观点分歧：是管理项目组合的最佳实践，还是评估、选择并实施一个 PPM 方案呢？如图 4.7 所示，做到极致的 PPM 有赖于好的最佳实践带来了高质量的数据，同时，又因为实施高质量的 PPM 而带来 PPM 的强大功能。

当项目与业务需求保持一致时，决策为优化组织和项目约束条件而做出，并且当 PPM 的结果满足业务的需要和高层的期待时，PPM 的奇迹就会发生。反之，当数据质量糟糕且工具的功能也有局限的时候，PPM 就变得非常令人痛苦。即使出于好心，也用了最大努力，如果 PPM 数据明显缺乏完备性，并且 PPM 工具也缺乏促进高层团队回顾、讨论和决策的能力，那么可能很快，组织对 PPM 的热情将和高层团队的努力一起付诸东流。

如果想把 PPM 从现有的低质量数据和工具的状态改善为高质量数据和工具的状态，一些专家提倡先聚焦于流程和改善数据本身。然后，在使用了任何可使用的工具（比如说 Excel 工作表）之后，注意力可以转移到减少管理费用、评估和选择最佳 PPM 方案上来。另一些专家则提倡，尽快邀请 PPM 工具供应商和咨询顾问一起定义和改进那些与商业需要、已选 PPM 方案特征和能力相关的 PPM 流程和最佳实践。两个方法各有千秋，实际情况是从两种视角出发，都能促进组织改善数据和工具的质量。在很大程度上，改善 PPM 数据和工具的努力将是迭代而相辅相成的。致力于一个方面将驱动改善另一个方面。

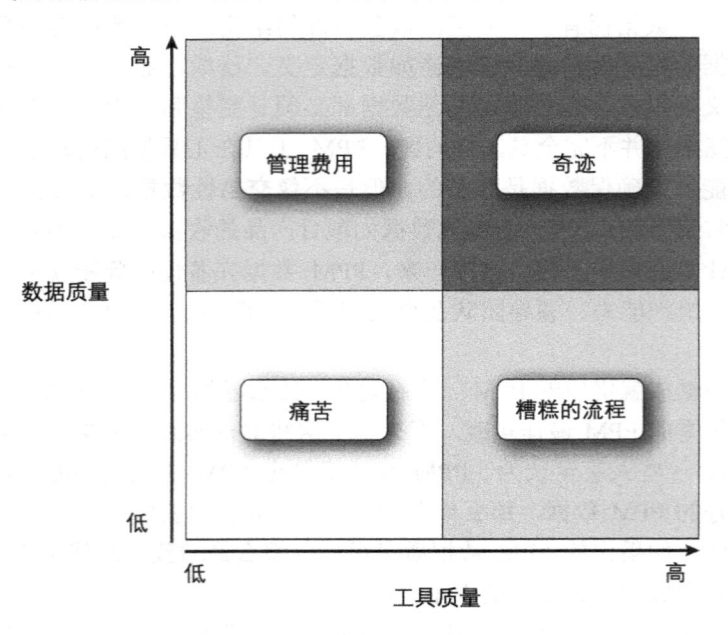

图 4.7　PPM 工具和数据之间的关系

所有 PPM 专家都同意这样一点——不存在一个放之四海而皆准的正确答案。一些组织可能通过率先运用 PPM 最佳实践而体验到 PPM 的成功；而其他组织则发现只有 PPM 工具到位并投入使用，PPM 能力才能得到提升。

对一蹴而就的可能性保持开放态度

什么时候一蹴而就地实施 PPM 被认为是正确的呢？如何能让一个组织从失败的一蹴而就的方式中恢复过来呢？一蹴而就所带来的好处是否超过它带来的风险呢？在敏捷项目管理和增量式交付盛行的今天，还应该考虑一蹴而就的方式吗？对于许多组织来说，答案是"不"。这不是因为阶段性的增量方式就一定更好，而是因为大多数组织对一蹴而就的方式压根没有持开放的态度。

第 4 章　PPM 风险之四：一蹴而就还是循序渐进

用阶段性的增量方式来实施 PPM 有着许多好处。如图 4.8 所示，阶段性的增量方式能帮助组织有效地解决变革阻力，不仅这种阻力有许多形式，而且不同的管理团队可能在执行力和承诺程度上也不尽相同。

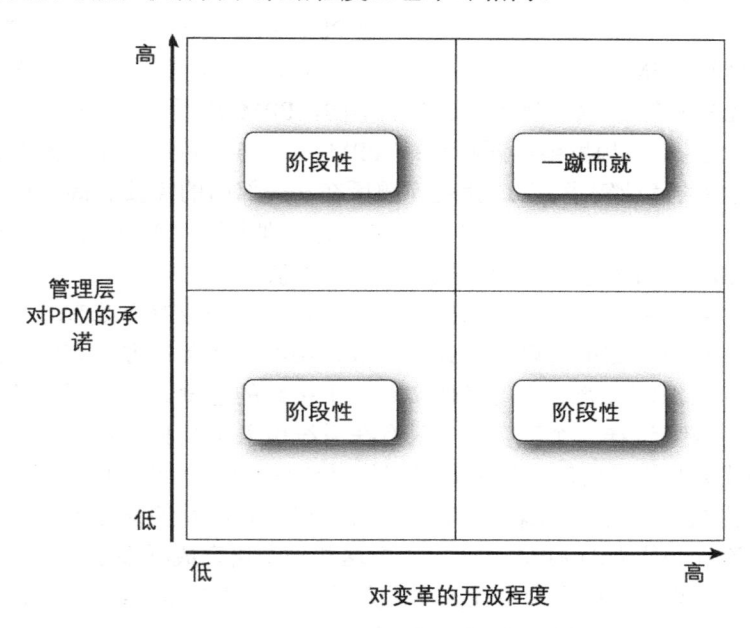

```
               高
               │
管理层         │   阶段性          一蹴而就
对PPM的承诺    │
               │   阶段性          阶段性
               │
               低└────────────────────────
                  低    对变革的开放程度    高
```

图 4.8　采用一蹴而就方式的考量依据

对于许多在组织中实施 PPM 的实践者来说，他们在努力时如履薄冰。实践者格外小心，因为在这种努力中夹杂着太多的反对、不支持及冒犯。在这样的环境中，一个阶段性的增量方式是绝对必要的，以便在批评家、怀疑论者和反对者的氛围中有成功的机会。然而，假如组织用开放的心态来变革文化，并且高管团队也有承诺、有意愿并有能力实施 PPM 呢？在这样的环境中，基于阶段性的增量方式还是比一蹴而就的方式更好吗？令人惊讶的是，对于 PPM 来说，答案很可能是"不"，这里有两个非常简单的原因。

首先，许多能在部门范围内推广的应用往往先被用户采纳，然后才被整个组织采纳，而 PPM 应用不一样，如果涉及组合管理功能、流程和能力那部分，未必能被很好地直接投入部门级别的试验中。当然，有一些管理项目和资源的功能可以在任何一个部门里实现，但这只是项目管理，不是 PPM。高层团队的相关功能，比如利用 PPM 工具来为不同的投资组合收益辩护，与业务需求保持一致并优化投资决策，监督和控制所有的流程及产出，乃至高层的参与、行为和能力等这些组织级的管理活动，很少会以和在单个部门内部一样的方式来开展。

事实上，带着克服缺乏高管支持这一困难的想法，在部门级别上开展一个 PPM 方案可能会很快导致失败，因为在部门级别上开展 PPM 根本就是不一样的。这里无意贬低部门或业务单元为实施 PPM 所做的努力，而是想强调——就像 IT 治理和 PPM 专家史蒂夫·罗梅罗（2010，p.1）建议的："许多人声称这个 PPM 就是那个 PPM。我认为这有点不同，PPM 在不同方面可以表现出不同的形态和大小。"罗梅罗继续解释道："PPM 的最佳实施就是率先解决那些触发 PPM 必要性的商业需求。"这就是问题所在——部门的需要和高管的需要很少是一样的。于是，为了模拟 PPM 如何在企业级别上发挥作用，而仅在一个部门内部署 PPM，对高管团队来说可能没有太多价值。

其次，并不是每一个企业都抵制变革，有一些企业对变革有着非常开放的组织文化。与阻碍变革的思维方式和抵触、接纳不完美的方法有所不同，一些持续改善的组织，有着对应用最佳实践乐于接纳的态度。没有任何计划和阶段性的推广能改变这样一个事实——只有在系统引入工具和流程之后，真正的优化和改善才会开始。所以，如果高层团队已经对 PPM 的商业价值和对变革开放的组织文化做出承诺，一蹴而就的方式将使得所有涉及的参与方能很快种下关于工具、流程和能力的 PPM 种子，并把这些种子培育成硕果累累的大树。在这种环境中，如果仍然推广阶段性的增量方式，好的情况是放缓了 PPM 的开展进度，弄得不好，则可能将 PPM 置于风险之中。

小结

实施 PPM 并不容易。很难理解为什么那么多人在 PPM 社区里宣称它很容易。幸运的是，所有领先的 PPM 应用软件和顾问服务供应商有着多年的经验，来帮助组织面对并克服 PPM 带来的必然变化的挑战。对于许多组织而言，想要应对这些挑战，最好还是采用阶段性的增量方式来推广和实施 PPM。这个方法寻求运用一种不会让组织超负荷的技术，使用差距分析和概念验证，容忍不完美信息，留出足够时间让系统到位，并认识到数据完备性并不是 PPM 工具的问题，而是由最佳实践证明出来的能力驱动的问题。总体来说，这些技术使组织能够规避风险，管理不确定性，并解决组织和个人对变革的阻碍。此外，一个率先在部门级别获得成功的增量方式，能够促进高层团队接受并支持 PPM 在整个企业内的推广和实施。

尽管很少这样建议，但一蹴而就地实施 PPM 的方式仍然值得考虑。当高管和领导坚定地对建立 PPM 工具和流程以期改善业务有效性做出了承诺，并且这个承诺不存在风险,同时组织也高度接纳变革作为其持续改善和保持竞争力的一种方法时,一蹴而就的实施方式就能催生出将现状快速迁移到未来理想状态的量子位移方法。

实际上,关于 PPM 的实施,普遍的认知是阶段性的增量方式比一蹴而就的方式更胜一筹。这种认知是基于过去采用一蹴而就的方式来实施 PPM 和管理变革时,遇到过极大困难、甚至彻底失败的经验。如果一蹴而就的方式有着更好的历史记录,那么就几乎没有其他策略的支持者了。所以,一蹴而就的方式一直值得考虑。即使一蹴而就的方式没被证明是理想的,稍微考虑下也肯定会揭示一些考量、因素和风险,而这些考量、因素和风险有助于证明 PPM 增量方法的具体原因和参数是正确的。

问题

1. "破釜沉舟"这一商业术语的起源和意义是什么?
2. 固定周期迭代和基于阶段的实施方法有何不同?
3. 差距分析的目的是什么?
4. 非正式评估和严谨评估各自的利弊是什么?
5. 概念验证的目的是什么?
6. 功能性的概念验证如何与有限范围实施比较?
7. 在哪些方面,实施 PPM 要求对不完美信息的包容?
8. 哪些数据特征必须正确,才能使得数据完整且有完备性?
9. 当实施 PPM 时,有没有一个放之四海而皆准的方法来决定首先应该实施 PPM 工具还是 PPM 流程框架?
10. 尽管没有特别推荐,但在什么样的环境下可以建议采用一蹴而就的方式来实施 PPM?

原文参考文献

Makleff, Gil. 2005. "Seven Habits of Highly Effective Portfolio Management Implementations." http://www.umt.com.

Merkhofer, Lee. 2008. "Choosing the Wrong Portfolio of Projects, Part 6: Achieving Best-Practice." http://www.prioritysystem.com.

Merkhofer, Lee. 2009. "Implementing Project Portfolio Management." http://www.prioritysystem.com.

Moore, Simon. 2010. Strategic Project Portfolio Management—Enabling a Productive Organization. Hoboken, NJ: John Wiley & Sons.

Perry, Mark Price. 2009. Business Driven PMO Setup—Practical Insights, Techniques and Case Examples for Ensuring Success. Fort Lauderdale, FL: J. Ross Publishing.

Romero, Steven. 2010. "Who should lead PPM?" http://community.ca.com/blogs/theitgovernanceevangelist.

第 4 章　PPM 风险之四：一蹴而就还是循序渐进

案例展示 #4：PowerSteering 软件公司

PPM 交通规则——
一个灵活、增量的方法
如何加速达成 PMO 结果

大卫·伯格桑，创始人，PowerSteering 软件公司

● 背景介绍

宝拉低着头走出会议室，心情很糟糕，她刚开完实施 PPM 的第一次高层回顾会。公司正在用一蹴而就的方式实施 PPM，这是她负责的项目，然而现在搞砸了。委员会正在高管会议中，面对着项目清单、节点、里程碑及待办事项，及时地回顾项目组合。"这是一个好的开端"，首席运营官在那儿给大家鼓劲："但是为什么我们还看不到它对财务的影响？"

"呃，不管怎么样"，宝拉吞吞吐吐地说："我很肯定我们能够让供应商做出任何我们想要的报告。"那听起来是个好回答，但是内部组织显然期望更多的汇报内容，更大的灵活性，以及更加地自给自足。

此时系统突然卡壳。首席信息官强调："六个月之后，一旦我们把整体系统建立起来，这种情况就不会再发生。"宝拉退缩着，因为她之前承诺的原计划完成日期可是六周之后。

系统又死而复生，现在运行正常。战略副总裁想要看与提议项目的投资回报率对应的风险矩阵。宝拉对这个需求正好有应对："第二阶段我们会有这个功能。但在第一阶段，我们得从时间计划表单和详细项目跟踪开始。"她私下里想："这下还不错。"

"等等，CEO 问："阿尔法项目在哪？"阿尔法项目是组织里最引人注目的项目，连董事会都知道它。市场、IT、研发、运营——几乎公司里的每个人都有涉及。对公司来说，这个项目意味着巨大的工作量、预算、财务影响，因此是个巨大的汇报漏洞。它体量太庞大，以至于许多分配到阿尔法项目上的团队都不属于实施阶段的一部分，因此表单上反而没能体现它。如果当初宝拉能够说服该项目团队，新系统将支持他们的需求、独特的工作流程和合适的方法论，那么，这个项目信息就可以在项目启动三到六个月反映在线上。"还好，我有一份最新的简历。"宝拉这样想。

业务驱动的项目组合管理

一年以前，刚开始的时候，人们期望很高。宝拉的老板已经向她提出了明确要求："我们得更好地管理这里的项目。"随着进一步检验，她才清楚她老板所说的其实是两个非常基本的需求：①做正确的项目；②正确地做项目。还要提供可视化的数据作为正在完成这两个目标的证据。很简单，是吗？显然不是！

宝拉把建设 PPM 成熟度的供应商名录翻了个遍，看了无数的软件演示，几乎记住了每份分析报告的每个字。但现实是，在她的组织里，在高管委员会面前，PPM 并不是这样黑白分明的。宝拉犯了一个根本性错误——她以为一个重大问题总是需要一个复杂的解决方案。

虽然 PPM 在企业规模这个维度上可能是一个令人畏惧的挑战，但对于大多数组织来说，成功的项目选择和执行仍然是战略执行层面的关键要素。需要开发新产品，是吗？需要一个项目。需要把运营成本减下来，是吗？需要更多的项目。需要理解如何管理这些努力之间的平衡和协同，是吗？需要一个项目和 PPM 系统。

为得到一个皆大欢喜的 PPM 版本，就如同许多供应商所承诺的，以及许多 PMO 所想象的那样，需要大量的投入。但是，基于我们在全球几百家公司实施 PPM 的经验，它不需要是一项要么包罗万象，要么一无所有，赌上组织多年（抑或赌上你的职业生涯）的努力的项目。如果你能遵循一些简单的规则，这些规则可以帮助你实现一个易于掌控、循序渐进的 PPM，并规避所提到的风险。

规则#1：爬、走、跑

英格索兰的首席信息官称其为"破解系统"。他说，如果用户喜欢，他们将实施更多。他从一个大约有 50 个用户的中心团队开始管理项目投资组合，并且只在一些部门里推动实施。今天，已有 2 000 名用户虚拟地散落在组织的每个角落，管理 IT、运营改进、创新、并购，而且实际上，在采用统一报告的同一系统中，每个不同类型的项目都要和组织里的其他项目进行权衡和协同。

英格索像几乎所有的客户一样，采取了爬、走、跑的方式来实施 PPM。是的，这听上去很像前面所说的增量方式，就是这样——还有一个关键的额外补充。我们想进一步让每个组织，甚至每个组织的每个角落都能维持这种最佳状态，而不一定都要全速前进。事实上，你组织的某些地方或许更适合舒适地散步，而其他一些地方则需要在一些项目进行冲刺，而在另外一些项目上轻快地散步。总之灵活性很关键。

未能在 PPM 实施系统中建立这种灵活性将是一个致命伤，大多数时候会使你的客户不满。在大型组织里识别并满足大范围需求的能力，可以直接决定大企业是采纳还是拒绝 PPM，结果是天壤之别的。

爬、走、跑可以在多个维度上操作。你的公司可能选择在转向其他功能之

第 4 章　PPM 风险之四：一蹴而就还是循序渐进

前，先实现一些特定的功能。你可以从一个特别适合的部门或团队开始。你可以选择自上而下或者由内向外地实施。重要的是你的系统能够支持所有的变量和组合。因为 PowerSteering 的产品是一个高度可配置化软件及服务解决方案，我们的客户通常只部署他们需要的功能，随着时间推移再逐步扩展。也许更重要的是，我们自上而下地从目标和里程碑角度来推动项目，并把项目管理的颗粒度放在个别团队或部门级别，使组织得以先聚焦在 PPM 的高级别、最关键的收益上。这种方法让每个区域都有一种独立感。

英格索兰选择了一个爬、走、跑的极端版本。他们限制了率先实施 PPM 的用户、功能和团队的数量，然后从那里快速建设。而其他组织则可能发现企业范围的可见度是成功的关键，详细的资源进度计划可以后续再制订。不论哪种情况，几乎每个组织能受益于采用一个循序渐进的、持续改善导向的 PPM 实施方式。

规则#2：以终为始

英国最大的医药连锁公司 Boots 的 PMO 经理递给我们一份 Excel 表单。"我们需要将它自动化"，她说："每个月我们都要花四周时间来做出这份报表。"从这个小而重要的一步开始，几个小时以后，我们就能够知道报告里什么是重要的，数据如何使用，哪里需要改进，以及如何一键重新配置系统。我们对高管汇报采取了增量改进的策略，帮助 Boots 创建了一个更加强有力的汇报系统，最终加快了分包商的跟踪进度，提升了资源规划能力，同时使得 Boots 能够跟踪被它外包出去的 IT 合作方的服务水平和交付价值。从单个报表开始，帮助团队创造一个特定的、高价值的早期成功结果。

相比之下，宝拉始于一个简单但又过于宽泛的目标——更好地处理所有项目。面对如此笼统的目标，采用"5 个 Why"的方法来追问根本原因或许是个好主意。精益实践者用这个工具来诊断质量问题，但是你可以用它来充分理解你的对象。这五个问题是——为什么我们需要更好管理项目？为什么需要去做正确的项目？为什么让人们和战略保持一致？为什么更好地使用资源？为什么要更好地满足我们的要求？于是你得到了一张全景图。

问了五个为什么之后，组织将对想要通过 PPM 达成什么，以及为什么提出这些问题更加清晰！这个练习的结果也揭示了好的项目和好的 PPM 系统对于战略成功是多么关键。在练习的最后，组织将发现，根本原因几乎一直和创造具有竞争力的优势或者投资某些战略机会有关。

不幸的是，PPM 团队（有时供应商也包括在内）经常忘记他们要做的是什么，而开始把他们的 PPM 系统看成是一个很酷的功能组合，而不是一个达到特定目的的工具。以终为始，可以极大地增加实施成功概率。首先是高管用来管理业务的报告——一个平衡积分卡或其他关键绩效度量,并决定 PPM 可以如何为这份报告做贡献,提供到底有哪些因素驱动成果的洞见。对每个关键绩效度量而言,都有一个组合的项目被设计成移动指针。我们是在做正确的项目吗?它们能够被有效地执行吗?项目组合能够按照我们的需要和期望来改善关键绩效度量吗?PPM 执行者通过使用如图 4.9 所示的那样灵活的 PPM 高管仪表板,就能够监控关键绩效度量。

规则#3:聚焦能力,而非成熟度

GE 的商业金融事业部有一个经典的组合问题——缺乏可见度。这一痛点随着一个价值好几百万美金的法国项目的失败而导致大量资产被注销,显得更加突出。新任的首席信息官 8 月份来到我们这里,9 月 30 日所有超过 5 万美金的项目被录入系统,200 个用户已经开始使用该系统来汇报进展了。10 月 1 日,新任首席信息官使用系统砍掉了项目组合里 15%的冗余,这些项目或不符合战略,或被糟糕地定义且注定要失败。他重新调配人员,通过聚焦两个非常独特的能力——项目选择能力和组合回顾能力,省下了几百万美金,而且还改善了组织的焦点和生产率。和宝拉不同,他不是来刷他的履历的,而是来让内部决议落地的!

令人惊讶的是,这样的聚焦在 PPM 实施中其实很少见。我们发现许多组织在改善他们的成熟度时前后表现很不一致,无论成本和管理费用值不值得,他们都从来没有问过成熟度是否达到第 5 级(比如在 CMMI 评估中),或者任何其他框架真的是他们的终极目标吗,也从来没问过是否取得第 5 级成熟度就意味着可量化的业务价值。这些公司没有认识到,成熟度是由许多不同的流程驱使的,改善能力从而产生持久的结果才是他们应该聚焦的。

我们建议客户在一些关键流程上聚焦能力建设,比如项目选择能力、组合治理能力、项目执行能力和资源优化能力——并努力集中在对组织成功至关重要并且代表最大进步的领域。我们还与客户一起花了大量的精力来决定正确的能力等级,来平衡收益和努力的程度。根据经验显示,如表 4.1 所示,不同的流程和能力水平在总收益中所占的潜在份额不同。

表 4.1 流程对应能力的收益潜在份额

	选择项目	组合管理	改善执行	优化资源
爬	18%	18%	8%	8%
走	11%	11%	5%	5%
跑	7%	7%	3%	3%

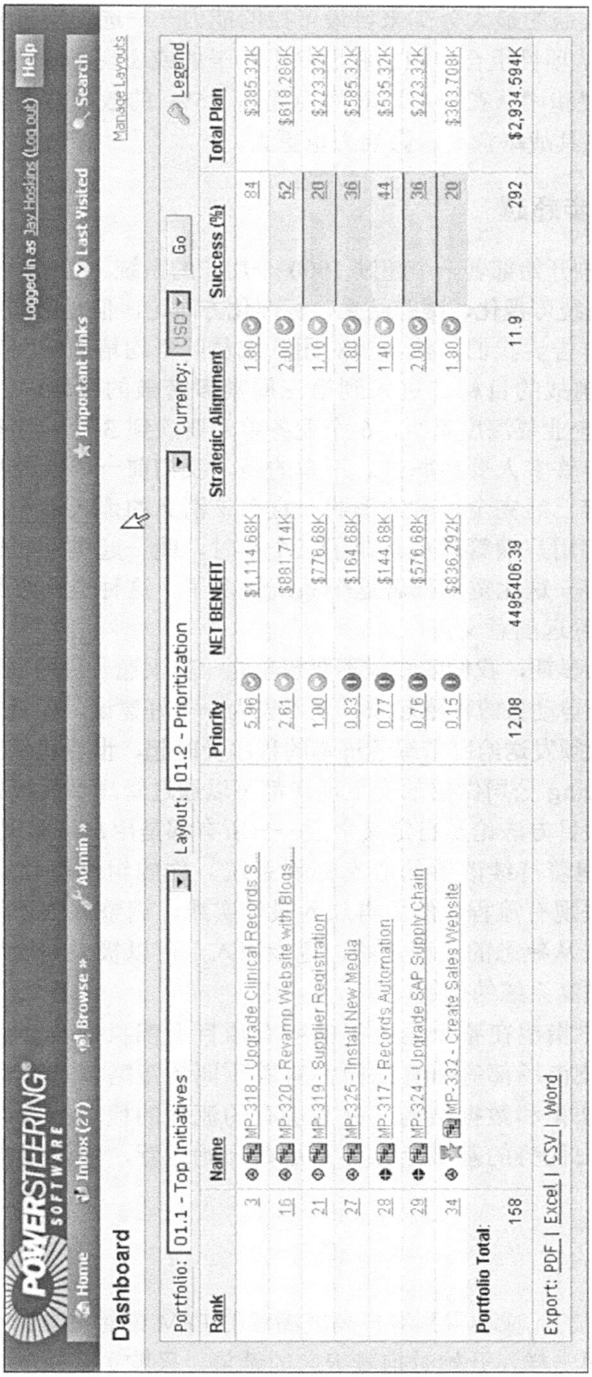

第 4 章　PPM 风险之四：一蹴而就还是循序渐进

图 4.9　PPM 高管仪表板

有趣的是，收益的最大分支来自最可控的能力——选择项目和组合管理。对于 GE 来说，从项目组合中识别和删除不相干的或表现不好的项目，要比让组织中的每个经理和团队在一小段时间内提高 15% 的效率容易得多，但是前者所带来的效果更具战略意义，影响力也更大。

规则#4：逐步超越

Textron 公司刚开始部署一个超过 1000 个用户的系统。它是一个备受瞩目的项目，目标是使系统可视化、跟踪结果、标准化方法论，但是时间很紧——只有 4 周！首席运营官告诉我们，他希望对团队成员的平均培训时间为零——这真的是一个相当有挑战的目标。进入到第三周紧锣密鼓的阶段时，灾难来了。Textron 公司宣布企业要深度重组，6 个业务单元要砍到 3 个，还有资产剥离、计划收购的动作，许多人要换职位。不幸的是，我们前一周已经将数据结构更新配置成现在看来已经完全过时的形式。宣布该消息的那天下午，负责两个工作站的客服经理和用户端管理员只花了三个小时，就一起重新配置了系统来反映新的组织结构——这比重新部署这个系统快多了。这种企业级灵活性对于部署 PPM 系统具有深远的意义。

在部署系统的早期，我们就知道不要想着能一劳永逸。总的来说，只要流程正确，然后让系统自动按流程跑起来，就不失为一个好建议。但是自从对系统的每次重新构想都必须发送给盯着绿色屏幕的程序员时起，世界已然改变。所有客户要求 PowerSteering 公司做出的变更现在都可以通过管理员面板处理，包括数据结构、报告、项目方法论及自定义字段——所有都是用户可配置的。

这促使人们抱着持续改善的心态部署系统。你的组织可以从现有流程开始，或者逐步改进现有流程，然后再加入最佳实践，调整方法和阶段，并实时更改字段和报告。从熟悉的流程开始，逐步深入，可以极大地增加采纳的速度和可能性，最终提高系统的价值。

我们许多客户指望在整个企业里的所有项目上都执行一套标准。然而，IT、研发、运营及市场部等所有部门都有着不同的策略和需求。按照自身能力运用一定的方法论和数据结构，并与现有的流程的梳理结合起来，就能使得组织能够在过去优势的基础上弥补不足、开始运营，而不用把组织搞得底朝天。

总结

如本章所描述的，成功得到客户高度满意的 PPM 部署是非常少的。有太多组织像宝拉的公司一样，开始时抱着很大的希望，采购了最新的技术，到最后竟然发现对企业里除 IT 部门之外的用户不适用，其结果就只是实现了期望价值的一小部分。如果组织把项目界定在这四个原则——①爬，走，跑；②以终为始；③建立能力；④持续改善上，就会发现完全可以避免前面章节提到的风险，比竞争对手更快、更高效地交付好项目，令内部相关方满意，并让客户感到愉悦。PPM 太重要、太明显，也太大，以至于不能失败。所以拥抱一个可测量的、增量的而又灵活的方法有助于快速吸引客户并赢得客户。

客户 PPM 领导力形象

一家领先健康护理供应商的产品组合管理

一家为 860 万会员提供高质量、便携式健康护理产品的健康护理领先组织找到了 PowerSteering 公司，要在一个已经安装好的、本地的 PPM 应用上继续投入大量的时间、资源和资金。这个组织需要一个易于使用的系统来支持组合管理、需求捕捉和项目打分。PowerSteering 公司需要在几周之内将 PPM 与现有系统融合。PowerSteering 公司投入了将近 150 人，在互联网服务和网站工作组里捕捉新产品需求，对其进行打分和优先级排序，并整合到已安装的系统中。如图 4.10 所示，从 PowerSteering 推演出来的商业价值包括：

- 自动在线捕捉需求（对创意和产品两方面进行需求改进）；
- 排序后的需求可视化；
- 实时更新和项目跟踪；
- 更精确的资源预测；
- 改善产品治理；
- 灵活和可扩展的报告系统；
- 状态报告、事件、文档、详细进度管理。

英格索兰公司的企业级 PPM

继上一次用一蹴而就的方式实施传统 PPM 失败之后，英格索兰公司找到 PowerSteering 公司，想在组织内部实施自上而下的组合管理。作为一家价值 130 亿美元的全球化化工公司，拥有诸如 Club Car、Hussmann、Schlage、Thermo King、美标和 Trane 等多元化品牌，英格索兰公司需要一个灵活而高度可配置的 PPM，引入最有价值的功能，包括组合管理、项目选择、排序和度量流程。PowerSteering 公司被英格索兰公司选为指导 IT、HR、PMO 工作及新产品开发项目的标准制定的公司，也指导他们对 Trane 公司并购之后的整合工作。

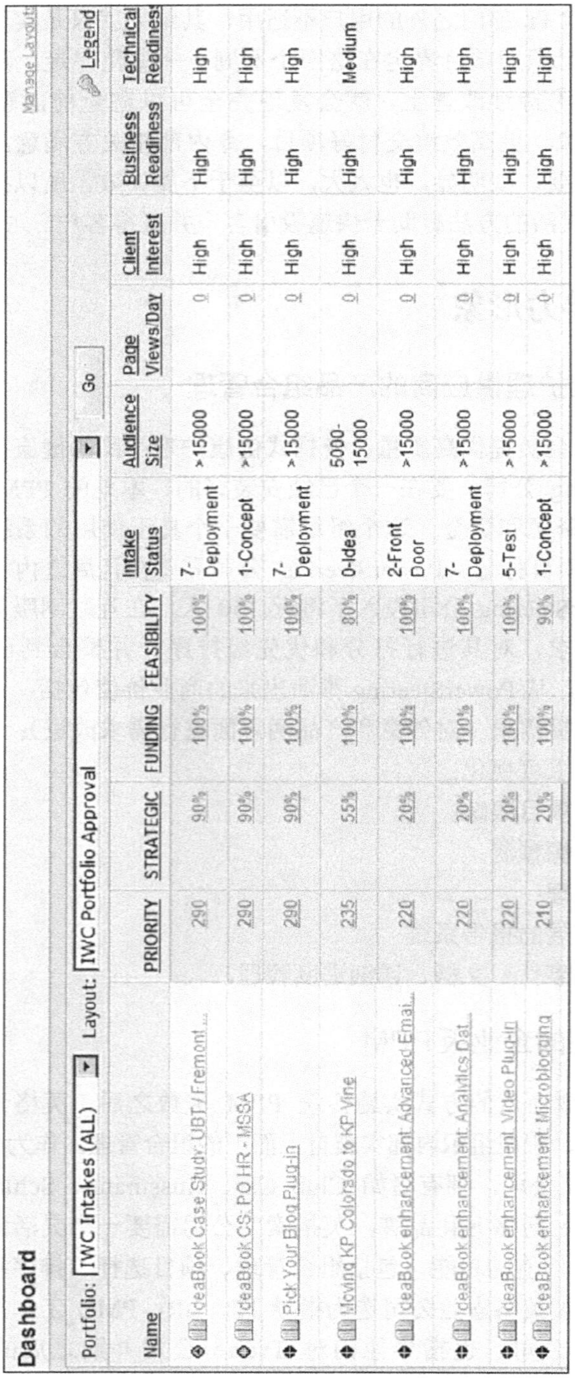
Dashboard
Manage Layouts
Portfolio: IWC Intakes (ALL)
Layout: IWC Portfolio Approval
Go
Legend
Name
PRIORITY
STRATEGIC
FUNDING
FEASIBILITY
Intake Status
Audience Size
Page Views/Day
Client Interest
Business Readiness
Technical Readiness
IdeaBook Case Study: UBT / Fremont...
290 90% 100% 100% 7-Deployment >15000 0 High High High
IdeaBook CS: PO HR - MSSA
290 90% 100% 100% 1-Concept >15000 0 High High High
Pick Your Blog Plug-in
290 90% 100% 100% 7-Deployment >15000 0 High High High
Moving KP Colorado to KP Vine
235 55% 100% 80% 0-Idea 5000-15000 0 High High Medium
IdeaBook enhancement: Advanced Emai...
220 20% 100% 100% 2-Front Door >15000 0 High High High
IdeaBook enhancement: Analytics Dat...
220 20% 100% 100% 7-Deployment >15000 0 High High High
IdeaBook enhancement: Video Plug-in
220 20% 100% 100% 5-Test >15000 0 High High High
IdeaBook enhancement: Microblogging
210 20% 100% 90% 1-Concept >15000 0 High High High

图 4.10　PowerSteering 公司的组合管理仪表板

第 4 章 PPM 风险之四：一蹴而就还是循序渐进

用负责 IT 架构和战略副总裁麦克·马克利的话来说："有了一个组合管理工具，我们就可以整合信息，并为我们高管提供在任何项目领域的可见性，以此来帮助证明哪个组合投资值得投入。"英格索兰公司由此实现的 PPM 能力包括：

- ◆ 快速的投资回报率；
- ◆ 更好的用户采纳；
- ◆ 减少了邮件、表单和电话；
- ◆ 精简、自动化、标准化的项目管理活动；
- ◆ 增加了组合可视化；
- ◆ 降低了软件采购成本；
- ◆ 提供了充分的可扩展性。

自上而下的组合管理使得英格索兰公司能够按照他们自己的要求来部署软件系统而不必被动抓取一堆不合理的数据。PowerSteering 公司的 SaaS 模型、灵活性、可配置性，使得英格索兰公司能够很快安装软件，而且价格公道，效果立竿见影。

第 5 章
PPM 风险之五：
变革流程和度量带来的影响

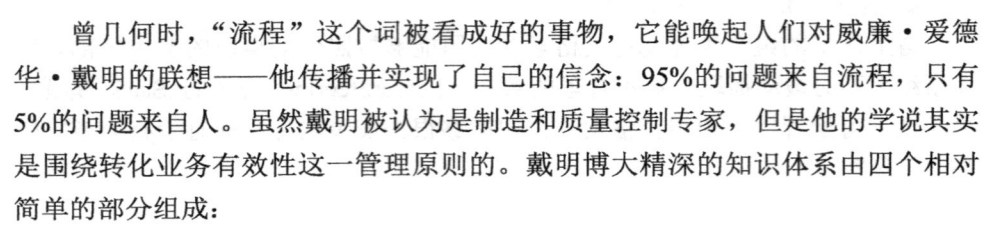

曾几何时，"流程"这个词被看成好的事物，它能唤起人们对威廉·爱德华·戴明的联想——他传播并实现了自己的信念：95%的问题来自流程，只有5%的问题来自人。虽然戴明被认为是制造和质量控制专家，但是他的学说其实是围绕转化业务有效性这一管理原则的。戴明博大精深的知识体系由四个相对简单的部分组成：

① 认可一个系统，理解整体的流程；
② 关于变化的知识和成因，以及度量的技术；
③ 知识论，关于知识和人类认知局限的概念；
④ 心理学知识和关于人类本能的概念。

戴明相信，如果一个人理解了这个深刻的知识体系，他就可以树立榜样，做一名好的倾听者，开导他人，并且帮助人们从当下的困难中走出来，进入一个更有效的全新世界。

像戴明那样热衷于流程和度量的人，通常有着一个又一个的真实体验，因为他们采用并遵循了流程和最佳实践，解决了复杂的商业问题，取得了显著的效果及长期的商业成果。然而，如果以为热衷于流程和最佳实践在今天的商业组织、部门和团队中是很普及的事，那就错了。事实上，出于各种原因，人们更有可能发现的是对流程和最佳实践的轻视。有些是出于阻碍变革的想法，但是更多的是出于对流程及最佳实践有过糟糕的经历，以及当前经常被"绑架"的敏捷理念。不少敏捷狂热者错误地引用敏捷宣言作为根本没有流程和最佳实践（项目管理）的借口。正如图 5.1 所描述的那样，由于对过程、最佳实践和度量标准的错误理解而将其抛诸脑后的情况并不少见。

第 5 章　PPM 风险之五：变革流程和度量带来的影响

图 5.1　PPM 漫画——关于流程那些事

理解流程和度量的视角

流程和度量是通向终点的路，就这么简单。在描述流程时，业务流程大师瓦迪姆·科特尔尼科夫建议，流程本身不是目的，它实际上帮助我们创造和交付那些客户关心的预期产出和结果。流程本质上呈现并提供了一套一系列行动的结构顺序。在谈到度量工作时，PPM 专家肯达尔和罗林斯在 *Advanced Project Portfolio Management and the PMO: Multiplying ROI at Warp Speed* 一书中引用了商业管理大师和约束理论创始人艾利·高德拉特的话："度量系统的目的是驱动局部去完成对整个系统有好处的行动。"关于流程和度量的另一种观点来自平衡计分卡专家霍华德·罗姆："当平衡计分卡被发展成战略规划和管理系统的时候，就可以帮助组织形成共同的成功愿景。平衡计分卡不仅仅是一种计分的方式，它本身就是一个系统，包括人、战略、流程和技术。"

这些专家和许多其他倡导者都认识到，流程和度量使得组织能够改进他们的能力并取得更可预测、前后一致的产出。对于那些真正承诺去定义、使用并持续改进它们的企业而言，流程和度量能够帮助公司取得超越竞争对手的成就，并获得超乎想象的商业成果。

那么流程和度量是否容易正确地得到呢？流程和度量是否能一直被完美地应用呢？流程和度量能否解决组织遇到的每个问题呢？流程和度量是否能确保组织一定成功呢？当然，对这些问题的回答都是"不"。但是这并不是怪罪流程和度量的理由——而只是证实像 PPM 这样的系统是复杂的，因为还涉及人的因素，需要投入时间和努力才能得到正确的流程和度量。对于大多数组织和个人来说，彻底否定流程和度量标准的重要性和价值，往好了说是错过了商业机会，往坏了说是一种无效的商业思维。不管怎么样，对于流程和度量，确实存在各种各样的认知和误区，这对于想要更高效管理业务的组织而言常常是一种挑战。

要想成功地开发、利用并改善 PPM 流程和度量，重要的是充分理解并包容组织和个人的不同观点，以及那些占有一席之地、影响着 PPM 被采纳和成功实施的观点。成熟度模型和态度分析模型是帮助组织理解这些观点的两个有用的结构。

作为建立、改善并实现 PPM 流程、最佳实践和度量所带来的第一个好处，理解和认清真正起点很重要。当人们试图确定他们的起点时，许多人本能地联想起并使用卡耐基梅隆大学软件工程研究所的能力成熟度模型（Capability Maturity Model of Software，CMM），或者各种组织级项目管理成熟度模型——类似于哈罗德·科兹纳在 *Strategic Planning For Project Management Using a Project Management Maturity Model* 中提供的模型，或者 PMI® 协会的标准即 OPM3®。所有这些模型都具有巨大的价值，但是它们也全都忽视了一个简单的事实：成熟度有正值，也会有负值。

组织里的大多数经理，特别是大型组织的经理，对组织和个人的成熟度负值可能深有体会。在 IBM 的 20 年里，我经历了从一个热情高涨的参与者到后来的受害者。在早期职业生涯里，我经常享受做一个特立独行的人，第一个反对那些看似错误的、和实际问题脱节的管理流程。当然，那时我站在一线经理的视角，认为大部分业务流程和度量就是耗费时间的繁文缛节。而后来，作为 IBM 总经理，开始关注销售额、利润、客户满意度后，我开始真正觉得流程和度量是把新产品带到市场上的利器，可以有效地提升公司业务水平，打败竞争对手，并获得更高水平的市场份额和客户满意度。流程成熟度的负值概念不是很难掌握。在与联邦政府的一些首席信息官和 PMO 总监共事的许多年里，我学到很多，也写了我的第一本书：《业务驱动型 PMO 建设》。书中有个以非正式的方式被广泛传播的流程模型，就是如图 5.2 所描绘的成熟度的负值（负级别）。

许多人识别并管理着如下正向级别的成熟度。

- 级别 1：临时的——没有正式的流程、方法和程序。
- 级别 2：计划的——流程、方法和程序在组织区域里存在，但没被看成组织级的标准。
- 级别 3：受控的——流程、方法和程序在组织区域里存在，然而只是被正式文档规定和高层支持着。
- 级别 4：整合的——流程、方法和程序被正式文档规定和高层支持，度量已被开发和使用，用来收集绩效数据来帮助改善项目绩效和改进计划。
- 级别 5：持续的——经验教训、最佳实践及改进计划被持续应用。度量被用来赋能组织去评估能力改进的机会。

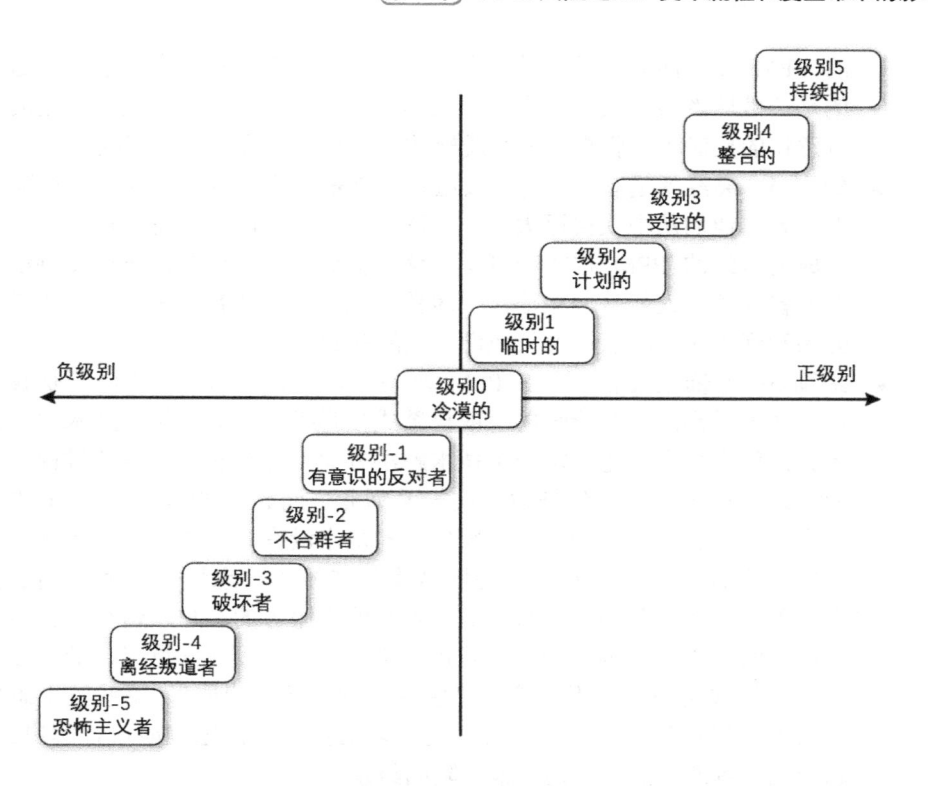

第5章 PPM 风险之五：变革流程和度量带来的影响

图 5.2 流程成熟度级别

但同样重要的是去识别和管理下面这些处于负值区间的成熟度。

- 级别0：冷漠的——对流程的重要性还没有认知或认可。面对 PPM 流程、方法和程序，一种冷漠（不知道、不在乎）的思维模式占主导地位。
- 级别-1：有意识的反对者——有些个人和组织习惯于阻碍任何改变原有工作方式的尝试。变革的阻力看上去是消极的，有时不太明显，但事实上，有意识的反对者甚至能够阻碍最好的组织改进计划。有意识的反对者没有真正的偏好或"心有所属"，无论提出什么样的想法和建议，他们通常不是发表讽刺性的评论，就是认为会有更好的方式，尽管从来没有提出过。
- 级别-2：不合群者——不合群者是指一些无法适应哪怕最简单的环境的个人和组织。比有意识的反对者更糟的是，不合群者只要把事情做错就能妨碍组织改善。不合群者非常勤奋，且常常是很有价值的个人贡献者或者杰出的高管，他们会在上一刻的天才和下一刻的笨蛋之间来回摇摆。
- 级别-3：破坏者——破坏者喜欢参与破坏活动。为了实施破坏计划，他们采取深思熟虑的行动。由于偏离航道并不比采取行动来提高一个组织的 PPM 能力简单，所以破坏者必须被识别出来，然后立即清除。遗憾的是，破坏者很难被识别出来。破坏者更像一个专业的、技术高超的、有意识的反对者，将组织变革脱轨的艺术形式提升到最高层次。

◆ 级别-4：离经叛道者——离经叛道者通常是那些有条件与既定标准唱反调的人。他们从中获得巨大乐趣。离经叛道者可以被善待、被治愈，转化成为组织的 PPM 摇旗呐喊者，这时他们会如支持英雄般地支持组织的改善行动。人们普遍相信，大多数流程改进大师曾经是离经叛道者，因为看到了光，所以发现了他们真正的使命。

◆ 级别-5：恐怖主义者——在 PPM 环境中，所谓的恐怖主义者不是我们在新闻上看到的机关枪喷射手或自杀式投弹手，他们是超前技术的接收者。他们为每个问题寻求一个技术解决方案，却没有首先理解过程，或者缺乏过程。他们首先把你引向一系列业务问题。PPM 中的恐怖主义者实施非常复杂的 PPM 应用软件，却从来没有时间去为它做计划，可他们一直有时间去一遍又一遍地做重复造轮子。恐怖主义者沉迷于技术，不再理解或关心公司开展的业务和他们服务的客户，这会给公司带来巨大的损失，因为他们制度化地绑架了所有阶层——员工、经理和高管。正如戴明毕生尊崇的信条"解决流程，解决问题"，这些技术恐怖主义者尊崇的信条是"只要使用足够多的技术，问题就能自行解决。"恐怖主义者的成熟度级别是最危险的级别。

流程成熟度呈负向级别的证据并不难找到。比如，在 2010 年佛罗里达州奥兰多市举行的 SCRUM 年会上，我发现自己身处一个敏捷狂热者[①]的热烈讨论中，而这些敏捷狂热者对他们与 PMO 的合作感到很挫败。其中一次分组讨论环节被称为"我要杀了我的 PMO 经理"。关于 PMO 如何与敏捷开发团队合作的，我们无须想象太多就能知道，出于合理的理由，敏捷开发人员因 PMO 的思维方式感到挫败，这种思维方式使得 PMO 把传统的项目管理流程强加给那些寻求使用更现代而又敏捷的技术的人，比如 SCRUM。但是，正如 PMO 错误地实施他们的最佳实践，而不是与敏捷开发团队协同合作一样，如果敏捷开发团队连 PMO 的存在都反对的话，那也是错误的，更别提试着去理解和发现双方在管理项目和管理项目组合方面的共同基础了。

在一场热情高涨的分组讨论中，一位来自《财富》1000 强公司的敏捷项目经理评论说，他们的 PPM 工具和流程就是一个笑话。开发团队成员在每周开始的时候只是简单地把他们的时间填成 100%的利用率，这是大多数敏捷开发团队如何使用 PPM 工具并参与组织 PPM 流程的事实。当被问及与 PMO 合作时，他做了什么

---

① 的确有这个现象，唯敏捷论。

第 5 章　PPM 风险之五：变革流程和度量带来的影响

努力时，这位敏捷项目经理嫌弃地回答说，他们不打算和 PMO 合作，相反，他们只想看到他们的 PMO 远离所有 PMO 的工具和流程。

相似地，敏捷狂热者达利·库拉克在他的论文"Five Symptoms of Mechanical Agile"中说："如果你在路边看到最佳实践，就灭掉它！"尽管库拉克继续补充道："你可以找到最佳实践，而且只要花时间去应用到你独特的场景中而非盲目照搬，还是能够有效实施这些最佳实践的。"这些观点并没有改变最初对流程的夸大其词和消极情绪，它非但没有扑灭火苗，反而火上浇油。为了捍卫 PMO 和其流程，格兰·阿拉曼在他的"PMBOK, Agile, and the Need for Theory"一文中对抨击 PMBOK 和 PMI 的运动进行了评论。经验丰富的项目管理人员，还有像阿拉曼这样的开发老兵都明白，其实流程对于提升执行成熟度，提升个人技能和组织能力，增大成功概率是非常关键的。

除成熟度模型有助于确定个人和组织在建立流程和度量方面的起点外，以态度和倾向为形式存在的流程偏好模型和其分析模型也会有所帮助。无论是在光谱的一端呈现对流程和度量的总体亲和力，还是在光谱的另一端呈现对任何形式的流程和度量的极度鄙视，这里面有着太多因素在起作用。例如，组织中的地位、控制的宽度、工作职责、专精程度、个人贡献可衡量度、决定报酬丰厚程度的成果、知识、经验，以及整体商业头脑，这些都是所有塑造和影响人们对流程和度量的态度的重要因素。如图 5.3 所示的两个因素常常直接反映和塑造着人们对流程和度量的态度，即个人的工作职级以及个人薪酬在多大程度上以某个最终成果作为度量的基础。在一个高级别上，基于工作职级和基于度量的薪酬考量，可以得出以下一个简单的 2×2 的四象限矩阵。

- ◆ 第 1 象限——有高度意愿。在这个象限中，个人的工作职级较高，而且以度量为基础的薪酬也较高。例如，一个大型组织的执行官对该组织的成功负责任，并根据取得的具体成果得到补偿。在这个象限的个人更倾向于一种对流程和度量的亲和力，因为流程使得组织能够展示出更高水平的能力，更可预测地产出结果，以及维持和改善竞争活力。
- ◆ 第 2 象限——选择性的有意愿。在这个象限中，个人的工作职级较低，以度量为基础的薪酬较高。例子之一就是一个有着佣金的销售代表或销售市场经理，其业绩指标可以推动薪酬。很典型的是，在这个象限中的个人会选择性地对流程和度量保持高意愿度。那些可以帮助他们取得和薪酬挂钩的业绩目标并且能持续改进的流程，就属于个人利益范畴。对于那些不能让他们直接获利的流程，他们就没有那么高的热情了，而是选择性地遵守。一个拿佣金的销售代表，热衷于遵循那些能帮助其提升销售额，实现季度或年度销售目标业绩的任何流程，但同时又对销售活动、漏斗管理和预测等流程不感兴趣的情况并不少见，因为这些可能被看成官僚主义的管理投入。

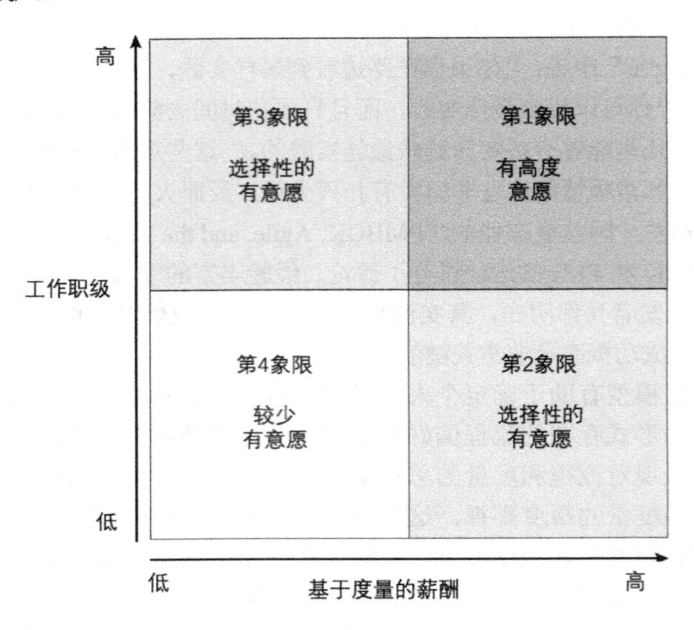

图 5.3 流程和度量的态度分析

- 第 3 象限——选择性的有意愿。在这个象限中，个人的工作职级较高，而以度量为基础的薪酬较低。一个例子就是一个研发高管或负责新产品开发的经理可能在职位上有着重大责任，但是未必拥有高杠杆的、基于业绩度量的薪酬。这样的高管对那些对组织和成果有利的流程和度量表现出亲和力，可是对其他流程和度量则不感兴趣，因为这些流程看上去对他们不是特别有用，却可能对其他拥有更大职责的高管和高层成员有着巨大帮助和价值。他们这种选择性的有意愿情况并不少见。
- 第 4 象限——较少有意愿。在这个象限中，个人的工作职级较低，且以度量为基础的薪酬也较低。这个象限中的例子很多，可以用组织内任何一个拿着固定的薪资、带有极少量有效激励性薪酬的个人贡献者来作为代表。在 PPM 中，这个象限中的成员可以是所有项目成员，比如开发员、分析师及支持员工。因为不用对人员管理或组织能力管理负责，所以他们的薪资没有和实现的、可衡量的成果挂钩。像这样的知识工作者并不少见，他们常常是某一领域的专家，只想安静工作而不想被打扰，从而在最小的干扰下完成工作。

第 5 章　PPM 风险之五：变革流程和度量带来的影响

在任何一个准备实施 PPM 的组织中，不难发现，整个组织对流程和度量存在态度上的差异，而这些差异就是高层团队要面对的挑战。在高管层面，高层团队习惯了"会叫的孩子有奶吃"的决策方式，他们在旧秩序下过得不错，因而可能会对变革和 PPM 所需的新流程和基于度量的方法产生阻力。在个人贡献者层面，主题专家和高度专业的知识工作者——比如软件开发人员，可能又会对任何形式的 PPM 流程和度量零容忍，更别提亲和力了，因为任何形式的流程和度量都不是他们开发原则和工作习惯的一部分。简单地说，负责 PPM 的高层团队必须理解这些不同的态度和变革流程、度量所产生的效果。

变革流程和度量的效果

许多 PPM 专家认为，PPM 是一种管理活动，关乎做正确的项目和正确地做项目。正如 PMI 的《项目组合管理标准》的定义："组合管理的目标是确保组织做正确的事情，而不仅仅是把事情做正确。"在高层级上，这些定义都是正确的，可以作为任何关于 PPM 讨论的起点。然而，对于大多数组织而言，PPM 很快就不仅是一场讨论、一个理论模型，或是一套流程和度量，而且是关于变革管理的管理活动，用来展示更好的组织和个人能力并从项目成果中获得更好的产品。如图 5.4 所示，英国政府商务办公室（Office of Government Commerce，OGC）支持这个变革管理观点："组合管理是一系列互相协调的战略流程和决策的集合，它们共同促进了在组织变革业务和常规业务之间获得最有效的平衡。"

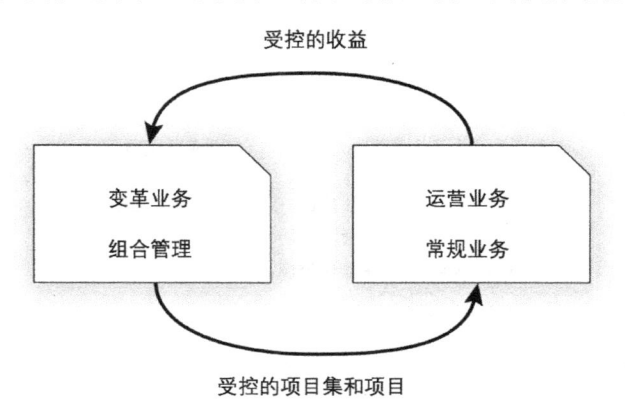

图 5.4　变革业务—常规业务

对于许多人来说，包括 OGC 在内，PPM 的真正挑战不是如何去理解这么多的组合管理标准相关知识，而是如何根据标准所指引，切实有效地管理采纳

业务驱动的项目组合管理

标准所带来的变革。

变革流程和度量——自下而上的进化

对于许多人来说，PPM 被看成是一个项目管理自然进化的结果。随着组织在单个项目上采纳、运用并完善它的项目流程、技巧和最佳实践，下一步就是整合所有和管理相关的活动，可能横跨多个项目，并通盘考虑组织需求、优先事项、预算和资源。这样的观点其实是对项目管理华而不实的夸大，正如一些早期的愤世嫉俗者反驳的那样——其实从业务驱动的角度来看，无论在单个项目级别上管理得有多好，事实上，从一开始就正确地做项目也是非常重要的。当组织在单个项目上的项目管理做得很好时，自然就有能力做更多的项目。

如图 5.5 所展示的，许多组织会经历一个变革流程和度量的进化过程。随着组织采用项目管理作为最佳实践，其巨大的价值很快就会被认可。从非正式项目管理转移到正式项目管理，即从项目常常被当成一堆任务来临时处理，到项目按照定义好的最佳实践来管理，使得项目的工作具有了完备性。这还创造了一种项目管理文化，也就是人们理解的项目约束金三角——范围、时间和成本。正如流程变了，度量也要变。临时项目管理当中的传统开支对比将让位于预算与实际、挣值分析（Earned Value Analysis，EVA）和项目绩效指标。这些更加精确的项目绩效度量所带来的收益在许多项目中被证明是极其宝贵的。

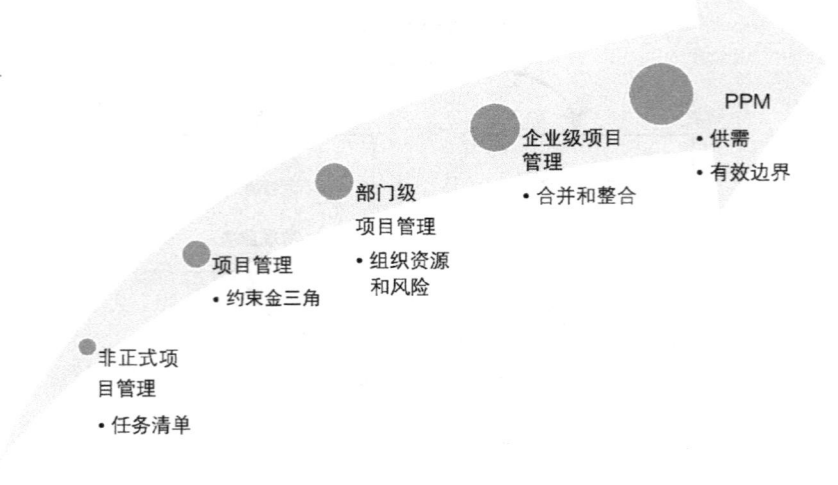

图 5.5 变革流程和度量——自下而上的进化

第 5 章　PPM 风险之五：变革流程和度量带来的影响

这样的变革，即使在这个层次上是有好处的，也依然会阻力重重。的确存在一些人认为项目管理的流程、表格、工具及培训费时、耗力且过度官僚化。不是所有组织都能在建立有效的最佳实践方面做到卓有成效，为项目管理提供纪律和严谨性，以及组织结构内不可或缺的灵活性，从而在项目组合内帮助不同形态和规模的项目。

随着进程，部门级项目管理，比如 IT 项目管理或新产品开发，会快速把焦点放在资源管理和风险管理上。资源管理经常会带来一些能够驱动有效的资源管理变革，比如组织汇报结构的改变、共享资源池的建立、项目和资源管理系统的实施，以及管理最佳实践、度量和制度的开发。资源管理实际上给组织的项目投入增加了一个代表完整性和复杂性的额外维度。为了让资源管理起作用，所有相关方都必须有效参与到流程中来，所有的"气缸"都得运作。简而言之，这意味着要遵循流程和使用工具。只要部门中的一些成员抵触变革，不那么充分遵循流程或有效使用资源管理工具，在管理项目、资源和风险上就不可能取得形式上的完整性。

企业级项目管理往往是旅程的下一个目标。许多人经常把 EPM 和 PPM 两个词互换着用，其实两者还是有很大差别的。EPM 是在企业的层面上对项目信息做整合。虽然二者的终极目标可能都是把企业的项目投资与组织的战略目的进行统一，但对于许多组织而言，EPM 的起点和好处通常是率先通过获得企业中所有运行项目的总体概览来实现的。刚开始，这个视角是可以从在微软 Excel 表格里手工编辑一份商业分析的工作中获得的，即使准备过程中可能充满了局限性和困难。然而，这样一张即使手工制作的企业项目列表，也仍然能在企业的项目组合和管理机会方面揭示出相当丰富的信息。

最容易做的管理决策是那些冗余项目。这些项目基本上有着相同的项目成果，却由企业里的多个部门同时开展。这说明这些项目可以合并到一个项目集里，整个项目集很可能要被重新定义，并和一些被保留的项目一起持续被完善，其他项目则会被砍掉。另一个管理决策的领域则是互相关联的项目。这些项目代表了整合的机会。其中一些项目本身倾向于被重新定义，组成项目集，另一些仍然独立存在，但是会因带有显著的依赖性或时间计划而被更好地识别和管理。

总体来说，取消不必要的项目及整合冗余项目，为企业提供了从成本规避到改善企业项目集和管理项目的看得见的好处。这就是 EPM 开始实施的典型场景，但 EPM 并不仅限于这个原因而开始实施。采用 EPM 工具来替换那些表单，EPM 流程和度量将那些选择和管理企业项目集和项目的最佳实践进行梳理和制度化，从而使得高层团队能够利用更好的商业洞见和支持信息来做出 EPM 决策。

自下而上的进化的最后一步就是 PPM。有了企业级项目管理的核心能力作为前提条件，就等于组织已准备好正式开展 PPM。这意味着要优化项目提案的组合和顺序，更好地履行组织的使命，实现其目标和目的，同时能够认识到管理工作所面对的约束，以及外部世界诸如经济形式和市场条件等因素的影响。比如，2002 年对康柏电脑的收购极大地影响了惠普的 PPM，而 2004 年的佛罗里达飓风也极大地影响了几家房屋保险公司的 PPM，因为天气因素，这些公司甚至完全退出了佛罗里达州的市场。

当处在这个阶段的进化水平时，PPM 就远不止是一张价值百万的表单，而代表一种分析复杂数据、做出艰难组织决策的能力。为竞争性的项目机会建模，为组合替换方案创建一份高效的一线分析报告，以及在企业级层面管理好供求关系，都需要远比一张表单功能多得多的功能，这张表单即使在微软 Excel 黑带大师手里也未必能实现这么多功能。因此，PPM 应用程序是成功的必要条件。即便如此，PPM 的真实挑战，不仅仅有选择和实施最合适的 PPM 工具或者解决所有流程和政策问题，还有高层的顾虑和对变革的阻碍。

对于这种挑战，来自澳大利亚的 PPM 专家派屈克·威孚这样说："管理文化变革的真正挑战，涉及培训高级经理去合理地利用现有的新发现，并鼓励项目、项目集和 PPM 在一种开放和信任的氛围中互相配合。"那些抵制变革的人可能错误地认为商业直觉和专家的判断、辩护会被 PPM 工具、流程和度量所替代，但是事实上，商业直觉和专家的判断恰恰可以被这些东西（PPM 工具、流程和度量）支持，并被带到更高级别的思考、分析和决策制定上。

● 变革流程和度量——自上而下的进化

对于其他人而言，PPM 被认为并不属于项目管理的自然进化，而是战略业务规划和高管决策制定带来的进化。在这个语境下，这种进化从顶层开始并在整个组织内向下驱动。如图 5.6 所展示的，PPM 是项目的驱动器，而不是项目驱动的 PPM。

高层决策制定产生了项目，并为项目投入了资金。被批准的项目根据组织内的项目管理最佳实践来管理，包括贯穿整个项目生命周期的项目流程及"通过/不通过"的评估关卡。项目成果被交付给客户并移交给运营部门，而且在可能的范围内对产品所实现的收益进行定量和定性的测量。PMI 的伙伴——哈维·莱文曾说道："PPM 的基本要素不是新冒出来的，PPM 应用的环境也不是从无到有

第 5 章　PPM 风险之五：变革流程和度量带来的影响

的。"莱文进一步解释说，真正的新事物是 PPM 作为商业管理规则的出现，即被正式定义为涵盖运营管理和项目管理的商业规则。

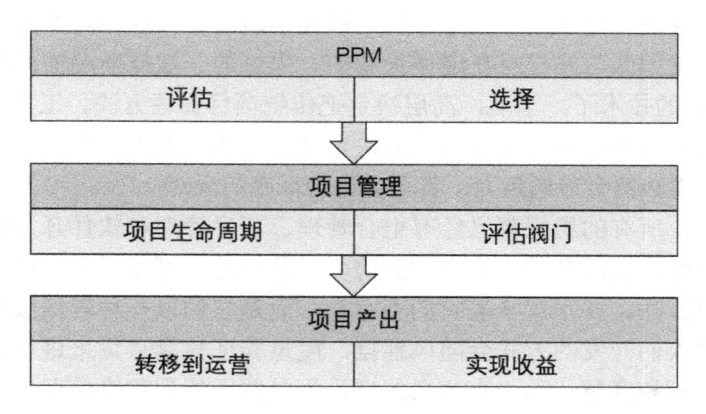

图 5.6　变革流程和度量——自上而下的进化

许多人赞同莱文等 PPM 专家的观点，认为把发展组织战略、评估和选择项目来支持战略，以及完成和交付管理项目的商业管理活动说成新发现的技术的这种说法过于简单。但是经验丰富的高管并不因此懊恼，也没有对 PPM 属于某种全新管理技术的概念不屑一顾，而是乐意付出努力为之建立标准，并且愿意运用那些能让分析、决策制定及战略实施更加轻松、高效的全新工具和技术。在这样的背景下，人们可以说，PPM 的确是新事物，因为它就是一门公认的新技术，并被行业内标准的最佳实践和度量、新开发的技术和应用、事先定义好并且被接受的成熟度模型，以及独立的市场调研价值验证等支持。

小结

因其本质使然，PPM 涉及大量的变革管理。当人们期待流程和度量成为赋能变革的关键要素时，还有许多因素使得个人和组织对变革产生阻力。因此，在把 PPM 导入组织之前，评估和真正理解个人和组织如何看待流程和度量非常重要。利用成熟度模型检验个人和组织对流程和度量的态度和倾向，可以帮助揭示各种问题，而如果想要成功，这些问题必须得到解决。

PPM 的进化使得 PPM 更富有挑战性。在某种程度上这也带来了问题，因为自然演化和成熟度规划意味着一种稳态变化，与此同时流程变得越来越业务导向化和敏捷，度量也变得更加有效和真实。此外，并不是所有个人和组织都能以同样的节奏趋于成熟。这就给我们提出了一个真实而紧迫的流程和度量问题。一方面，你可能有一个新的 PMO，试图建立相一致的项目和组合管理最佳实践，用唯一一种方法选择项目和管理项目相关工作。这常常反映了 PMO 还没有成熟的管理不同规模和类型项目的最佳实践集合和政策。而另一方面，成熟的软件开发团队可能已经在遵循最新的、先进的、敏捷驱动的原则和采纳类似 SCRUM 的技术了。当然，高层决定把传统项目管理方法、工具和报告强加给开发团队，而不是与开发团队共同决定最适合两个组织齐头并进、进行变革的方法，这样必然会遭遇阻力，甚至会遭到彻底的反对。

事实上，所有的组织都已经有组合管理、项目管理和软件开发的流程和度量。缺乏一个定义清楚的、双方同意的、易获得的、可使用的及可审核的流程和一套度量方法，并不意味着它们不存在，而是它们以一种较低成熟度的状态存在。如果人们开发的方式会随风摇摆，度量验证只靠直觉来进行，那么即使这样也算流程和度量。唯一有意义的辩论不是关于流程和度量存不存在，而是流程和度量应该是什么样子，流程和度量应该如何与时俱进。一如既往地，有过此类辩论的组织因为经历过 PPM 流程和度量的挑战，以及随之而来的个人和组织的变革，很可能展现出更高水平的能力，取得更好的 PPM 产出，并打败那些没有实施 PPM 的组织。

问题

1. 戴明的知识体系由哪 4 个部分组成？
2. 流程成熟度有哪 5 个正级别？
3. 流程成熟度有哪 5 个负级别？
4. 如果一个人倡导"如果你在路边看到最佳实践，就灭掉它！"，这个人的流程成熟度水平大概是多少？
5. 为什么组织内的某些群体比如软件开发人员对 PPM 工具和最佳实践更抵触？
6. 有哪些因素对流程和度量的态度有影响？
7. 工作职级和基于度量的薪酬是如何影响人们对流程和度量的态度的？
8. PPM 自下而上的进化以什么方式改变了流程和度量？
9. 从进化的角度看，企业项目管理和 PPM 有何不同？
10. PPM 自上而下的进化以什么方式改变了流程和度量？

原文参考文献

Alleman, Glen. 2008. "PMBOK, Agile, and the Need for Theory." http:// herdingcats. typepad.com.

Kendall, Gerald, and Steven Rollins. 2003. *Advanced Project Portfolio Management and the PMO: Multiplying ROI at Warp Speed*. Fort Lauderdale, FL: International Institute for Learning and J. Ross Publishing.

Kotelnikov, Vadim. 2001. "Business Processes." http://www.1000advices.com.

Kulak, Daryl. 2010. "Five Symptoms of Mechanical Agile." http://www. methodsandtools. com. Project Management Institute. 2008. *The Standard for Portfolio Management*. PMI. Newton Square, Pennsylvania.

Levine, Harvey A. 2005. *Project Portfolio Management—A Practical Guide to Selecting Projects, Managing Portfolios, and Maximizing Benefits*. San Francisco, CA: Josey-Bass.

Rohm, Howard. 2008. "Using the Balanced Scorecard to Align Your Organization." http://www.balancedscorecard.org.

The Office of Government Commerce. 2008. "Portfolio Management Guide." http://www. ogc.gov.uk.

Weaver, Patrick. 2005. "Effective Project Governance—The Tools for Success." http://www.mosaicprojects.com.au.

业务驱动的项目组合管理

案例展示 #5：Planview 公司

变革流程和度量的效果

泰瑞·多塞尔，副总裁，首席流程架构师，Planview 公司

背景介绍

组织实施大部分形式的 PPM，意味着组织在衡量运营绩效和管理变革方面正在得到改善。PPM 的目标通常会和提升组织变革管理决策的信心和改善决策执行的效率有关。结果是，组织使用的支持性信息和度量，以及组织部署的流程必然受 PPM 的影响——只是程度不同而已。

企图以一种真正实现已经预设的附加价值的方式，来引导不同利益相关方采纳和应用这些变革，对于成功实施 PPM 而言通常是最容易被低估、实际削弱 PPM 能力的风险。基于数百个 PPM 部署的经验，我们一致的结论是，项目团队和赞助商倾向于本能地关注他们最了解的项目——最常见的是，部署新的支持性应用程序的技术要素，以及目标流程的功能设计。管理文化方面的变革常常不是实施团队或赞助商的首要考虑因素（或者核心能力）。

然而，流程和度量的利用总会触及组织在人文关怀方面的核心要求。PPM 相关流程和度量的变革所带来的文化影响往往是无处不在的，无论有意还是无意。这些变革有着影响你诸多方面的潜力：如何与客户互动、开发战略、制定投资决策、分配和管理需求和资源，以及规划和开展你的工作。正如"Taming Change With Portfolio Management"一文中所描绘的，所有这些功能都是相互关联的，即使一个看似包容的实施范围也可能有着无法预测的、波及整个变化周期的后果。

实际上，变革流程和度量的文化和社会因素对成功实施 PPM 来说属于高概率、高影响的来源。整合变革管理中人的因素作为整体规划和执行 PPM 措施的核心，将极大地避免这种风险并帮助你实现 PPM 所能发挥的巨大潜力。如何管理好采纳和应用 PPM 带来的文化变革是复杂而多维的课题。充分的探索后可以自成一书，它覆盖诸多话题，包括沟通，设定新的预期，推广可信度，调整组织透明度，处理非正式影响者、赞助者的角色，指挥高效的领航项目，成人学习方法以及持续的技能发展，不一而足。然而，如果我们想要探索一个应对 PPM 第 5 个风险的有效方法，那么情境式领导力会是一个特别的选项。它特别

第 5 章　PPM 风险之五：变革流程和度量带来的影响

有用，因为它能被应用在整个 PPM 实施过程中，支持所有的课题，并提供一个完整的视角，使人们看到变革流程和度量在不同时间对不同的相关方是如何产生影响的。

● 让领导力方法适应变革的动态

作为 PPM 措施中特定的一部分，情境式领导力是指在你的管理实施过程中，根据变化灵活运用不同的管理风格和技巧的一种实践方法。情境式领导力在帮助管理组织变革时特别有用。PPM 的实施会遵循一个易于理解的成熟度周期原则，允许你调整与不同结构的团队的协同方式，同时预测和解决那些过程中的风险。

情境式领导力的概念最早在 20 世纪 70 年代由保罗·赫黎胥和肯·布兰查德首次正式确定。现在我们已经把这个当成人类互动的一个常识。举例来说，基于同事的相关经验、技能组合及他们在组织里的地位，你会本能地根据个人熟悉程度来调整你与同事的沟通方式。

为了演示如何结合 PPM 措施所带来的变革管理来应用这个实践，我们考虑了如下四种基本形式的领导力行为：
- 指挥型领导力行为；
- 教练型领导力行为；
- 支持型领导力行为；
- 授权型领导力行为。

指挥型领导力行为是最激进的互动形式。它以设定清晰的目标让他人服从为特征。例如，实施 PPM 的决定一旦做出，高管可能就会召集会议和相关方，沟通这个决定，建立特定目标并委派专门的人负责这个计划。一个培训师可能指挥学员执行一系列规定的动作来完成一个特定的功能。当追随者愿意被领导时，指挥型领导力行为是最成功的。

教练型领导力行为能够提供方向和鼓励相结合的方式，以组织现有能力为基础，促进一种特定的方法或结果的形成。无疑读者们对在运动场上的教练领导风格还是熟悉的。一个好的教练会在不断提升运动员技术水平的同时树立运动员的自信心。

支持型领导力行为在已采纳的方向或方法上有助于加强或恢复人员的自信心及信念。支持型领导力行为能够帮助他人渡过难关或减轻疑虑。

授权型领导行为是最被动的领导方式。它反映了一种信任，即他人的能力和意愿都足以使管理者取得期望的成果，它还可以用来表示既定的变革已经成熟到了一定程度。

基于不同的场景，在任何时候都有其首选的领导力行为。在 PPM 实施过程中，两个关键相关方属性会有明显差异，即能力和意愿。

● 能力和意愿

无论作为个人还是团队，人们展现出来的能力和意愿水平是其通用能力的首要体现指标。这两个指标（因素）对于取得期望的成果是必要条件。如果一个人不具备这两个因素，即使拥有完成某种任务的能力也是没有多大用的。相反，尽管热情总是受欢迎的，但除非同时具备一定程度的能力，否则热情本身也没有什么价值。也许比任何其他特征都更重要的是，每个主要利益相关方展示适当程度的能力和承诺是实现 PPM 目标的先决条件。

随着项目进展到不同阶段，人们不同程度的能力和意愿往往能通过他们的态度反映出来。比如，当 PPM 刚开始时，他们兴奋和期待的态度反映出对新项目的高度兴趣。但是，他们也暴露出能力上的不足，此时你还不知道发生了什么！反过来，你可能也见证了，一旦项目深陷泥淖，团队就可能会士气低落。由于对工作越来越熟悉，人们对能力的感知水平稳步提高，但这个项目的严峻的现实问题更加凸显，足以消除任何不切实际的乐观情绪，最终削弱他们成功的信心。

综上所述，运用上述不同领导力行为，可以了解相关方通过态度反映出来的不同程度的能力和意愿，它们的关系如表 5.1 所示。

表 5.1 领导力方法

态度	能力和意愿水平	领导力行为
不切实际的乐观，希望	低能力，高意愿	指挥型
有能力的悲观	一定能力，低意愿	教练型
接受现实	低能力，可变的意愿	支持型
有能力的乐观	高能力，高意愿	授权型

在 PPM 实施阶段采用不同的领导力策略

通过运用情境式领导力来减少变革流程和度量带来的风险的下一个要素是，不同的态度、意愿及能力要与 PPM 实施的不同阶段对应起来。为了这个讨论目的，我们将用五个基本阶段来描述 PPM 实施：概念、设计、开发、部署和运营。运用这些阶段来说明相关方团队的能力和意愿会在不同水平上切换。例如，一个项目实施团队的能力和意愿可能看上去会如图 5.7 所示的样子。

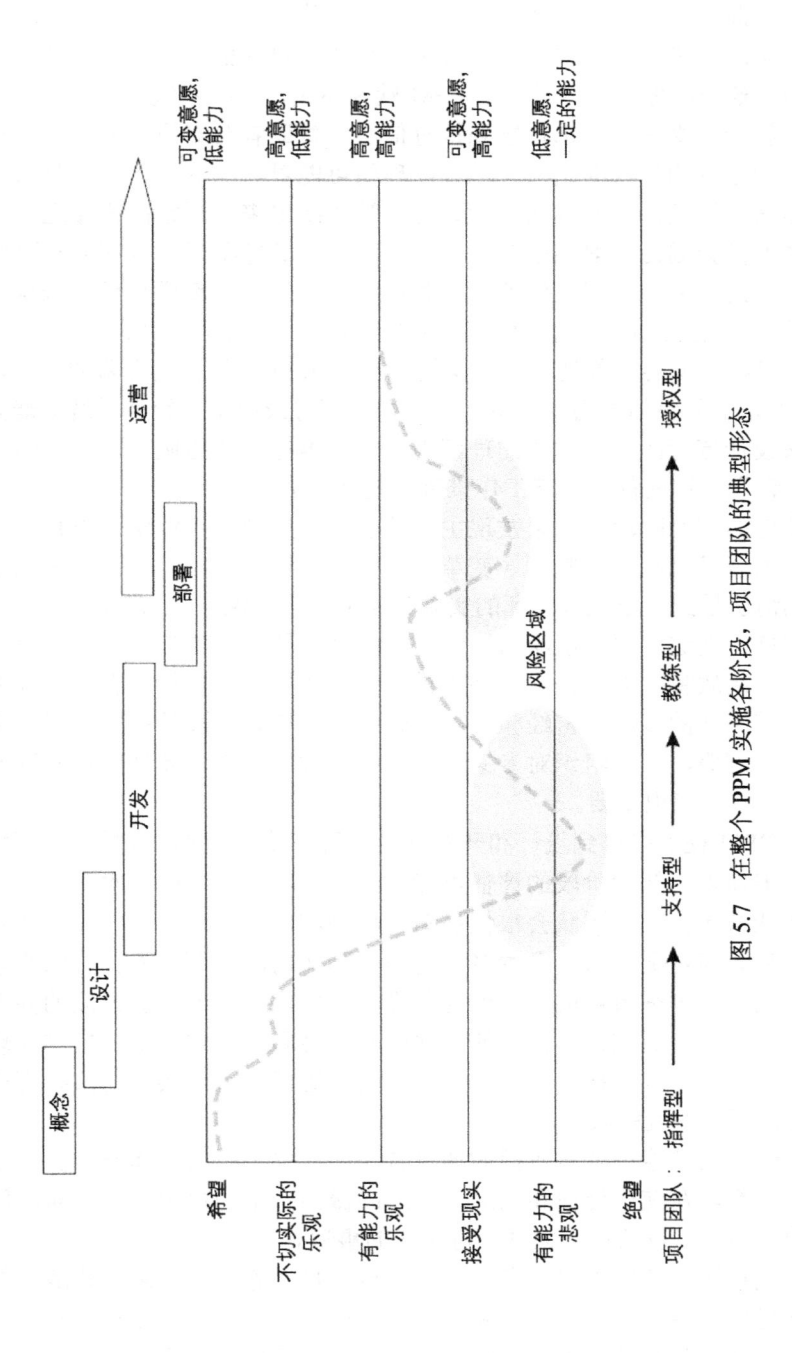

第 5 章　PPM 风险之五：变革流程和度量带来的影响

图 5.7　在整个 PPM 实施各阶段，项目团队的典型形态

业务驱动的项目组合管理

正如之前指出的，在早期启动阶段（概念阶级）团队最有可能出现某种程度的不切实际的激情或希望，这取决于团队的意愿和信心水平。例如，如果作为计划的一部分，你们采购了一个 PPM 软件系统，选择系统的团队可能会对提供的方案和合作供应商的选择感到很有信心。赞助者会对投资表现出乐观的态度，并热切地预测积极的结果。项目经理则可能对启动这一计划感到兴奋，因为实施团队已被任命，而且初始计划也已被描绘出来，而距离稍微远一点。外部的相关方则会因为往前推进的决定已经做出而满怀希望。终端用户可能感到轻松了，因为未来即将有更好的工具和流程。对于所有希望和意向来说，概念阶段属于项目的蜜月期——团队的意愿是很高的，态度是愉悦的。

同样可能出现的现象是，除了少数有实施 PPM 直接相关经验的个人，组织在实施 PPM 上的整体能力水平偏低。例如，配置或应用新软件系统的能力，整合技术来设计流程改进所需要的理解力，包括推行这项措施会对文化带来哪些影响的意识等，这些都是随着工作推进才能增强的。

在实施的初始阶段，如果发现主要的咨询供应商或系统整合方直接和项目经理、赞助者及团队在一起领导变革，不要觉得惊讶。顾问很可能是为了把所有人的热情引导到一个经过验证的实施策略上，以便保证 PPM 能在正确的道路上开始实施，而这就要求组织与组织选择的合作伙伴在信任和信心上有较好的默契。一个高质量的方案提供者将提供一个扎实的实施框架并有着较高领导力水平，而其展现的多年丰富经验正好能弥补组织初始阶段的能力不足。尽管刚开始可能不舒服，但是组织对专家顾问要有充分的信心，允许他在刚开始给组织带带路，这一点很重要。

随着 PPM 往前推进到设计和开发阶段，所有实施细节将开始以真正需要完成的任务来体现。初始阶段的评估可能会揭示，组织现有能力水平远比内部感知到的要低得多。项目团队会很快被新的名词和能力所淹没，并需要面对大量的决定，从如何定义和组合多种多样的信息到如何满足不同相关方的需求。软件功能的某些具体细节可能与之前的假设不匹配，技术或性能方面的问题可能会纷纷显现出来，而综合、全面的方案的愿景会和想把实施范围控制在现有能力范围内的需求发生碰撞。团队开始意识到，短期内可以实现的改善程度受组织内现有流程成熟度的限制。

这个阶段的其他挑战还包括协调报告和项目仪表板的具体设计、开发与现有信息的关系，在使用便捷和高级选项之间做出折中的决定，来应对时间和预算带来的压力，以及其他一大堆不可预料的事情。

对于项目团队和职能倡导者来说，这也许是实施过程中最有挑战性的阶段了。团队已经具备了足够的能力和知识来清晰地把握任务。如果没有足够的思想准备，团队成员会感到不知所措和沮丧，而这恰恰是需要应用支持性领导力

第 5 章　PPM 风险之五：变革流程和度量带来的影响

来激励团队继续前行的时候。我们见证过一些例子，实施 PPM 的组织仅仅因为没有准备好，要么在能力上没有准备好提供充分支持或领导力，要么在文化上没有准备好更加结构化和一致的管理策略，PPM 实施就在中途停滞不前，很可能不了了之了。图 5.7 展示了在这个阶段体现出的最早的两个风险地带，有能力的悲观者能力达到了某种程度，但意愿不足。

很重要的一点是，介入的顾问、赞助者和项目经理要意识到出现这种情况的可能性，并准备好给予必要的激励来保障开发计划往前推进。他们需要重新审视工作范围，与团队能力进行比较，并准备好随时重新设定期望或提供更多必要的支持。

绝大多数的 PPM 实施行动都能够在开发过程中找到适合自己的道路，并看到黎明前的曙光。利用教练型领导力模型将持续提升成员的技能和知识水平，当成员的态度开始转变为接纳项目的现实情况之后，他们将重新履行对实施 PPM 的承诺。一旦主体开发完成，团队开始看到以测试为形式的劳动成果，并且准备好实施可见的改进措施，看到他们的态度进一步改善就不是难事了。再回到图 5.7，项目团队现在培养了新技能，对自己的能力也有了信心，而且他们已经能够认可工作成果中的价值。

在这一点上，组织必须认识到实施小组的意愿和能力水平虽然对 PPM 很重要，但从运营角度来说并不高度相关。和几百个或几千个最终将应用新流程、新工具和新度量的用户群体相比，团队只代表一小部分用户。同样重要的一点是，组织需要理解，项目团队只是比那些将要在 PPM 上经历变化的最终用户领先几周而非几个月。结果就是，项目团队可能需要在部署和运营的初始阶段再次经历考验，如图 5.8 所示。

每组最终用户在接触到新的 PPM 并接受基础培训时，如果看到他们的总体态度很低落，这并不奇怪。首先，大部分相关方对系统的期望总是比较高，这是内部营销和与计划相关的沟通所导致的，而实施 PPM 带来的变革幅度很容易被低估。其次，任何形式的变革都会出现的一种情况——人们面对新的流程和工具，最初难免显得别扭和生疏，于是会产生挫折感和压力。最后，绝大多数 PPM 的实施要落实到对变革预期的改变上，并在受众群体中发展出新的行为，而这通常又被看成额外的工作负担。

可以预见的是，这会打击项目团队的斗志。他们对 PPM 的熟悉和对开发的自豪会与首批用户的低水平能力产生矛盾，而这批用户可能对最终结果的设计（或方案）必要性产生怀疑。在某些案例中，用户反馈可能导致需要对流程做重大调整、重新配置软件，等等。这可能延长计划部署时间乃至项目本身的时间，由此对团队甚至最终用户造成影响。

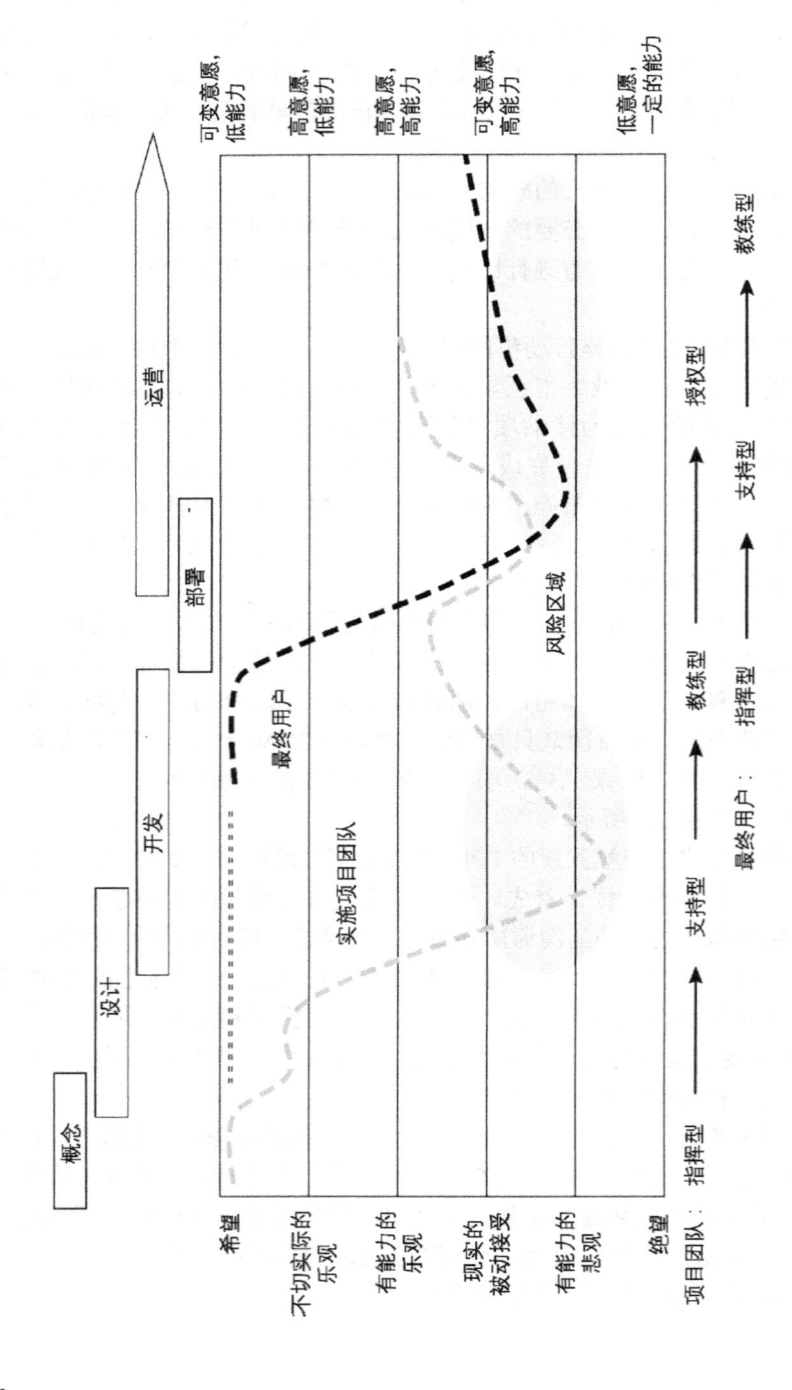

图 5.8 最终用户在 PPM 部署和运营的初始阶段的形态

第 5 章 PPM 风险之五：变革流程和度量带来的影响

在这个时点上，很容易看到整个高层团队，包括赞助者、项目经理、咨询顾问、培训人员及最终用户群体的经理、每个相关方和他们各自互动的团队在能力和意愿上的水平，需要被密切关注，以便调整他们的行事风格。项目团队需要得到额外的支持和指导，最终用户则需要被指导如何应用方案，以便掌握他们的技能，而职能经理则需要得到支持，来帮助他们从中看到将要获得的价值。

假设已经交付一个功能性的解决方案，组织应该在几周内看到组织能力和意愿有稳定的增长。到那时，项目团队将看到项目确有进展，而他们自身的技能也通过与最终用户的互动而得到提升。这时，领导权可以下放，好让他们继续支持初始运作或收尾该项目。

随着最终用户在新方案上对自己的能力更有信心，他们也将失去最初的兴奋。所以在最初几个月里，从他们各自的经理那里持续得到指导和支持是至关重要的，这将稳固地建立全新的规范和恰当的行为。如果一切顺利，所有的变革最终都会导致新型信息的可用性，而运营 PPM 所获得的信息将深刻地影响其他群体。

管理新的信息和度量

我们把那些虽然使用 PPM 方案抓取信息，或制定战略决策及运营决定，但是不直接参与 PPM 实施或应用的战术层面人群统称为"外部相关方"，包括高级经理和高管。在某些情况下，当 IT 部门里实施了 PPM 时，内部客户的代表或联络员也被包括在内。这一组人如之前讨论的，也将经历能力和意愿不同程度的进阶，如图 5.9 所描绘的那样。

即使在更成熟、更复杂的组织里面，新的信息和度量对高管团队的影响也很难被准确地预测。大多数组织通过追求一种自上而下的 PPM 措施，来解决一个或多个长期存在而且重大的管理问题。呈现的症状通常包括不能对需求和资源进行合理管理、被动的工作氛围、缺乏对实际价值或结果的可视化，以及表现为错过交付日期、低质量和超支的不良项目绩效。还有一些潜在问题，但是现有方法和工具导致它们很难被发现、理解并解决。有时，突然将日常运营现实通过新的信息和度量暴露出来，会是 PPM 实施过程中最意想不到的挑战。

为了解释这种现象，让我们想象自己身处在山洞里的深处，能见度极低，蜘蛛网擦过你的脸庞，地上湿滑，你听到不远处有沙沙声，偶尔还有些东西掉到头上。即使所有东西都考虑了，你对于身处的环境也仍有种明显的焦虑，而你到底在担忧什么却无从知晓。暴露在前几个月运营 PPM 所获得的信息面前，就好比在这样的山洞里点亮一盏灯——有时候发现事物的真实本质，比和未知打交道更令人痛苦。

业务驱动的项目组合管理

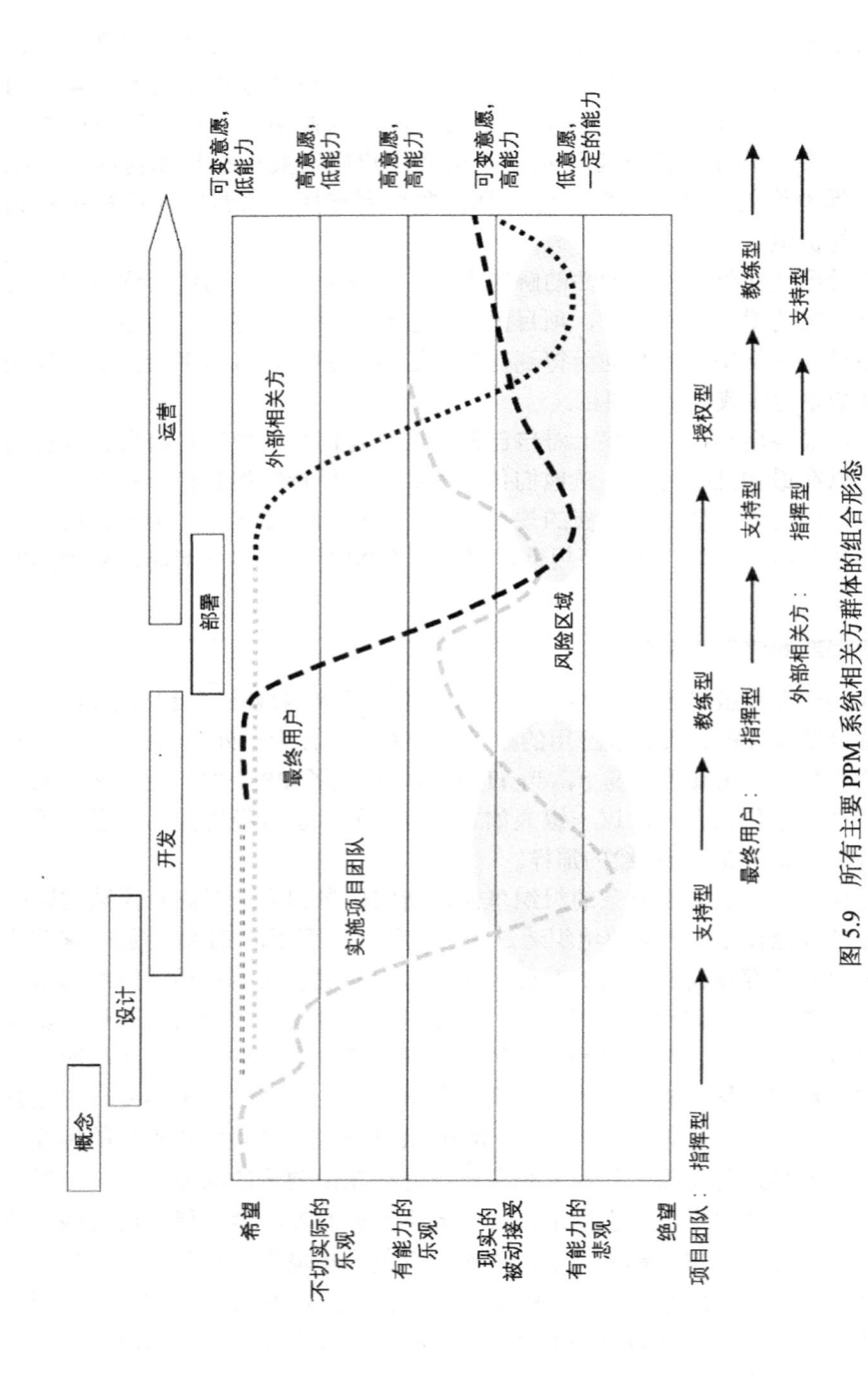

图 5.9 所有主要 PPM 系统相关方群体的组合形态

第 5 章 PPM 风险之五：变革流程和度量带来的影响

资深的相关方——那些需要面对新的挑战和机会的成员，和其他群体成员一样，在进行文化调整方面显得异常脆弱。我至今对在我作为 PMO 经理初次实施 PPM 的早期，部门负责人厌恶且难以置信地把我的第一份资源利用报告从办公室用力扔到走廊的情形记忆犹新。就像身处刚被点亮的山洞，人们对于特定运营信息的初始反应可能充满震撼或怀疑。

组织刚开始实施 PPM 时，要克服的首要障碍之一是建立输出信息的可信度。因为这些信息很可能会描绘出完全不同于假设的图景，而组织应该要对初始报告和度量会被仔细审查并被外部相关方严重质疑的情况有一定的心理准备。这是一种完全自然的反应，而且这种反应通常是理所当然的。更好地理解应该如何收集和解读信息也是高层团队提升能力水平的一种方式。

组织要牢牢记住，早期 PPM 的数据可能充满了可疑的信息，因为最终用户需要经历一个初始学习曲线，所以这是 PMO 或其他负责人的责任——确保初始报告承载的是合理的结果，否则宁可推迟发布初始报告，也不要发布令人怀疑或明知有错的信息。一旦系统信息的可信度被质疑，他人的信任和支持就很难修复。

当你的工作和资源的真实本质被定义、呈现和接受之后，下一个阶段就应该是分析情况并决定采取什么行动了。这些信息时不时为改善和变革提供了丰富的机会。但是组织也有可能因为不知所措、无所作为而停滞。我们把这种情况叫作"故障观察"。高层团队继续回顾度量和各种趋势，但对如何最好地响应，以便制订具有战略意义的（或者哪怕是渐进的）改善措施不能达成共识。

所有这些考量都会影响组织与关键相关方群体的互动。既然强指挥型领导力行为可能不是选项之一，负责 PPM 措施的倡导者需要在高管团队刚开始直面 PPM 结果的时候给予耐心的辅导，提供分析性的解释，并对后续采取怎样的行动提供专门的建议，这会有助于提升他们对项目的信心、意愿和技能。

● 在你的 PPM 项目里融入情境分析

这里我要陈述的概念是一种为支持和告知项目团队、实施顾问和赞助者而开发的方法，用来应对通常在许多不同 PPM 实施过程中遇到的问题。它们证明了，让组织对现场实施过程中将要发生的事件有所准备是很有效的——预先警告就是预先准备。在很多情况下，当项目团队处于开发中期的风险区时，只需拿出一份如图 5.7 所示的副本，提醒团队我们已经讨论过这个问题，这并不是一个意料之外的情况，就可以帮助他们认识到这个问题会得到解决，同时帮助他们振作精神。

根据我们的经验，不论你怎么强调系统管理 PPM 项目的文化内涵的重要性都不为过。如果你足够幸运的话，你的组织中会拥有这么一支团队擅长并支持这个领域，而你如果能把他们的支持整合到整体的项目计划中，就实在太明智了。也有一些擅长这一领域的咨询团队，在几个重大的 PPM 实施中，客户曾经强调获取这种支持是确保他们成功的最重要的因素。即使你还没有加入组织变革管理的具体资源话题，指定一个团队成员专门聚焦在这类项目上也是很明智的。

如同这些概念所描述的，与所有相关方进行前瞻性的、务实的沟通非常重要；营造对结果过于乐观的期待或粉饰那些参与者的意愿程度都被证明是很有问题的。

供应商能够为你提供资金买得到的所有技术。流程架构师可以开发并使得复杂方法高度自动化，来完成任何形式的业务功能。但是，接受、采纳和内化变革的最终因素是组织的能力，而这常常是在任何一个 PPM 实施阶段，决定组织能够完成多少成果的最具制约性的因素。

改变 PPM 的策略

纳杨·帕特尔，勒诺尔·考德尔，投资组合管理，贝勒医疗保健系统

贝勒医疗保健系统（以下简称贝勒）是一家非营利组织，位于达拉斯市的福德沃斯地区，由 25 家附属医院组成。它拥有 34 亿美元总运营收入，两万名员工，4 500 名医生和 12 万名入院病人。持续跟踪这个系统向前发展所必需的 IT 项目实属一项艰巨的任务。在 2005 年，贝勒成立了第一个 PMO 来跟踪 IT 项目。IT 部门有 350 个以上的员工和不计其数的项目，在管理上既没有项目管理方法论，也没有正式管理项目的批准流程。和其他组织相似，贝勒基于"会哭的孩子有奶吃"的逻辑来运作，这导致运作的低效。

贝勒没有任何现有的 PMO，但仍然能够购买 PPM 工具。这个决策是被高管支持的，但是来自中层管理者的意见很少。这个工具被安装之后，贝勒的员工通过访谈形式收集了项目信息——与员工和经理讨论正在进行的工作。他们把项目输入工具中，然后为每个项目创建一次性报告夹。他们教会了项目经理如何输入基础项目数字，开展了其他关于如何汇报进度的培训工作。他们还创建了流程和模板，但是显然都太复杂，没有管理部门来支持相关流程，因此这个刚成立的 PMO 没有达成预想的成功。PMO 决定后撤，并重新评估、实施整个项目。

● 第二次推出

贝勒第二次实施 PMO 流程时，吸取了第一次实施时的经验教训。一个重

第 5 章 PPM 风险之五：变革流程和度量带来的影响

要的方面就是得到高管的支持。同时贝勒还吸取了另一个教训，就是如果只有此类高管支持，项目也是不可能成功的，因此，PMO 将自己重新定位为企业组合管理的实体，并采纳了更多来自中层管理者的意见。

他们决定使用现有工具，开发了一个用于项目批准和录入系统的全新管理流程，并首先应用到现有项目上。新的简化方法只包括项目请求和项目章程的阶段 0 和阶段 1。后来由于涉及工作范围，通过、终止及签收的选择，又扩展到阶段 2、阶段 3 和阶段 4。数据要素收集也局限在较小的规模（本段末尾列出），并且实施了每周发布项目进展报告的沟通策略。这个沟通策略成功的一个主要原因是，CIO 需要经常参考每周项目摘要报告，最后接受这一流程。

收集的数据要素包括：
- 项目名称（每周有大于 40 小时的工作量）；
- 基本相关方；
- 起止日期；
- 完成度百分比；
- 单独项目成本。

虽然进度汇报也是首次实施项目的一部分，但当时缺乏一致性，也没有对各部门进行问责，所以此次对每周进度汇报进行了规定，接着报告被编制、分发，从而验证流程的合理性。

将近两年之后，第二次推出的流程与第一次的一个重要不同点，是财务部门的参与。随着时间的推移，他们开始询问项目方法论的问题，包括正在收集什么数据。回顾报告之后，他们看到了这个中央储存库里的数据是如何被增加到现有的系统中的。所以虽然项目管理工具中的一些财务组件并未在这个时间点上被充分利用，但提升信息质量的需求被明确定义了。

报告

报告编制是成功实施企业级项目管理流程的关键。编制的报告需要被设计得与项目管理工具看上去一致。EPM 部门认为这样的延续性将提高对新流程和方法论的接受度。报告的要点之一是要看上去专业，并用可视化、易于理解的方式呈现数据，可以利用条件格式来清晰地突出显示需要被关注的项目。这个报告以 SharePoint 链接的方式通过邮件自动推送。许多报告的推送是预定好时间的，但是客户也会有临时查询的需求，总共有超过 30 种关于资源计划、项目实践、项目总结、状态、预算和治理的报告内容。如图 5.10 所展示的是一个样件报告的应用截图。

业务驱动的项目组合管理

ID	Project name	Sponsor	BIS director	Project manager	Project stage	BIS estimated cost	Customer estimated cost	BIS estimated hrs	Rported hrs	% of est. hrs	Sched. finish date	% Comp
05672	Ambulatory EHR	Nancy S.	Alice S.	John L.	Initiation	Labor Only	$180,113	1116	610	55	6/30/10	35 %
06616	ANSI X12 5010 implementation	Donna C.	Michael P.	Neil A.	Initiation	—	—	—	2	—	7/26/10	2 %
05590	ARMS upgrade	Steve B.	Joe C.	Sam T.	Planning	Labor Only	$8,001	319	264	83	6/18/10	97 %
03757	Cancer center	Liz N.	Alice S.	John L.	Planning	Labor Only	$1,000,000	3963	1648	42	5/6/11	61 %
05806	Cath lab expansion	Joe W.	Michael P.	George F.	Initiation	$757,000	$0	3260	1346	41	1/14/11	27 %
04577	Phase 2: IT asset management	Steve B.	Alice S.	John L.	Execution	$250,000	$848,818	6000	6062	101	6/25/10	94 %
06297	Core SL 100 phone switch	Robert T.	Robert T.	Brian P.	Initiation	1.650.000	$0	652	18	3	—	100 %
04811	Desktop messaging	Joe W.	Pete S.	Robert R.	Execution	$570,000	$0	1190	924	78	—	100 %
06367	Patient preregistration	Michelle L.	Gregg L.	John H.	Initiation	$180,150	$0	618	—	—	—	0 %
06180	Perioperative documentation	Robert T.	Robert T.	John W.	Initiation	$813,484	—	313	—	—	—	0 %
05844	Platform upgrade	Steve B.	Alice S.	John L.	Initiation	Labor Only	$0	40	15	36	5/31/10	10 %
03335	RIS implementation	Nancy M.	Leslie A.	Linda M.	Execution	$157,000	$0	10,000	53,402	534	12/8/09	12 %
06168	Software implementation	Liz N.	Alice S.	John L.	Initiation	$156,188	$871,600	3250	689	21	8/9/10	10 %

图 5.10　企业级项目管理样件报告应用截图

第5章 PPM 风险之五：变革流程和度量带来的影响

● 成功

通过改变项目管理和组合管理的策略，并持续地沟通治理流程，IT 部门由曾经像黑洞一般的形象的部门转变成现在这个医疗社区里一个富有成效、贡献型的部门。医院员工对 IT 部门的信任稳步提升，数据准确性也得到改善，人们对 PMO 提供的信息的信任度也提高了许多。

● 如何成功建设属于你自己的 PMO

成功建设 PMO 不是一件轻松的任务，并且它不是在短时间内就能完成的。这里有许多文化的变革及流程的变更管理需要考虑。高层必须看到 PPM 的价值。贝勒的系统是一个兼有项目管理和组合管理的系统，由 CIO 定义并支持。你必须定义你的需求和目标，然后重新评估这些需求。你可能会发现它们太过复杂。把目标改变为基本的 KISS 原则，即尽量简单点（Keep It Simple Somehow），将对收集的数据种类产生更好的影响，人们对收集数据所需过程也会有更好的接受度。人们不会一夜之间突然理解这些。拿着你原来的时间表，把时间加长一倍——在需求被简化之后这就会发生。对你的客户保持耐心，否则会受到抵制。

经验教训：

- 取得所有层级各相关方的支持；
- 建立一个组合团队——包括拥有它、管理它、定义专用技术、撰写报告以及管理治理流程和维护工具所需的技术人员和分析人员；
- 让方法驱动工具，而不是倒过来；
- 保持流程和方法论尽量简单；
- 报告（简单、可视化、易于理解）；
- 开展有关治理流程、模板和工具的培训；
- 刚开始不要试图实施所有功能；
- 不要试图自动化所有东西（把你在这里的流程图可视化）；
- 交付优秀的方案而不是完美的项目；
- 耐心、灵活——流程和文化的变革需要时间；
- 对流程实施抱有合理的预期；
- 项目治理——3～6 个月；

- 应用软件的安装和时间报告——6个月；
- PM方法论——9个月；
- 成熟度和符合性——2年。

今天，贝勒仍然聚焦在主要的数据要素上，比如成本、人工、完成日期及完成度。建设你的流程并忠于执行非常重要。当你行动了，流程合理性就会出现。让系统便于用户使用，否则系统就是毫无价值的。

第 6 章

PPM 风险之六：
分析和制定决策的时间框架

一提起高管，我们大多会想到他们坐在办公楼顶层办公室角落里的画面，但大多数高管并不会在办公室里待太长时间。他们当然也不会一大早就来上班，坐在电脑后面成天等着电话打进来。所以，要想让 PPM 成功，关键是对高管和高层团队在分析和制定决策上所需要的时间有充分理解。正如图 6.1 里生动描绘的，这远远不只是实施 PPM，然后让高管和高层团队登录一下系统那么简单。这至少需要考虑四个关键因素以确保高管和高层团队进行有效的分析和决策制定，包括决策时机、决策风格、行政级别和决策依据。

图 6.1　PPM 漫画——高管的汇报

决策时机

高管团队什么时候做 PPM 决策呢——每年、每月、每季度、几年一次，还是按需要？对于许多组织来说，在实施 PPM 之前，项目和项目集会经历构想、启动阶段，并以一种临时的、尽力而为的方式被批准。战略规划的周期和活动，与项目规划周期和活动本身常常是松散地耦合的，如果不是彼此无关的话。PPM

业务驱动的项目组合管理

为优化决策及使项目投资成为战略落地提供了基础和催化剂，要做出好的决策，需要针对此类会议做好规划并有序地组织，从而支持项目组合相关决策。

这就是决策时机。每个组织有着它自己独特的决策时机，不管组织实施了何种 PPM 系统，决策时机必须被充分理解并通过组织的业务规划流程和政策来把握。如果没有，那么一个实施了 PPM 的组织就很可能在一张昂贵的项目表单上提前终结，而不是获得一个基于特定目标和企业战略来分类和优化项目投资的系统。

决定最适合组织的 PPM 决策时机，可以有好几种方式。许多组织使用的方法是三步法。第一步，开发一个高层级的 PPM 模型框架。这个框架可以基于标准组织形态，诸如项目管理协会的项目组合管理标准、英国政府商务办公室（Office of Government Commerce，OGC）项目组合管理标准或基于 PPM 供应商根据这些标准拓展出来的模型，结合行业内最佳实践和工具功能，提供一个应用 PPM 的实际方法。此外，像 Gartner 集团和 Forrester 研究所那样的市场分析公司，以及诸如 PM Solutions、Pcubed 等领先的项目管理咨询公司，还有许多 PPM 供应商，都能提供 PPM 最佳实践模型。如图 6.2 展示了一个高层级的、结合 PMI 项目组合管理标准的 PPM 模型框架。

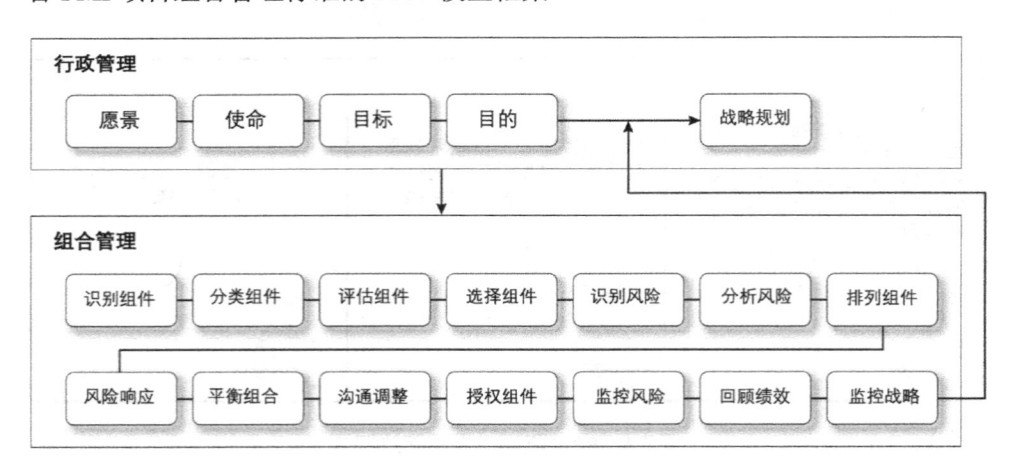

图 6.2 高层级 PPM 模型框架

三步法的第二步涉及给定日期、时间框架，以及任何与 PPM 模型的过程活动相关的信息。让我们以愿景为例。一家公司或组织可能每年聚会一次，在每年秋季正式构建他们的愿景。其他公司则可能每三年做一次，并且是在年中不同的时间。为 PPM 模型中的每个过程活动分配好日期，并设置好时间框架以后，一个 PPM 决策时机的初步样貌就出来了。图 6.3 就是一个例子。

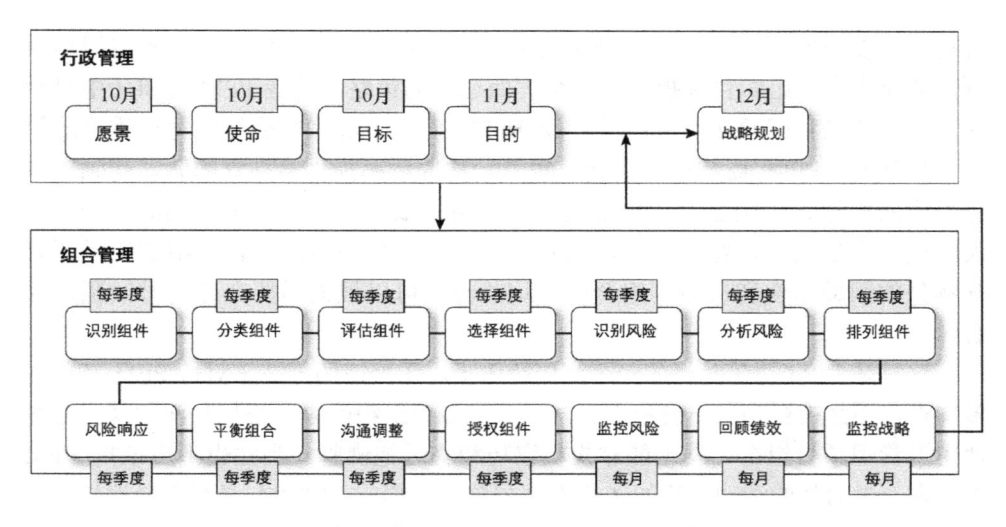

第 6 章 PPM 风险之六：分析和制定决策的时间框架

图 6.3 高层级 PPM 模型——决策时机

第三步也就是最后一步，是决定 PPM 的决策时机，目的是基于行政管理和组合管理给定的日期和时间框架，创建一个高层级的 PPM 行事历。如图 6.4 所示，这样就形成了反映定期规划会、回顾会和向高管团队汇报会的 PPM 行事历。

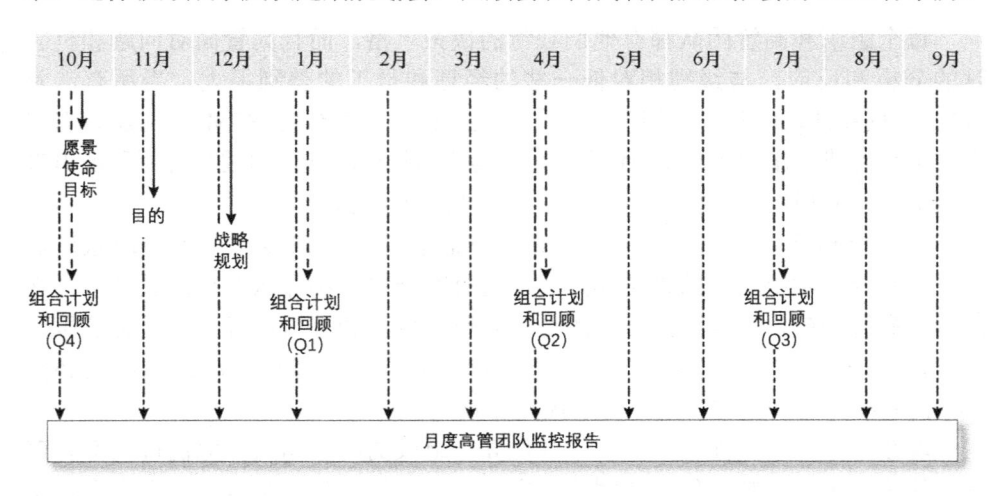

图 6.4 PPM 行事历——决策时机

在这个例子当中，行政管理部门在下一年的 10 月会确定愿景、使命和目的，在 11 月，会制定特定目标。有些企业里，组织和高管团队会在目标的设定上涉及一定程度上的谈判。这种谈判可能直接或间接地和绩效薪酬、佣金及股

· 127 ·

份有关。在 12 月，即在一年结束之前，行政管理部门会为下一年制定战略规划，从而为实现组织目标提供一个合理而适度的策略。就像 PPM 行事历中显示的，组合计划和回顾在 1 月开始，定期的组合计划和回顾会则在每个季度的第一个月开展。PPM 监控报告则会以每月一次的频率提供给高管团队，起到支持每季度的规划、回顾会议、决策制定的作用。很自然地，除了定期的 PPM 会议，根据市场条件、组合业绩，以及商业机会和优先级的变化，组织还需要召开额外的回顾组合和决策制定会议，这些会议可以根据需要在任何时候预定并召开。

这只是 PPM 决策时机的一个高层级例子。用严谨的方法来对待 PPM 有着许多优点，不必被视为过于官僚主义。对于大多数组织而言，想把时间和精力有效地用于管理项目组合，就不能靠投机取巧和临时抱佛脚。当然也不应该把 PPM 看作为一蹴而就的活动。正如 OGC 强烈警示人们的："PPM 必须无缝地与组织治理决策流程整合，与战略规划流程保持一致，并确保有包括 IT、人事、财务、绩效和商务在内的尽可能多的部门参与。"

决策风格

每个组织和高管团队都有他们独特的决策风格，而且高管面对问题和机会时的分析和反应，与级别相对低一些的经理和员工的差别很大。当所有涉及 PPM 流程和活动的参与者展现出不同决策风格时，就会使 PPM 的实施带有张力而又有挑战。作为实施 PPM 及开展后续活动的一部分，通过高管所呈现出来的风格来理解和定义组织的决策风格，是很有帮助的。

你是否和高管一起基于手上少量的信息和分析，快速而又果断地做过决策？有时候这种决策的结果是非凡的，而有时结果并不那么积极。反过来，你是否和高管一起，不管手上掌握的是否是所有信息和分析，好像依然无法做出决策，除非经过反复回顾、不断分析、深思熟虑？有时这种深思熟虑是必要的，而有时，这又会被看成是过于优柔寡断。

现在想象一下，你有一支由十几位高管组成的高层团队，他们每人都有着各自的决策风格，却得像一个团队一样商量、讨论、制定决策。对于许多组织来说，PPM 决策制定出现困难的原因首先不是 PPM 工具的功能问题或缺乏流程，而是人们沟通和互动的方式。加上高管和经理们在一起团队里做决策未必和一个人独自做决策的方式一样，这种现实让事情变得更为复杂。

Decision Dynamics 是一家专门开发和应用行为评价技术的公司，2006 年该公司的高管和 Korn/Ferry 国际领导力咨询公司共同在 *Harvard Business Review*

第 6 章 PPM 风险之六：分析和制定决策的时间框架

上发表了一篇关于高管研究的文章，题目叫"The Seasoned Executive's Decision Making Style"。在这篇文章里，肯内斯·布鲁索、麦克尔·德莱弗、盖瑞·后黎汉及理查德·拉尔森（2006，p.113）都认为："高管阶层制定决策的方法在两方面有差异：使用信息的方式和得出选项的数量。"可以说，没有比 PPM 的复杂性和参与者更适合作为决策制定模型的输入变量的了。如图 6.5 所示，把信息的高使用率、低使用率和决策选项的单一或多元对应起来，可以识别出四种决策风格。

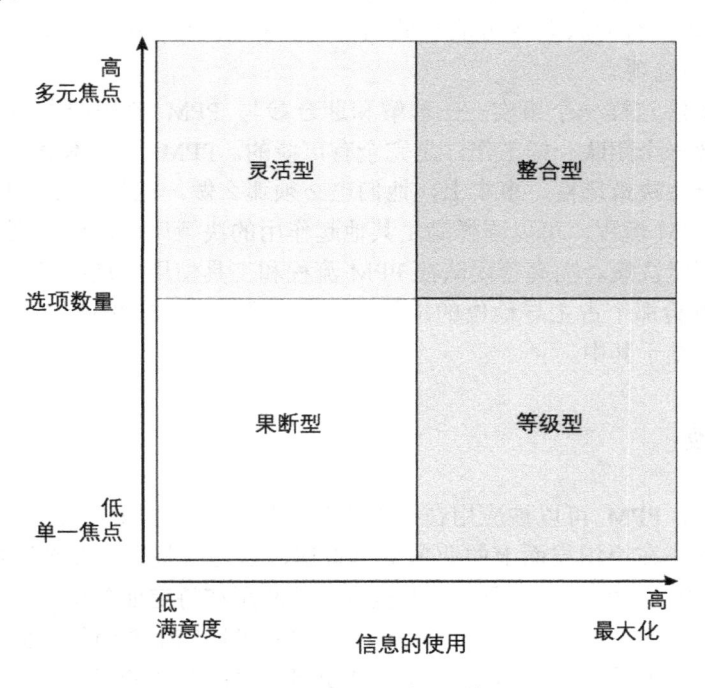

图 6.5　四种决策制定风格

这四种决策风格是果断型、灵活型、等级型和整合型。它们各自的特征如下。

- ◆ 果断型——果断型决策者注重行动、速度和一致性。一旦做出决定，就会有个计划，然后遵守计划而选项则越少越好。和其他人打交道时，果断型风格的决策者看重诚实、忠诚、理智和勇敢的品质。在这种决策风格里，时间是宝贵的，也是一如既往的有限。
- ◆ 灵活型——灵活型决策者像果断型决策者一样注重速度，但是他们更强调改变和适应。灵活型决策者只想要足够的信息来考虑选项并快速制定决策或快速更正一系列行动。
- ◆ 等级型——等级型决策者带着"欲速则不达"的思维运作组织。相比草

· 129 ·

率的判断，等级型决策者会分析大量的信息，并期待他人也这么做。等级型决策者想听到来自多角度的信息，会挑战其他人的观点和分析。在等级型决策者看来，决策应该是长久的，而不是持续地回顾和辩论。
- ◆ 整合型——整合型决策者注重从全局角度检验方案。他们倾向去广泛地界定各种情况和选项，并把各种重合的相关因素都考虑在内。整合型决策者可能会选择一个不是最佳方案或单一解决方案的替代方案，但该方案具有长期潜力，并与其他需求形成协同效应。整合型风格决策者会努力获取尽可能多的信息，并在做最终决定之前探索多种可能性和选项。

不难理解这样一个事实——理解和迎合参与 PPM 流程的人的不同决策风格，从而像一个团队一样工作，是完全有可能的。PPM 工具本身会指引他们自己走向整合型决策风格。事实上，他们也必须那么做。但是，使用 PPM 工具和认真遵循 PPM 流程，可以同样满足其他起作用的决策风格，比如利用刚好足够的信息来制定决策。当高管团队在 PPM 流程和工具使用中遇到了困难时，明智的做法是检验那个占主导地位的决策风格，确保它是被 PPM 工具和流程支持的，而非纠结于其中。

组织层级

实际上，PPM 可以被应用在组织内的不同层级。例如，尽管大部分 PPM 指南建议聚焦在组织层面上的业务变革管理，这是就整个企业范围内的组织变革而言的，但是 PPM 没有理由不能被有效地应用在特定业务单元甚至个别项目集的总监级别上。对于一家特定的公司，PPM 可以应用在组织层面上的业务变革管理上，也可以应用在 IT 组织里，在负责新产品开发的组织里，凡是你能想得到的事情它都可以做到。但是在分析和决策的时间框架下，组织层级指的是支持 PPM 治理和决策制定所需的组织结构。正如 OGC（2008，p.4）建议的："组合管理不是一群'项目人员'坐在那里闭门造车地制订一个年度计划。"

这是不是听上去很像你打算在组织里打造的 PPM 体验和环境？高管委员会的承诺对于人们在组织内实施 PPM 非常重要。一旦高管委员会开始参与 PPM 的流程，他们就会意识到不是所有的现有项目和提议的项目都值得去承接。除此之外，委员会还会意识到项目可能与公司的战略目标并不一致或者不是被其驱动的。高管委员会还要意识到，这项工作不可能在"真空"中完成，而是非常需要部门的协同，需要更加紧密合作，制定决策，并用标准化的方法来评估选项和替代方案。

第 6 章　PPM 风险之六：分析和制定决策的时间框架

如图 6.6 所示，要达到 PPM 的这种状态，组织层面的因素是非常重要的，必须被识别、配置和管理。

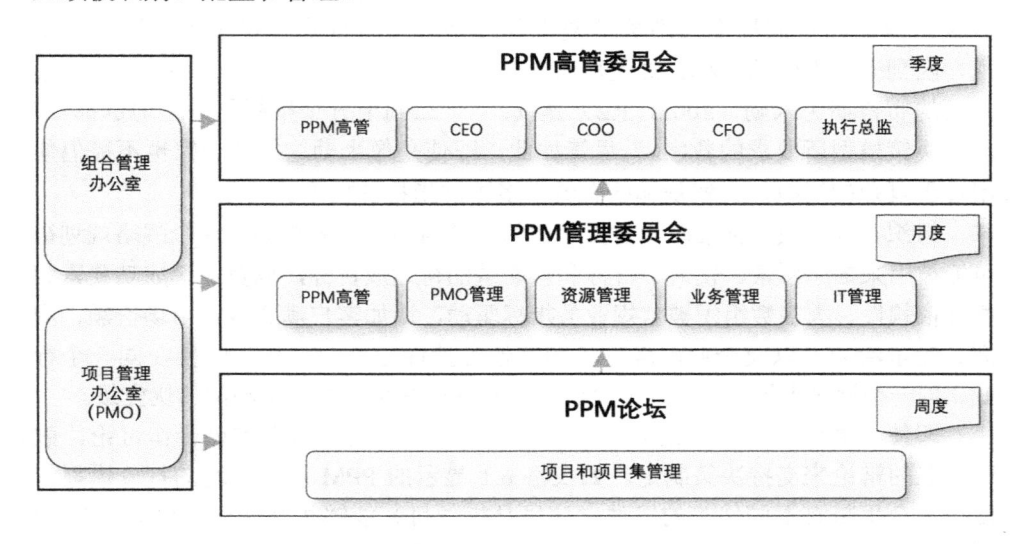

图 6.6　PPM 组织层面因素

在一个高层级上，组织层面提供了 PPM 所需的组织组件和组件之间相互配合的可视化表示。从这个高层级的架构出发，PPM 流程和治理可以被清晰地描述，使得所有参与者都能说统一的 PPM 语言，遵循共同的 PPM 流程，都使用规定的工具和技术来支持有效而积极的辩论和制定决策，同时确保得出的方案具有完整性，和项目的人力资源部门的估算保持一致性。

决策标准

决策标准在 PPM 的语境里，是指哪些标准对于组织是重要的，如何权衡建立统一的财务币种，以及如何根据这套标准来评价一个特定的组件，比如项目集或项目的理论。在决定 PPM 的决策标准时，遵循下面这条格言是明智的："如果每件事情都重要，那么没有事情是真正重要的，保持简单、'愚蠢'"。

多年以来，各种 PPM 打分模型都得到了有效的使用。有些比较简单：电子表格风格的建模，加上一堆标准，得出某一组件的加权平均分。有些模型则要复杂得多：结合指标组和每个指标组的标准，得出每个指标组的得分，也产生了该组件的总体加权平均得分。你能想象一个打分模型有 10 个指标组，而每个指标组里又有 10 个标准吗？这样的模型会产生一百个各不相同的指标，不仅需要被评估，而且还需要以一种合理的方式进行界定，以便加以衡量。

就 PPM 工具甚至 EXCEL 表单而言，有一个事实是，能够用来打分自不必多说，但是，不同标准所造成的复杂程度是一个争议点。对于大多数组织来说，四到七个不同的指标已经足以有效使用了。有些 PPM 专家如 PM 解决方案公司的布鲁斯·米勒（2002，P.2）建议："十二到十五个指标是合适地选择 IT 项目决策模型所要求的数字。"尽管如此，即使是像米勒这样的专家也不提倡使用过于复杂的模型，也就是那些有着太多不同指标的模型。

组织在界定决策标准时，首要考虑的就是组织的战略规划。这个战略规划很可能被用来描绘愿景、使命、目标和可衡量的待达成目标，以及关键成功要素和相互依赖性。大多数组织被常规业务指标驱动，诸如客户满意度、市场份额、利润、竞争活力，以及企业品牌形象和其他支持性指标。当然，即使在同一个行业、同一个地区市场，也没有两个组织会在这些指标上有完全相同的优先级。

即使是最简单的决策指标，也可以被有效地利用，从而推进合作讨论，鼓励有益的辩论来支持决策制定。如表格 6.1 显示的 PPM 加权平均的打分模型，使得组合里带有不同优势的组件（这里是指项目）能够相互评估。如图 6.7 所示，我们还可以使用 PPM 双标准比较网格来进行重要或主要决策标准的投资组合成分比较。

表 6.1　PPM 加权平均的打分模型

	客户满意度（30%）	市场占有率（25%）	短期收益率（20%）	竞争活力度（15%）	核心竞争力（10%）	总分（100%）	权重排列
项目 1	9 (2.70)	6 (1.50)	6 (1.20)	9 (1.35)	9 (0.90)	39 (7.65)	1
项目 2	4 (1.20)	7 (1.75)	6 (1.20)	8 (1.20)	8 (0.80)	33 (6.15)	5
项目 3	4 (1.20)	5 (1.25)	9 (1.80)	8 (1.20)	8 (0.80)	34 (6.25)	4
项目 4	6 (1.80)	8 (2.00)	9 (1.80)	5 (0.75)	4 (0.40)	32 (6.75)	2
项目 5	10 (3.00)	5 (1.25)	5 (1.00)	5 (0.75)	3 (0.30)	28 (6.30)	3
项目 6	3 (0.90)	5 (1.25)	5 (1.00)	4 (0.60)	9 (0.90)	26 (4.65)	6

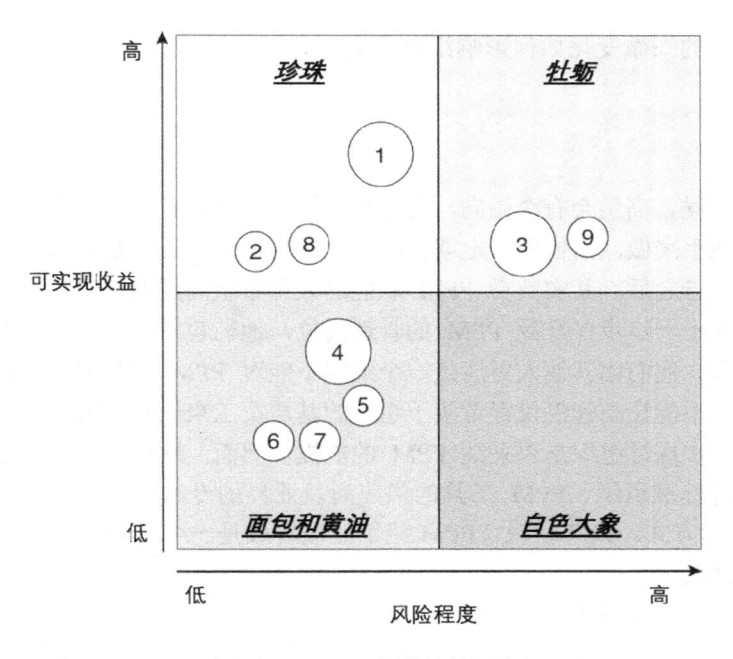

第 6 章 PPM 风险之六：分析和制定决策的时间框架

图 6.7 PPM 双标准比较网格

在双标准比较网格中，一个通用的技巧就是做标签，比如珍珠或牡蛎、面包和黄油、白色大象或重磅炸弹、走钢丝、摇钱树、无用的东西，以此来描述四个象限的各自特征。图 6.7 的 PPM 双标准比较网格里，标签所描述的内容是：

- 珍珠——这个象限里的组件（项目）具有很高的可实现收益和极低的风险。这个象限代表着对组织最有吸引力的 PPM 组件。通常来说，这些 PPM 组件应该被选择进来。
- 面包和黄油——这个象限的组件有较低的可实现收益和较低风险。这个象限代表对组织有吸引力的 PPM 组件。
- 牡蛎——这个象限的组件具有可实现高收益和高风险。这个象限代表着对组织具有潜在吸引力的组件，并假设风险程度是可控和可接受的。
- 白色大象——这个象限的组件有着较低的可实现收益和高度风险。这个象限代表着对组织没什么吸引力的组件。通常来说，这些 PPM 组件应该被终止，除非不得不做或被要求去做。

一定要留意的是，PPM 的决策标准能够而且应该随着时间的推移、经济形势、市场和商业条件的变化而调整。此外，敏感度分析能够而且应该被应用到决策标准和他们的权重分值计算当中。这些分析应该拥有完整性，并且之所以得到开展，不是为了得到某个理想模型来支持期望的输出，而是为了理解 PPM

业务驱动的项目组合管理

决策标准里的细微变化如何影响组合的输出。

小结

很多时候，高层会有个倾向，就是把所有和 PPM 相关的困难任务授权给总监级别的能手来做，而他们只定期参与到进程中，而且通常是在收到一大堆漂亮的图表和报告之后。其实负责 PPM 职能的人都希望高层能够参与。相反，项目管理专业人士一步步晋升到 PPM 的管理岗位，他们容易过度关注这个课题的许多细枝末节。他们比其他人更清楚一个组织不能对 PPM 和相关任务抱可有可无的态度，也不能让高管仅仅寄希望于组织的基层员工来试水，取得抓人眼球的成果才是进一步探讨组织是否采纳 PPM 的前提。然而，这种事时有发生，正如权威项目管理标准组织、PPM 工具的供应商及业界的专家所警告的——这不是做 PPM 的正确方式。换句话说，PPM 绝不能被看成是一个可以被授权让后台办公室操作的活动。

在为一个组织的 PPM 分析时间框架和决策制定，决定最合适而有效的方法和技术时，有许多因素需要考虑。这些因素主要有四个，包括决策时机、决策风格、组织层级和决策标准。其中决策时机非常关键。决策时机回答了一个紧迫的问题，即应该何时请高管团队来做 PPM 的决策？有些人仅仅把决策时机看成一个有关 PPM 事件、活动和关键决策日期的行事历，很快就能整合出一个被组织的高层团队所接受的方法。而另一些人，特别是在规模更大、更加复杂的组织里，治理和职能管理流程已经存在，很可能会在确定决策时机的过程中，为了最好地满足需求和符合时间框架而经历更大的困难。三步法的技巧可能对此有所帮助：第一步，为你的 PPM 模型开发一个高层级架构图；第二步，给 PPM 模型的每个活动规划日期、时间框架和任何其他相关信息；第三步，基于规定的日期和时间框架，为高层和组合管理决策创建一个 PPM 行事历。

除了决策时机，决策风格也是一个需要考虑的重要因素。高管善于做决策，但研究显示，与个人决策相比，高管在团队中所做的决策会有所不同。在实施 PPM 的过程中我们发现，因所有参与到 PPM 过程中的人的不同决策风格而带来的困难是非常常见的。如今有一个对 PPM 相关决策有帮助的模型，能够把决策者有多喜欢使用细节信息和考虑多种选项这两个因素考虑进来，作为他们决策过程的一部分。这就是 Decision Dynamics 公司的研究者开发的四种风格决策模型。这个模型识别了灵活型、果断型、等级型、整合型这四种高管决策者因不同情境而表现出来的不同风格。如果没能理解这些决策风格，将给有效而成功的 PPM 决策带来风险。

第 6 章　PPM 风险之六：分析和制定决策的时间框架

组织层级是一个关键的 PPM 考量因素，指的是 PPM 治理和决策所依赖的组织实体。识别那些参与并影响 PPM 的组织实体非常重要。这些组织实体横跨组织内的汇报结构，由所有层级的管理者和个人贡献者组成。把组织层级图形化地呈现出来，对展示其相互关系及不同实体互相如何协作和工作有很大帮助。

决策标准是另一个重要的 PPM 考量因素。决策模型常常会变得过于复杂，因为仅仅为了创建一个数字得分，而设立了太多不同的标准。决策制定模型和不同标准的权重的复杂程度应该是满足需要就行。换句话说，决策制定模型应该尽量和要完成的工作一样简单。决策标准常常和组织的战略和关键优先级息息相关。有效的 PPM 决策标准，通过 PPM 双标准比较网格对投资组合组成部分的有效分析，以及通过标准敏感度分析对标准本身进行的有效分析，能够更好地帮助组织做出 PPM 决策，并有助于降低 PPM 风险。

项目组合管理不容易实现，就是因为存在太多动态变化，分析和决策的时间框架也是动态变化的一部分。于是，作为实施 PPM 标准、开发 PPM 流程和使用 PPM 工具的一部分，组织一定要考虑 PPM 风险因素。花时间去理解、讨论和规划这些风险因素，虽然不能担保组织的 PPM 一定会成功，但是忽视这些因素很可能导致不必要和无意义的 PPM 实施。

问题

1. 什么是决策时机，它和 PPM 有怎样的关系？
2. 什么是用来建立一个组织 PPM 决策时机的三步法？
3. 就选项和信息使用的数量而言，什么是四种 PPM 决策风格？
4. 使用大量信息和考虑大量选项，属于哪种决策风格的特征？
5. 使用大量信息和考虑少量选项，属于哪种决策风格的特征？
6. 使用少量信息和考虑大量选项，属于哪种决策风格的特征？
7. 使用少量信息和考虑少量选项，属于哪种决策风格的特征？
8. 就组织层级而言，提供一个可视化的 PPM 所需的组织组件，并展示它们是如何运作的，有什么好处？
9. 使用打分模型建立通用 PPM 流通货币有什么好处？
10. 在一个由可实现收益和风险程度矩阵组成的 PPM 双标准比较网格中，可以用什么样的标签来描述每个象限的特征？

原文参考文献

Brousseau, Kenneth, Michael Driver, Gary Hourihan, and Rikard Larsson. 2006. "The Seasoned Executive's Decision-Making Style." Harvard Business Review. http://www.hbr.org.

Miller, Bruce. 2002. "Portfolio Management—Linking Corporate Strategy to Project Priority and Selection." http://www.pmsolutions.com.

Office of Government Commerce. 2008. "Portfolio Management Guide—Final Public Consultant Draft," http://www.ogc.gov.uk.

第 6 章　PPM 风险之六：分析和制定决策的时间框架

案例展示 #6：UMT 公司

项目和项目组合管理
成为主流

财务管理改善组织敏捷性

吉尔·马可勒夫，联合创始人兼 CEO，UMT 公司

● 背景介绍

企业级项目和项目组合管理（EPPM）技术和工具，现在已经成熟到不再处于领先的地位，所以使用它们也不再有什么风险。EPPM 现在被认为属于一门能带来收益和价值的成熟学科。事实上，没有 EPPM 的企业在今天几乎会处于被忽略的边缘。假如可见性没有被带入规划活动中，假如正在进行的全公司范围的行动没有对实现战略目标或使用财务资源产生影响，那么企业将白白浪费宝贵资源，错失良机。虽然确定战略目标相关举措的重要性已经是任何成功的 EPPM 实施项目的重要组成部分，但近年来在传统 EPPM 能力基础上新增的项目组合财务管理仍然是各大公司普遍缺失的环节。它能帮助任何一家公司的管理团队改善对战略部署活动的控制，从根本上提高组织的灵活性。组织想要做出更明智的管理决策，并且能够在外部事件改变战略优先级的时候仍然用基于事实计划的行动来跟踪它们，就需要应用带有财务管理的 EPPM。

本案例展示的目的是阐述如何在 EPPM 里增加项目和组合财务管理，使之成为一个必不可少的管理工具。

Gartner 集团虽然也提到了企业级项目和项目组合管理，但是在这里，我们将使用最广泛的 EPPM 术语来明确端到端的项目和项目组合管理流程，包括概念形成、商业论证开发、选择、规划、执行和收益实现。项目和组合财务管理就包含在 EPPM 内。

● 市场力量如何影响部署活动

在图 6.8 中，我们展示了最早由麦克尔·波特提出的市场力量如何影响企业的商业战略开发。组织一旦开发出商业战略，就需要设计战略部署了。这包括成功部署战略所需的所有战术步骤，包括整个组织内部不同部门的财务资源分配（例如，预算的增减）。

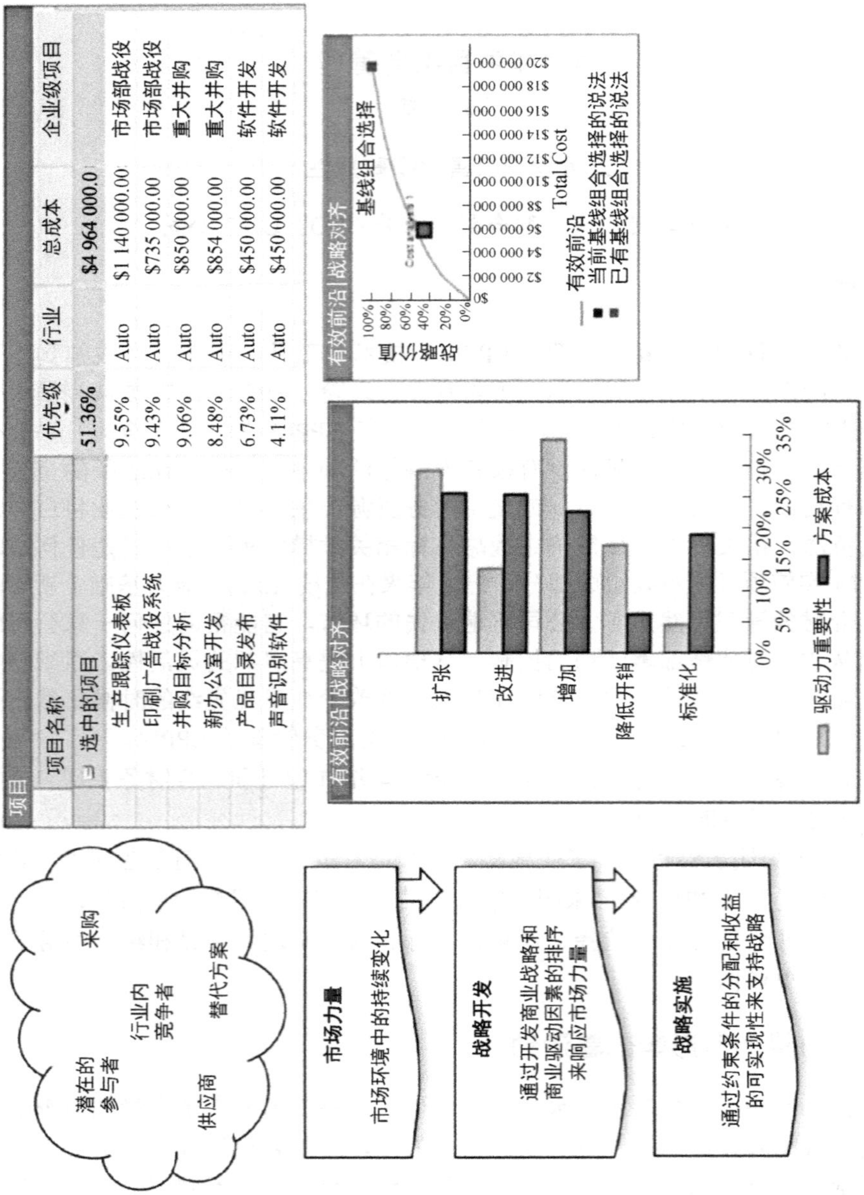
潜在的参与者
行业内竞争者
采购
供应商
替代方案
市场力量
市场环境中的持续变化
战略开发
通过开发商业战略和商业驱动因素的排序来响应市场力量
战略实施
通过约束条件的分配和收益的可实现性来支持战略
项目
项目名称 | 优先级 | 行业 | 总成本 | 企业级项目
选中的项目 | 51.36% | | $4 964 000.0 |
生产跟踪仪表板 | 9.55% | Auto | $1 140 000.00 | 市场部战役
印刷广告战役系统 | 9.43% | Auto | $735 000.00 | 市场部战役
并购目标分析 | 9.06% | Auto | $850 000.00 | 重大并购
新办公室开发 | 8.48% | Auto | $854 000.00 | 重大并购
产品目录发布 | 6.73% | Auto | $450 000.00 | 软件开发
声音识别软件 | 4.11% | Auto | $450 000.00 | 软件开发
有效前沿 | 战略对齐
扩张
改进
增加
降低开销
标准化
0% 5% 10% 15% 20% 25% 30% 35%
驱动力重要性
方案成本
有效前沿 | 战略对齐
基线组合选择
战略价值
100% 80% 60% 40% 20% 0%
$0 $2 000 000 $4 000 000 $6 000 000 $8 000 000 $10 000 000 $12 000 000 $14 000 000 $16 000 000 $18 000 000 $20 000 000
Total Cost
有效前沿
当前基线组合选择的说法
已有基线组合选择的说法

图 6.8 响应市场的力量

第6章 PPM 风险之六：分析和制定决策的时间框架

举个简单例子，一家公司可以决定，在当前外部条件之下，共同努力去实现目标的最佳途径——在一个特定的细分市场里，成为低成本的供应商，并减少在创新和研发上的投资。这个外部力量和企业战略、战术之间的联系必须明确，而这要求有综合的系统和流程。

一旦战略目标被设定，所有项目提议和高层决定都应该是基于达成目标、获得持续投资所带来的预期回报而做出的。在这个例子当中，项目组合管理体现了一系列离散的、互相依赖的、静态的决策。然而，在其简化形式中，这样的方法忽视了原始市场力量很少是静态的事实。基于一个明明不再有效的假设投入到项目中的情况一点也不少见。我们的目标是实施系统和监控，以确保作为假设基础的条件发生变化时，战术和行动也能随之改变，以反映最新的现实。

● 一个三层工作框架

能够根据动态商业条件调整项目组合管理的组织，都会使用一个包含工作层、企业层、组合管理层的三层模型。在图 6.9 中，我们可以看到图 6.8 中的概念是如何映射到企业里的项目和组织上的。市场力量是外部的，战略变化却应该反映在敏捷组织里不同层级人员的行为上。在这张图中，我们看到一个典型的复杂企业模型，对应着一个"完整的"EPPM 方案中的三个基本组件。人、流程和技术在不同抽象层面支持着业务，从具体项目到高层级计划和组合。常规业务（Business As Usual，BAU）的当前运行活动没有清晰地展示在这张图上，但它也必须是完整方案的一部分。

在最底部，或者说在任务管理层面，管理的工具和技术是成熟且易于理解的。1950 年首次引入的进度管理技术已经成熟，将它作为重要的计划工具已经成为美国企业的主流思想。从项目计划评审技术（Program Evaluation and Review Techique，PERT）和关键路径法（Critical Path Method，CPM）的技术到基于成本的活动，管理单个项目是比较直接的，因为无须和其他项目交互或竞争资源。

这些技术经过了几十年的考验，每个重大项目都是从开发计划开始，并按计划来管理的。而今天，项目管理行业里实际上的标准工具箱从微软的 Microsoft Project 开始，它使得获取和监控项目层面的规划和运营数据更加方便。在这个层面，企业必须确定合适的标准并为任务编码。

在我们进入这张图表的下一个层级之前，要特别留意的是，许多组织缺乏在这些视角之间的透明度——由于能够促进更好的决策的连接没有被维护或共享，管理是在过时的假设基础上进行的。企业级项目管理的中间层由三个"引擎"组成。

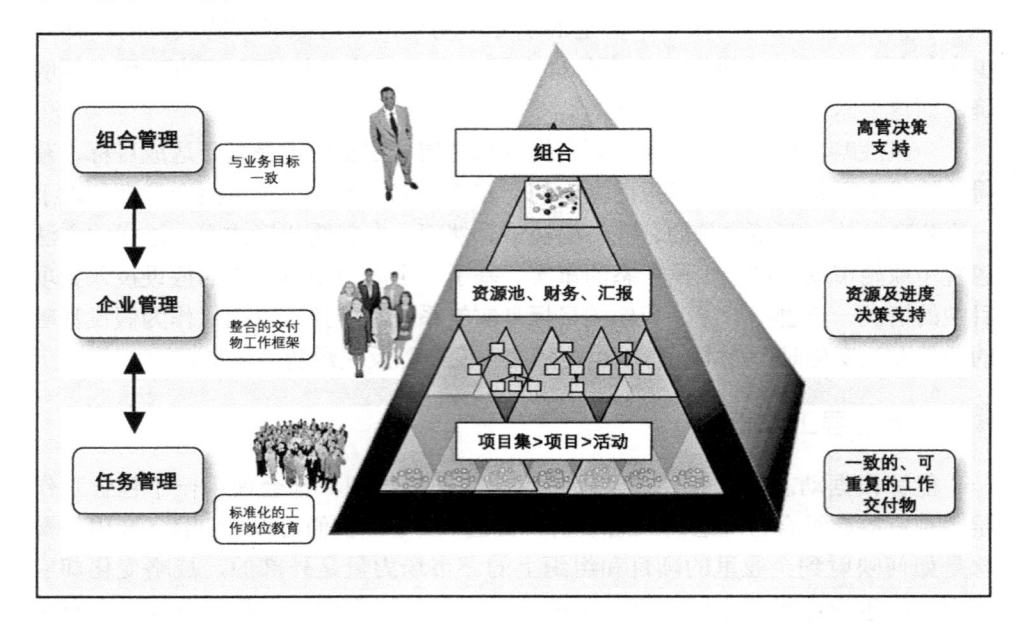

图6.9 从企业级视角看项目和项目组合管理

第一个是资源管理引擎,包括:
① 管理技术资源;
② 管理特殊处理的需求和整个企业内常规业务的需求;
③ 跟踪时间——资源管理在过去的十年里已经成为成熟的学科。

人们发起好几个行动,将资源管理引擎和第二个引擎——进度管理引擎结合起来,这样项目计划能完成得更加高效。例如,当一个项目启动时,与其相关的资源并不是可用的,当项目完成时,资源也能够被释放回可用资源池中。

第三个引擎是财务管理引擎。这个引擎有点难以捉摸,因为它和管理项目投资组合有关,且在传统上属于首席财务官(CFO)的职责范围,而CFO并不聚焦在组合管理的运营方面,而是在组织方面。在编制预算时,人们往往忽略了许多企业投资是由多个成本中心(组织单位和子单位)和类别(费用、资本等)提供资金的事实。

在这个层级上,事情变得更加复杂。许多公司在这里开始失去控制,因为它们不断扩大应用程序的资产基础。虽然自上而下地查看这样的图表是合理的,但实际上项目往往是独立进行的,对整个企业整合时的影响只有事后才能看得出来。这就导致了努力的白费，数据和流程的重复，以及真实成本可见性和价值创造的双重丢失。每一个递进的层级对标准和有效治理的需求都在不断增加，但其实在层级内部它们已经变得很复杂了。许多组织刚开始使用一个简单粗暴的方式来收集信息，在这个层级上加入财务管理的支持，作为 EPPM 流程和工具的一部分。

需要一种通用语言

若要高效地管理一个复杂的企业，管理者需要持续地保持战略落地的项目和业务战略本身具有一致性，反复利用决策来制订统一的流程。这样的决策流程使得公司能快速响应外部市场的变化。那些导致人员、项目、所在地和流程增加或变动的决策都会增加复杂性和风险，除非采取了清晰的步骤来管理相关信息。于是，是否能持续地跟踪和重新分配在项目和流程上的资源就变得尤为关键。在一个大型企业里，这意味着强有力的测量和跟踪能力，以便保证这些变化受控。

因此，对于在整个企业范围里实施的特定项目，理解其带来的财务影响是非常重要的。要获得这种可见性并将其转化为管理洞见，就需要一种通用语言——企业项目和投资组合管理的财务管理组件。

把财务管理组件增加到进度安排和资源引擎里，会使得这些信息对更广泛的受众有用。IT 组织之外的管理人员为了实现成本效率和收益，也会对组合管理变得非常感兴趣。

改变总是困难的

大部分公司在从项目之间联系松散的临时环境过渡到复杂企业所需的规范化环境的过程中，都会遇到困难。但不管怎么样，最终所有大型公司都会需要资产分解和项目排序的方法，以便反映系统和子系统的业务目标之间的战略统一。这可能是个痛苦的转型过程，但是只要将一些规范化和现代治理手段、工作流程管理以及财务管理作为项目和项目组合管理的组件，那么，在风险可控的前提下，资源最佳分配的目标就是可以达成的。由此得到的可观的成本和收益远远超过了投资。

项目财务管理——游戏规则改变者

项目财务管理（Program Financial Management，PFM）是一门提供财务数据和使用财务数据指南的学科，它能确保投入到项目和组合中的资本在一系列

业务驱动的项目组合管理

约束之下得到最佳分配。PFM 能帮助企业将项目和常规业务的工作计划与财务计划同步，为更有效的管理和资源分配，以及收益实现的跟踪提供一个综合视角，从而提高组织认知，完善自我修正的项目组合管理机制。

每个项目都有相关的财务数据，这些数据会随着项目生命周期的演进而变得更加全面和精确。如果未能将财务数据、特定项目和业务成果联系起来，将增加项目失败的风险，并使计算成功项目的真实业务价值变得不可能。PFM 确保组织获取、监控和管理正确的财务数据，从而建立正确的项目和常规业务活动。

应当将获取成本和收益信息的财务工作交流工具应用在项目规划和开发过程中，帮助管理流程，并在项目完成后跟踪运营阶段的系统收益。这个领域通常是个盲区，因为项目团队已经被解散，并且跟踪收益的任务已经转移到 PMO 团队或其他组织单元，许多情况下他们并不了解期望的收益实现。有时候为了让整个企业获得收益，一个项目可能是由多个组织单元投资的，这样就更加复杂了。这种共享服务模式使得投资和跟踪模型变得复杂，但是有了企业级项目管理，这样的模式就成为常态化工作的一部分。

与进度管理和资源管理并列，财务管理是项目和项目组合管理的第三个维度。它的重要性应该引起传统的依赖于财务部门信息的企业高管团队甚至 CEO 的重视。

在图 6.10 中，我们可以看到一个财务管理组件被加到了过去几十年来项目经理熟悉的更为传统的资源和进度引擎当中，而它的加入将有助于按项目调整成本和收益的财务数据。

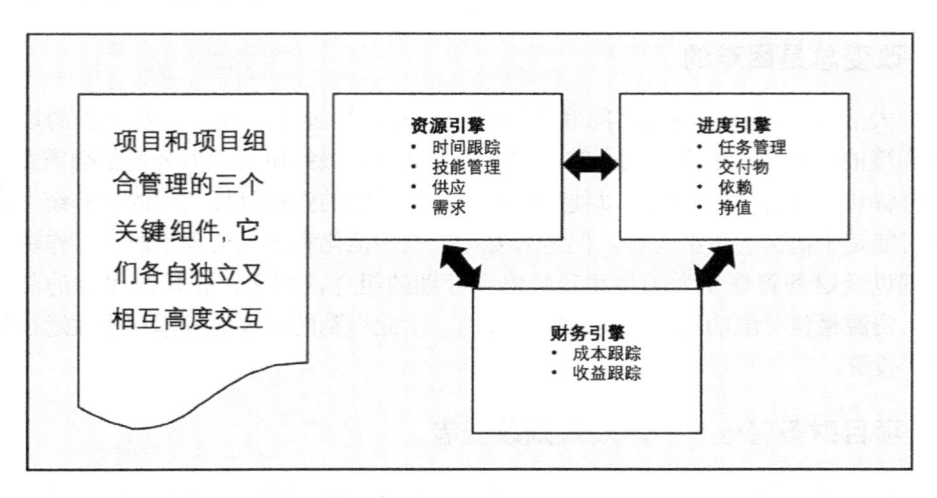

图 6.10　企业级项目和项目组合管理（EPPM）的主要组件

第 6 章　PPM 风险之六：分析和制定决策的时间框架

这个新增组件使得组织在与战略目标保持一致的前提下，可以通过提供持续的影响分析，将需要通过财务管理分析的想法和项目范围进行聚焦。当市场力量改变，产生了改变战略的需要时，如果每个人都使用同样的企业级工具，组织就能够使用通用语言来比较不同的项目，那么部署新战略所带来的影响就可以被评估。通过财务管理，这个透明度可以被跟踪到以美元和美分为单位的成本中心和成本类别——这是所有相关方都能理解的通用语言。如果把外部市场变化纳入考虑范围，那么只靠看甘特图及资源能力跟踪图，并不能促使人们围绕投资组合的价值展开正确讨论。

过去十年里，PPM 已经开始聚焦在评估项目组合的有效性上。他们一般会问这样一个问题——是否组合与企业年度运营驱动因素保持一致？回答这个问题的唯一方法就是理解每个项目的战略价值。战略价值是一种经验价值，它描述了项目投资与一系列关键商业驱动因素的亲和力，而这对实现企业战略非常重要。除了战略价值，我们现在还可以引入其他关键维度，如引入项目投资的财务价值，以便获得更多信息来优化决策，加入这个维度可以帮助组织在更全面的语境里，理解投资组合的成本和收益实现潜力。IT 部门以外的高层会对组合管理的成本、效率和收益变得非常感兴趣——它们可能包括研发、资本预算、生产和新产品研发。一旦成本和收益之间的连接变得可见，企业将会看到更多利益相关者的参与，而在过去这些利益相关者是被默认排除在外的。

举个例子，最近有两个《财富》500 强的竞争对手合并了，合并后的实体要面临新的业务重点及竞争对手的减少。其中一家公司已经把财务引擎纳入 IT 规划和管理职能里了，并且能够快速评估、排序和验证现有项目，而合并的另一家公司则不得不依赖一份与新战略不符合的过时的论证文件。很快一个事实就凸显出来，拥有更好信息的那个团队制定的 IT 决策更胜一筹，它引来了更多投资，从而扩大了 PFM 在整个新实体内的应用。新的实体正在努力将 EPPM 纳入未来的所有 IT 活动中。知识就是力量，只要它不过时。

● 战略部署模型

整合财务管理对 EPPM 的影响是巨大的。它使企业高层能够监控收益的实现，它比单独的成本管理提供更深入的洞见，并在组织内跨部门之间实现更有效的资源分配和再分配。

图 6.11 展示了战略部署的传统方法，一旦市场发生根本性变化，就会引发

· 143 ·

业务驱动的项目组合管理

企业级的响应。首先，在高管层实施高层的决策并制定流程。其次，一般部署选定战略的财务政策是由首席财务官办公室负责的，该办公室负责将新战略的预算决策传达给各业务部门并加以实施。削减资金和增加预算都是在业务部门级别，即通过部门级别来完成的。然而，在很多组织里，为数不少的年度投资通过各种模式，给到了跨部门的项目，比如共享服务模式。这样，一个部门不会单方面叫停项目投资，因为项目横跨多个组织领域。一个部门单方面停止资金供给，可能会导致在另一个部门实施该项目的浪费，而这将引起更多混乱而非好处。

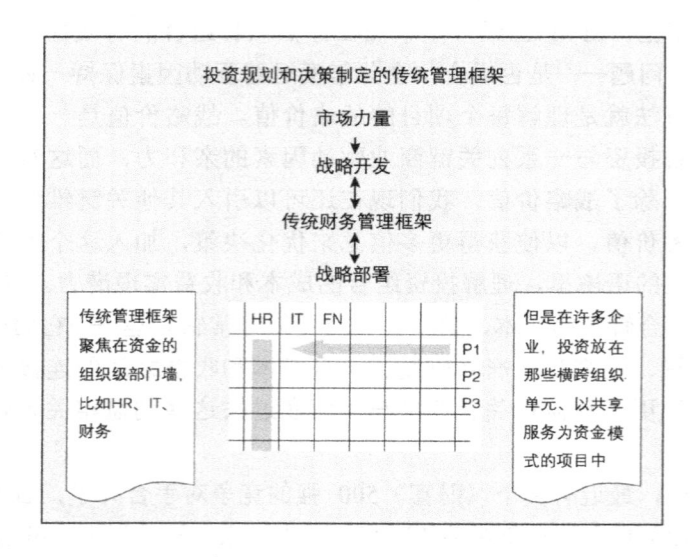

图 6.11　传统部署的工作框架

◉ 战略部署的整合模型

如前所述，EPPM 加入财务管理以后，使得企业能够随着环境变化而转移资源。一旦发生需要改变战略的事件，高管团队可以基于规划的实施、现行项目的状态、沉没成本，还有识别与首要战略最相关的项目，来制定决策。如图 6.12 所示，从传统的或继承的管理框架转变到 EPPM 框架，会带来更深入的洞见和灵活性。

当优先级发生变化时，也许是受到了市场力量变化的刺激，根据当前优先级重新分配资源来维持最佳投资是一种直截了当的做法，而不应基于过时的假设而被误导投资。

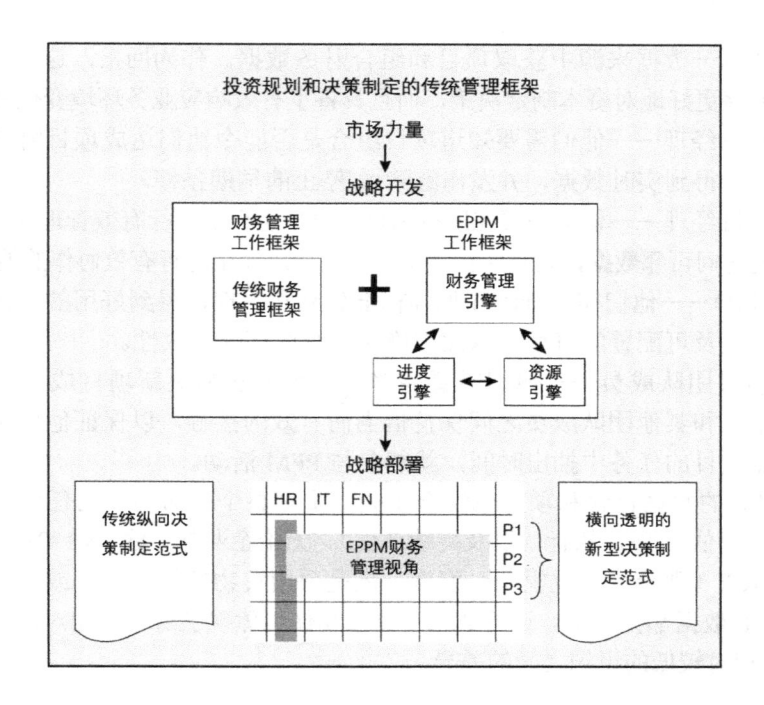

第 6 章 PPM 风险之六：分析和制定决策的时间框架

图 6.12 全新部署的工作框架

使用正确的工具

企业常常会从电子表单开始实施 EPPM，但是随着它们的规模增长到需要通过跨项目和投资组合来获取数据，有必要评估是否使用专用工具。对于项目和项目组合管理，微软凭借针对项目管理的 Microsoft Office Project Professional 和支持企业级项目管理的 Microsoft Office Project Server 软件已经取得了市场领先地位。然而，这些工具普遍缺乏的是，通过对部门/事业部、产品线或业务单元的整合，就特定项目提供准确的、可获得的成本和收益数据的追溯性。UMT 与微软有着紧密的合作，填补了完整的 EPPM 所需组件的空白，用它新的财务项目服务器满足了这些需求，从而与 Project Server 2010 软件无缝衔接。

用 EPPM 制定更好的决策

EPPM 能够让企业里更多新的相关方参与进来。例如，使用 UMT 的 Project Financial Server 2010 软件给组织的不同层级带来好处，尤其是那些过去未能挖掘到这些收益的层级。

- ◆ C 级别高管——为了在组织内最合理地分配资金并做出决定，他们需要

业务驱动的项目组合管理

从单一数据来源中获取项目和组合财务数据。作为回报，这不仅使他们能够更好地对资本制定决策，而且具备了有效响应业务环境变化的能力。
- 业务经理——他们需要知道项目组合是否能令他们达成项目财务收益目标，得到实时数据，并发出继续做/停止的早期预警。
- 项目经理——他们需要在所有项目和财务组合上进行有效管理和合作，快速访问可靠数据，且具备在整个项目生命周期中进行有效协作的能力。
- PMO——他们需要推动和加强标准建立和治理，得到好用的、格式化的模板及可配置的流程，以此来确保组织内部的一致性。
- 项目团队成员——他们需要能够轻松地创建和更新项目成本和收益数据，和其他团队成员之间保持恰当而有效的接触，以保证他们无须从重点项目的任务中抽出时间，就能参与 PFM 活动。

EPPM 的数据包含和项目或组合相关、贯穿整个生命周期的任何财务数据（从概念到评估/排序、执行，以及持续评估）。无论企业是专注于像 ROI 和 IRR 这样的 DCF（现金流折现模型）度量，还是采用实物期权方法，或者两者的混合，EPPM 数据都会产生。这些数据的获取和使用体现了财务上相对成熟的组织和成熟度相对较低的组织之间的差异。

带有财务管理的 EPPM 会影响所有相关人

EPPM 的有效性对企业的每个成员都会有影响——做得好能增加利润，减少浪费，但是如果做得不好，即使是好项目也可能不被认可。

EPPM 实际上对企业的每个成员都有影响。

如图 6.13 展示的，企业里的所有相关方都会因为对 EPPM 中财务引擎的数据做出贡献并加以使用，而从中获益。这张图中展示了 UMT 项目财务服务器（Project Financial Server）用户的典型角色。

作为通用原则，每个参与项目的规范制定、评估、选择、实施和执行的人，都会产生或使用 EPPM 数据。因此，重要的是要有一个系统，以便用标准格式获取这些数据，并在正确的时候提供给正确的人，为确保项目的持续可行做出好的决定。EPPM 数据在整个生命周期里的可见性对其成功实施非常关键。把 EPPM 正式确立为一个职能，使企业能够：
- 创造商业价值；
- 通过模板和业务流程管理（Business Process Manager，BPM）给予治理支持；
- 通过工作流程管理加强标准化。

第 6 章 PPM 风险之六：分析和制定决策的时间框架

项目经理
方便的创建成本/收益估算
简化的项目预算管理
透明的项目实际情况跟踪

行政高管
单一来源真相
改善决策制定

财务
构建预算框架
获得实时报告

人力资源
实时资源供给/需求的视角
改善的劳动力采购决策

umt Project Financial Server 2010
（项目财务服务器 2010）

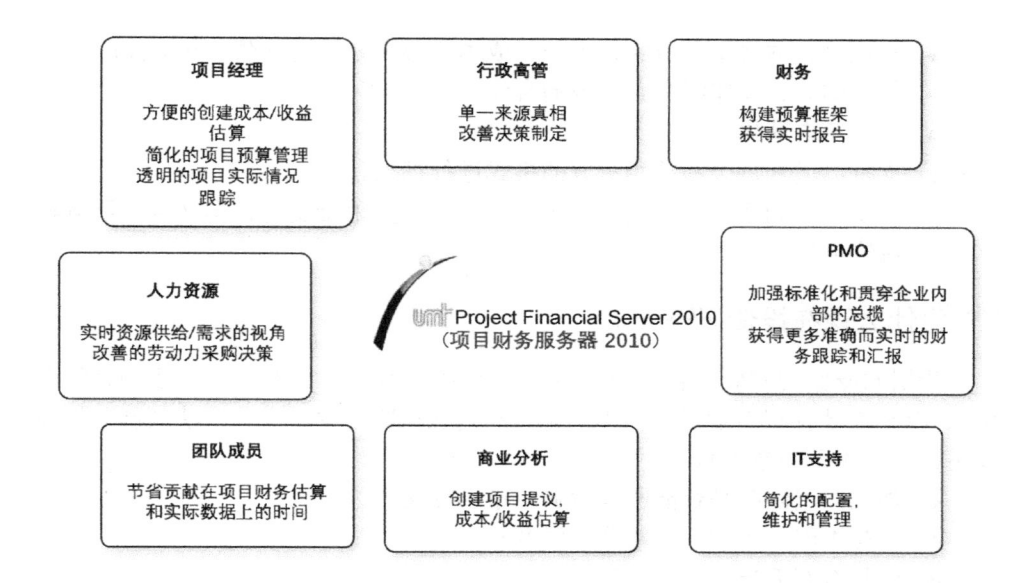

PMO
加强标准化和贯穿企业内部的总揽
获得更多准确而实时的财务跟踪和汇报

团队成员
节省贡献在项目财务估算和实际数据上的时间

商业分析
创建项目提议，成本/收益估算

IT支持
简化的配置，维护和管理

图 6.13　全公司范围内使用财务管理

统一的 EPPM 流程可以交付可重复的结果，而这对于学习型组织，即对于一个可以吸取过往经验并基于对历史 EPPM 数据的分析来持续改进绩效的组织来说非常重要。

● 工具

EPPM 显然是一个数据流和工作流的强大结合体，除了最简单的公司，所有公司都需要采用自动化模式来确保完整的、前后一致的处理。幸运的是，现有的新工具可以收集所有相关方的数据，并在正确的时间以标准格式提供给他们对应的合作方，以此来保证在项目和投资组合的层面上始终体现出财务真相。这样的工具必须能够：

- 有助于加强标准和流程；
- 使用模板以简化流程并减少工作量；
- 使用体现最佳实践和宝贵经验的流程；
- 建立真相的来源（这对于治理和增强他人对 EPPM 的信心非常重要）；
- 带来透明度并促进大家对优质数据的期待；
- 获得运营的效率；
- 整合信息以便在需要的时候能够获取恰当的细节信息；

业务驱动的项目组合管理

- 对项目、项目集、组合、组织、成本中心和分类进行获取和汇报；
- 促进团队、工作组和企业内的合作；
- 工作流自动化；
- 支持以适合每个利益相关方的格式进行汇报；
- 提供一系列适合每个利益相关方的分析，并附带支持证据（类似财务材料清单）。

为什么现在投资 EPPM？

当财政吃紧的时候，存在推迟引入 EPPM 的倾向，但是事实上正因为没有引入 EPPM 才使得企业暴露在不确定性和内在风险之中。在一个法制健全的环境下，人们不敢疏忽大意。

- 你的高层团队是否能够有效响应市场变化？
- 你是否能够有效地重新分配资源？
- 你是否有适当的透明度？
  - 关于项目状态？
  - 关于组合状态？
  - 关于项目和组合的财务情况？
- 你是否有合适的汇报工具来有效计划？
- 你是否能够得到继续/停止的最新指令？

上面任何一个单一的否定回答都说明你的企业需要 EPPM。如果有好几个否定回答则意味着你的企业目前很危险。

发现和建议

在过去的几十年里，EPPM 一直在进化，近年纳入了财务管理。更近一点时期，EPPM 整合了来自资源、进度和财务三个引擎的数据，为企业管理提供了项目的可见性。从一个默默无闻的进度和资源的跟踪工具，到成为一个使企业的战略目标即使在外部业务驱动因素发生变化情况下，也依然保持在正轨上的综合管理工具，EPPM 已然成为企业里不可或缺的管理工具。正是因为更快的外部变化，以及对报告和运营微调的需要，才催生出对更好财务信息的需求，并以此作为改善治理的手段。实时访问信息天然优于周期性报告。出于汇报的目的可能需要每季度都出总结数据，但是如果内部管理依赖于此，就等同于开一架飞机而没有实时操控的设备。在这一点上，如果你的企业还没有开始 EPPM 项目，你就已经落后于许多行业的领导者了。幸运的是，有了 UMT 和微软的新工具，达成有效 EPPM 的路径是明确可行的。

第 7 章
PPM 风险之七：
量化商业价值

一般情况下组织是如何判断项目组合的成功与否呢？他们是否需要衡量投资组合里的项目是如何满足其计划、范围、预算和进度目标的呢？或者，他们是否需要衡量项目实际产出，有多少可以量化的商业价值能够作为给组织带来实际收益的证明？传统上，大多数组织比如 PMO 和他们的组成机构都倾向衡量前者，但是，作为后者的项目和项目组合，即商业价值量化是否成功，才是更为真实和重要的衡量标准。这个衡量标准对于项目组合的初始评估、选择和持续的管理和回顾很有用，对项目收尾后的收益实现、评估和验证同样大有裨益。今天，越来越多的项目执行机构正在寻求理解并给予商业价值更多的关注。图 7.1 生动地说明了量化项目组合组件的商业价值并不简单，组织常常在这一过程中引入过多的猜测和不切实际的希望，而不是应用合理的模型和被验证过的流程。

图 7.1 PPM 漫画——量化商业价值

项目成功视角：是赋能还是阻碍

想必大多数项目经理对项目金三角（也称铁三角）和诸如范围、时间和成本的约束，以及新引入的诸如质量、风险和资源的约束，都非常熟悉。时间、成本和产出的概念已有几个世纪的历史，甚至据说早在大约 4500 年前建造埃及金字塔的时候就已有应用。近三十年前，我在 IBM 的导师第一次把这个概念带给我们的画面，我至今记忆犹新："如果你有一大堆任务而又想快速地完成，那么它就不会便宜；而如果你有一大堆任务而又想便宜地完成，那么它就不会快。如果你想既快又省，那么东西就不会好到哪儿去。"然后他开始教育我们，给我们举了一个又一个的例子来佐证这个概念，从快速餐饮、房屋建造到红酒酿造，最终又回到转化商业流程和功能，诸如将 GLAPPR（general ledger 总账、accounts payable 应付账款、payroll 工资单）和 BICARSA（billing 账单、inventory control 库存控制、accounts receivable 应收账款、sales analysis 销售分析）从手工和批处理业务转换为线上申请项目。当然，是商业收益首先合理化了项目，但项目一旦合理化并且上路之后，商业收益就仿佛不再是项目管理和项目成功的一部分了。相反，项目的成功被认为只要满足按时、按预算、范围一致这几个指标就可以了。

谁能对把项目金三角作为衡量项目成功的标准予以反驳呢？它已经被当成项目管理铁律被接受，并成为今天项目管理标准的基石。项目管理专业人士和项目管理博客专家山玛德·爱登纳（2010，p.1）曾写道："我们都是伴随项目铁三角成长的。它从我们开始项目管理的第一天起就深入人心了……50 年以后的今天，PMI 已经在最新版《PMBOK®指南》中去掉了铁三角。所以我们也应该与时俱进。"同样，认证项目经理柯尔特·克莱门特（2009，p.1）也对项目铁三角和第四版《PMBOK®指南》对它的删除进行了评论："当我们向今天的项目经理新手传授项目管理原则时，我们需要去掉百叶窗，意识到明天的项目经理需要去抓住比传统'三角约束'更多的要素，比如质量。"后来项目管理专家金戈·莱文博士和帕尔维茨·拉德博士也加入了讨论（2006，p.1），他们提醒道："过于聚焦在项目铁三角的三边约束和技术项目管理领域而不考虑人的因素和激励，将极大地影响项目成功。"

阿龙·森纳和多福·德威尔（2007，p.7）出版的新书 *Reinventing Project Management :The Diamond Approach to Successful Growth and Innovation* 则讨论了为什么项目管理需要新的框架和新的方法，也建议了大多数项目的问题不是在于技术，而是在于管理。作者倡导，项目铁三角约束理论是项目成功的一个关键影响因素，项目不应该根据范围、成本和时间来定义，它们应该根据量化的商业价值和客户满意度来定义。

Gantthead.com 公司和项目管理行业仆人式领导者博客的 CEO 大卫·盖瑞特（2008，p.1），在参加完一次项目管理协会（PMI®）分会会议，听了阿

第7章 PPM风险之七：量化商业价值

龙·森纳关于这本书的演讲之后说："它切中了PMBOK方法和敏捷方法之所以存在如此多争议的核心。他的演讲主要是提供给众多PMP（PMI®授权的项目管理认证）的。他说，'PMI曾经为我们提供了一个伟大的基础，然而，是时候离开这个基础，去达到另一个水平了。'"前COO和敏捷活跃发言人——罗斯·佩蒂特（2008，p.1）也赞同这个说法，他的文章"Management-Driven Metrics Versus Metric-Driven Management"告诫人们，有些项目度量与敏捷实践中的工作方式存在不一致的情形。佩蒂特认为，度量只是项目的指标，而不是项目本身，他们不能用对企业有意义的成功度量标准来讲述项目可交付成果的全部情况。

项目管理大师杰拉德·肯达尔和史蒂夫·罗林斯（2003，p.65）则为我们提供了一个全新的领导力和PMO模型。在他们的项目组合管理书籍 *Advanced Project Portfolio Management and the PMO: Multiplying ROI at Wrap Speed* 里，他们呈现了一个"即时交付的PMO模型（Deliver Now PMO Model）"，扩展了企业级PMO概念，并将项目组合的吞吐量作为一种战略工具来驱动底线价值，而不像传统PMO在项目的实际技术管理中更关注成本和效率。肯达尔和罗林斯强调了加速项目交付和更快实现收益的重要性。尽管这将很可能对传统项目管理的成功度量产生负面影响，但是"即时交付的PMO模型"的优势在于更早的项目交付，这也意味着更早的收益回报和更多的项目承担能力。

项目管理视角需要从项目管理的技术层面（范围、时间、成本）扩展到商业环境层面。也许对此最重要的发言人当属来自PMI的代理总监兼COO。他在2010年6月8日为Gartner集团IT治理和PPM峰会做主题演讲时说："如果我们只会说这样的方言（范围、时间、成本），那么我们注定要失败。"他进一步建议，项目管理是一个不断进化的模型，未来的领导者不仅需要拥抱由范围、时间和成本构成的铁三角，而且需要由技术项目管理技能、领导力和战略，以及商业敏锐度构成的新铁三角。

这些业务驱动的高管、认证的项目管理专业人士、敏捷爱好者、PMO和PPM专家、行业协会行政人员，以及其他人所一致认同的是，管理项目并取得项目成功不应该被看成或只局限于对范围、时间和成本的讨论。然而对于许多组织，这些已经成为衡量项目和判断项目组合成功与否的首要度量。

项目成功的两个维度的忠告

在捍卫传统项目管理时，项目成功有两个维度的前提——项目的产品成功及项目成功——这在技术上是正确的。项目管理主题专家和《PMBOK®指南》

业务驱动的项目组合管理

初版第一作者威廉·邓肯（2010，p.1）对此是这样评论的："天啊，我认为我们好多年前就把这个问题搁置了！"通过图 7.2 所描绘的，邓肯解释了项目两个维度的成功，并就这些维度所代表的可能成果给出了四个例子。

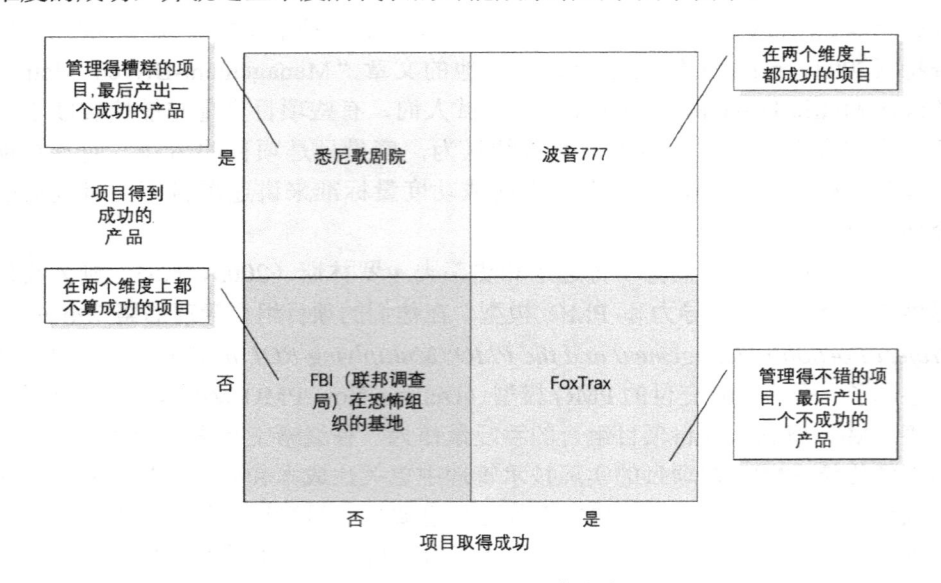

```
                            项目取得成功
              否                              是
      ┌──────────────────┬──────────────────┐
      │                  │                  │  ← 在两个维度上
   是 │   悉尼歌剧院      │    波音777       │    都成功的项目
      │                  │                  │
项目   ├──────────────────┼──────────────────┤
得到   │                  │                  │
成功的 │ FBI（联邦调查     │    FoxTrax       │  ← 管理得不错的项
产品   │  局）在恐怖组     │                  │    目，最后产出
   否 │  织的基地         │                  │    一个不成功的
      │                  │                  │    产品
      └──────────────────┴──────────────────┘
       ↑                  
  在两个维度上都          
  不算成功的项目          
  
← 管理得糟糕的项
  目，最后产出一
  个成功的产品
```

图 7.2 项目成功的两个维度

每一个维度的成功都应当有书面的最佳实践，并以包括完善的变更控制过程在内的成功标准作为支撑。邓肯说："项目管理既要负责符合项目管理成功标准，也要确保项目决策没有给项目产品的成功带来负面影响。"在《定义和度量项目成功》一文当中，邓肯（2004，p.4）明智地建议："就像其他任何工具或技术的使用一样，项目成功的度量可能会被过度使用。"他还建议，毕竟最终是由相关方基于项目过程来衡量项目的，而且其中某一方还将决定项目的产品的成功程度。

我还想加一个项目成功的终极视角——实践。传统项目管理倡导者捍卫项目成功存在项目和产品两个维度的前提，这在技术上是正确的，但在实践中是有问题的。不应该把项目失败和项目管理失败区分开来。只有产品成功，项目才是成功的。反过来想，无论什么样的项目绩效指标，如果只关注项目范围、时间和成本的管理，则就像是在说"病人死了，手术却成功了！"更重要的是，这导致项目经理和 PMO 经理获得了解脱，产生了以员工为中心的思维方式，可以不用对项目成功负责，只要有苦劳就可以得到补偿，而不是因为最终取得的功劳。事实上，在成功和失败之间存在着差异，并且必然导致

· 152 ·

第 7 章 PPM 风险之七：量化商业价值

不同的结果。

想象一个客户销售经理告诉销售副总："我们在销售的努力上是成功的，但是我们只是丢失了销售额。"或者一位客户服务工程师向他的老板汇报："我告诉了客户所有我知道的，但似乎我们还是不能解决问题。"又或者一位财务经理告诉 CFO 和销售副总："我们团队上周很努力，只是有许多季度末的订单不能处理完而已。抱歉，我们错失了一些收入。"没有人敢做这样的报告。组织内的每一个人都知道成败之间的差异，那么理所应当的是，那些管理项目人士和 PMO 也应该知道。

在《业务驱动型 PMO 建设》一书中，我写了不少关于管理项目、管理 PMO 的业务驱动和理论驱动的内容。让我们一起来思考一下如图 7.3 所示，微软 Microsoft Project 截屏所展示的两个项目进度表。这两个项目都用甘特图来表示项目的启动和完成。第一个项目在运行过程中没有麻烦，是按时、按预算完成的。但是第二个项目看上去就没有那么顺利。有两个任务花了比原计划多得多的时间和预算，后来项目延误且超支。对于所有参与其中的人，包括项目经理、项目团队成员、相关方、PMO 经理和高层的成员，从他们的视角来审视的话，在这两个项目中哪个更成功呢？看得更仔细一些，应该采取什么行动呢？

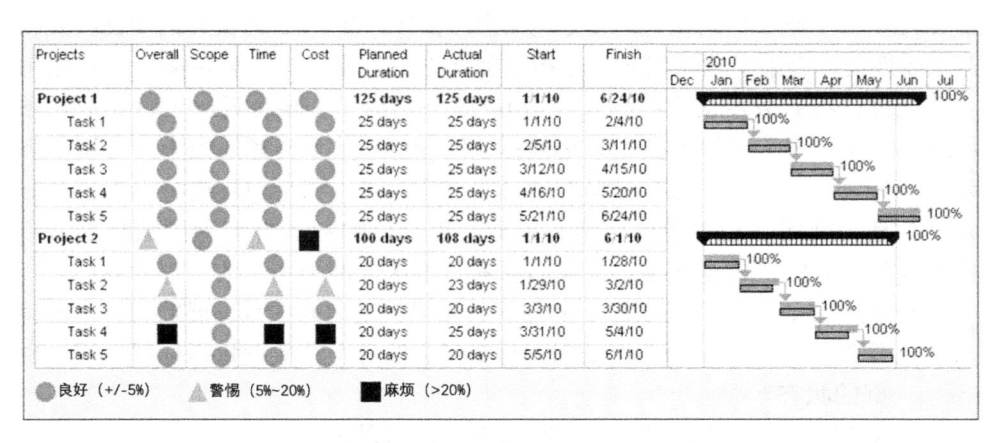

Projects	Overall	Scope	Time	Cost	Planned Duration	Actual Duration	Start	Finish
Project 1	●	●	●	●	125 days	125 days	1/1/10	6/24/10
Task 1	●	●	●	●	25 days	25 days	1/1/10	2/4/10
Task 2	●	●	●	●	25 days	25 days	2/5/10	3/11/10
Task 3	●	●	●	●	25 days	25 days	3/12/10	4/15/10
Task 4	●	●	●	●	25 days	25 days	4/16/10	5/20/10
Task 5	●	●	●	●	25 days	25 days	5/21/10	6/24/10
Project 2	▲	●	▲	■	100 days	108 days	1/1/10	6/1/10
Task 1	●	●	●	●	20 days	20 days	1/1/10	1/28/10
Task 2	▲	●	▲	▲	20 days	23 days	1/29/10	3/2/10
Task 3	●	●	●	●	20 days	20 days	3/3/10	3/30/10
Task 4	■	●	■	■	20 days	25 days	3/31/10	5/4/10
Task 5	●	●	●	●	20 days	20 days	5/5/10	6/1/10

● 良好（+/-5%）　▲ 警惕（5%~20%）　■ 麻烦（>20%）

图 7.3　项目进度对比——商业价值聚集

乍一看，大多数人会得出结论——第一个项目进行得很顺利，第二个项目则不然。所以让我们嘉许一下第一个项目经理和团队，而奉劝第二个项目经理在下一次做计划和管理时不要这么为难团队，如此一来，也许下次每个任务都能显示一切良好的状态指标，这样不更好吗？事实上，这两个项目就是相同的

业务驱动的项目组合管理

项目。现在再仔细看一眼图 7.3 的项目进度，问问自己："哪个项目才是更成功的呢？"

在项目 1 中，项目经理有着比较传统的项目管理理念，用范围、时间和成本来界定项目。项目经理接受非常保守的估计，以至于允许并规划了更为宽裕的时间和预算。一旦项目开始，就要按照计划来安排和管理任务。所有任务在计划、预算内完成，项目也就按时完成了，所有参与者都认为工作做得特别好。

在项目 2 中，项目经理具备更加现代的业务驱动和敏捷的理念，以及项目商业价值方面的认知。项目 2 号经理和项目赞助人密切合作，因为他理解项目的产品将产生直接的商业价值，而且对于业务来说，更早交付产品远比管理一组完美的项目绩效指标来得重要。项目 2 号经理选择了挑战，而不是接受过于保守的估算，为每个任务设定了激进的周期，从而使时间压缩到 20 天，而不是项目 1 号经理计划的 25 天。

由于这些更激进的任务截止时间限制，进度计划里的时间被压缩，商业价值能被很快地被识别出来。项目 2 的一些任务是按时完成的，其余则延迟完成，尽管项目 2 和它自身初始进度基准相比还是有所滞后，但是项目 2 比项目 1 总体提前了 17 个人工日或 23 个工作日完成。

让我们看得再仔细些。项目带来的收益是每月一百万美元。这样一来，项目 2 比项目 1 早 23 个工作日完成，为组织带来了额外 75 万美元的硬性美元收益（硬性美元有别于软性美元，是指用美元支付的服务费，软性美元则是指用实物支付、将业务转交给经纪人公司）。此外，由于提早将近一个月完成，项目经理和项目团队资源就被更早地被释放回 PPM 共享资源池当中，可用于启动下一个项目。现在你怎么看呢？项目 1 和项目 2，哪个项目更好地为公司服务了？毫无疑问，相对于项目状态指标，以交付的业务价值为衡量标准，项目 2 为公司提供了最佳服务。让我们思考一下这个例子当中的管理隐喻：

- 高层是否应当奖励项目 1 的经理？如果只是因为项目进展顺利，不管曾经发生了什么，而仅仅是因为每个任务的每个绩效度量指标都呈现出良好的状态？
- 高层是否应该鞭策项目 2 的经理更好地管理未来项目，这样任务进度表和预算就不会像项目绩效指标所显示的那样超标？
- 高层是否应该把除了状态良好、其他什么也没有的 PPM 仪表板，看成组合里项目运行得很好的标志？
- 高层是否应该将除了状态良好、其他什么也没有的业绩指标视为一个信号，表明投资组合中的项目过多，有可能使商业价值、收益交付和 PPM 吞吐量受到负面影响？

第7章 PPM 风险之七：量化商业价值

由此人们很容易会说，高层应该期待看到并鼓励在所有不同的项目业绩状态指标（良好、小心、有问题）当中寻求一个健康的平衡，如果把业务驱动的重心放在项目成功和商业价值上，这是很自然的结果。的确如此，人们有理由说，商业价值应该以一种有意义的方式，与传统的技术项目管理措施（如范围、时间和成本）一起，成为项目状态仪表板所展示的指标之一。

只有当我们探讨项目成功的两个维度（项目管理的成功和项目产品的成功）的时候，我们才会把焦点从项目目标移开，并允许有时甚至合理化项目的失败，同时对管理项目所付出的努力给予肯定。尽管不是故意的，对有些项目，过度聚焦于技术项目管理的度量和满足那些度量可能带来的后果是：①更不重视商业价值；②采取行动来满足可能不利于项目成功产出的项目度量；③加重了"虽然病人死了，但是手术成功了"的心态，而这样只会增加项目组合管理的风险，并加大传统项目管理者和那些更前卫的业务驱动和敏捷思维人士之间的鸿沟。

量化商业价值

量化商业价值与观察、度量和解读有关。它有一定难度，但也不是不可能做到。让我们从观察开始。就如同从技术项目管理的成功转变到项目产品的成功这一思维模式是有好处的一样，从数字计算转变到度量观察的思维方式也是大有帮助的。我们要做的是观察，而不是计算。

多年前，我在亚洲的时候，真正领会到了观察的威力，那是我最记忆犹新的商业案例课之一。那时，我是一家软件公司的亚太区分管总监，我们与整个地区的电信供应商合作。在一个星期里，我和中国香港、吉隆坡、新加坡等几家头部电信公司的高管先后召开高管会议。作为当时参会地区的惯例，商务会议从殷勤的招待、一杯绿茶开始，然后是关于各国商业总体情况的讨论。其中有一位资深高管，我曾和他一起开过会。当讨论到商业形势时，他对当地经济和整体商业环境表达了担忧，他引用了当地出租车排队太长的例子，太长的出租车队伍意味着商业的减速。对于他来说，这就预示着糟糕的事情即将发生。

而之后某一天的早上，我在吉隆坡与马来西亚商业伙伴和马来西亚电信公司的高管在某酒店进行了早餐会议。同桌的高层高管说，按照本地标准，当时这家餐厅是多么的安静和冷清。他补充道，当生意好的时候，你甚至需要等 30 分钟才有吃早餐的座位。然而现在，餐厅很安静，只有部分空间被占满，而且只有很少的外国人和商务人士在洽谈业务或达成交易。对于我们所有人来说，

业务驱动的项目组合管理

这样一家顶级饭店的餐厅里缺少喧嚣和热闹，本身就是经济疲软和生意前景堪忧的一个预兆。

两天之后，我又在新加坡和新加坡电信公司的高管会晤。从位于市中心商业街的高楼会议室窗户里望出去，可以看到新加坡港口的美景。绿宝石般的静谧的海面上星星点点地散落着好多集装箱船只，让人误以为是托马斯·金凯德拼图（美国著名的拼图品牌，以梦幻般图案为特征）。但是当我赞叹窗外风景如画时，会议室里的所有人都表现出同样的担忧：港口没有足够的船舶，这是商业前景遇到麻烦的明确信号。

与几拨高管团队的会议，给我上了一堂观察课——从观察出租车排的长队到餐厅的冷清，以及港口的稀少船只。但是仅仅九个月之后，我真的学到了一堂观察课。当时，印度尼西亚货币崩溃，亚太地区进入了金融危机时期，而我已回到美国总部着手修正我们的亚太区业务计划，并向我们以结果为导向的CEO解释，我们是怎样错过了市场环境变化的预警。

排队的出租车数量，在一家豪华酒店里为了吃早餐等位所需要的时间，港口的集装箱船只数量——如果它们是能被观察的，那么它们就是可度量的。道格拉斯·哈巴德（2007，p.4）在他的文章"Everything is Measurable"中建议："如果一个流程产生的是确定的数字（比如一个财务公式），它就能很好地说明，这根本不是度量本身，这只是计算。度量是务实的观察，而观察总是存在不确定性。"

对于许多IT和项目管理专业人士而言，度量是一个被广泛误会的概念，也是一个被广泛误用的活动。产生确切数字的流程其实是一种计算，并且这恰恰是许多IT和项目高管很想拥有的，尤其在谈到价值和收益的话题时。在商业环境中，像销售额、成本、利润这样的财务指标就是一种计算。如果一家企业每月有着600万美元销售额和400万美元开销，那么利润（或者有时叫毛利）就是每月200万美元。在项目环境中，如果一个项目每周有着10个付费承包商，每人每天1 000美元，那么承包商的一周成本大约是5万美金。这些就是由数学方法产生的计算而不是通过观察方法产生的度量。

度量是通过观察的方式得到的一种近似值。所以，商业价值度量也是一种近似值。但是，我们有多少次听到有人说："因为你无法给出准确的数字，所以没有办法度量商业价值。"因此最后，组织就不再相信量化商业价值所做的度量了，或者更糟糕的是，组织连同量化商业价值这个想法一起放弃了。这些人对于什么是度量有着根本性的误解，常常没有意识到或者说不愿意留意观察和度量的概念和方法。这是一个根本性的错误思维，而且它会对人们如何看待和管理项目组合产生影响。正如软件开发专家及知名演讲者汤姆·迪马尔克（1999，

第 7 章　PPM 风险之七：量化商业价值

p.58）建议的："万物皆可度量，度量总是优于根本不度量。"

那么企业的其他职能经理和高管是否也在为观察和测量的概念而纠结呢？应该没有在 IT 领域的那么多。例如，市场营销高管就非常清楚度量诸如市场份额、客户满意度和品牌忠诚度等因素的概念和技术。这些根本不是计算，它们都是由度量得来的合理的观察结果。相似地，人力资源高管按惯例度量员工满意度和管理有效性。在并购过程中首席财务官、首席执行官及专家则为了评估公司价值，在度量的概念和技术上会保持高度一致。但是在 IT 领域，测量中那些看似不可见的因素，如收益实现，通常都会被轻易地忽略掉。对于那些治理 IT 和管理项目组合的人来说，最终结果经常可能是，最重要的因素被度量得最少，而最不重要的因素却被度量得最多。

某些组织在开展商业价值量化的时候，需要克服一些思维方式的初始障碍。第一，量化商业价值的问题不像你所想的那样独特。很多时候，人们普遍认为需要解决的问题、项目、公司及整体环境过于复杂和不可预测。但事实上，总有人可以解决问题。

第二，你拥有的可用数据总是比你所认为的还要多。许多形式的观察和测量都可以得出数据。度量过程有一部分涉及识别值得观察和度量的数据。一旦你意识到什么是可度量的，那么许多形式的数据都会成为可度量的。

第三，你需要的数据总是比你所认为的还要少。许多观察可以被纳入度量范围里来。总有一些重要的观察会脱颖而出，成为最有意义的那一部分度量领域，它们足以被用来构建价值并制定决策。

第四，总有一个管用的方法和度量，比你认为的要简单得多。秘诀就是将度量限制在高价值、容易度量的对象上，而不是试图度量包括不易评估的对象在内的所有领域。

第五，可供观察和度量的资源总是比你所认为的要多。一直以来，度量最好由最接近度量对象的人来完成。除了你组织里的人，专家及有着丰富经验的实践者也有可能在建立量化商业价值的度量方法上面起到巨大帮助。一旦这些初始障碍被克服，量化商业价值的努力就可以开始了。

就量化商业价值的相关知识而言，收益管理和收益实现的概念已经在 PMI 和英国政府商务办公室的各种项目集管理标准中定义，即在比较高级的层级上被定义好了。但是这些标准既没有采用描述性的方法论和一系列步骤、指南等形式告诉你实际如何去做，也没有基于普遍被采纳的方式，给出一个绝对正确的行业方法，而这才是普遍被接纳的做法。但是，其实有许多模型和方法已经存在，并且不用太费劲就可以加以应用。从诸如六西格玛的流程改进方法论到业务系统规划、业务流程管理、组织发展、组织变革管理、组织和能力成熟度等领域的各种各样的商业模型和方法论。可见，人们并不缺少可供选择的方法。

六西格玛"黑带"杰夫瑞·史密斯，在完成了 20 多个六西格玛和精益项目之后，找到了一个特别的方法，即建立观察收益的区域，然后以真实美元作为单位来测量实际收益。在他的文章"Five Ways to Measure Six Sigma Financial Benefits"中，他给出了较为实用的指南，可以适用于几乎任何项目收益评估。正如表 7.1 所示，收益的五个区域（时间，人员，库存，出错和销售额）都可以用美元价值来观察、度量和表述。

表 7.1 收益的度量区域

收益区域	观　察	测　量	美元价值
时间	净节省时间乘以人员的小时工资	10 000 节省时间×$50/每小时	$500 000
人员	人员减少数量乘以年薪和资金	10 000 人×$100 000/每人·年	$1 000 000
库存	减少的库存作为一次性收益	$5 000 000 库存×$50%的减少收益	$2 500 000
出错	减少的出错次数乘以单位出错成本	1 000 次出错减少×$1 000/单位出错	$1 000 000
销售额	新的、额外的销售额作为一个可持续的收益	10%销售额增长×$50 000 000 现有销售额	$5 000 000

让我们检验一下这些收益区域吧。

- 时间——应当在改善前后分别度量某个任务或操作所需的时间。净节省时间可以乘以单位成本，比如人员的小时工资。每次执行任务或操作时都可以这样度量节省时间。如果任务或操作发生许多次，即使每次节省一点点，也会带来巨大收益。
- 人员——如果改善之后的流程只需要一个人，而不是十个人，这个项目成果就可以声明这些节省下来的人员成本如劳务总成本就是收益。省下的人员可以被重新聘用到公司其他岗位，不再需要投入被改善的流程中，这就是看得见的收益。
- 库存——当项目成果是库存的减少时，就可以度量一次性收益，以及每年节省的库存，因为存货运输成本也变得更少。
- 出错——某些改善可以减少出错，比如软件和硬件产品在保质期内的失效。减少的出错次数乘以单位出错成本，就能得出改善措施带来的总体收益度量。
- 销售额——如果项目成果导致销售量的增长或新产品的销售，这部分可度量的销售额就可以被看成是收益。

许多流程改善方面的专家倡导，规定的收益要限制在接受项目成果开始的前两年里。这是一条明智的建议，它将公司的项目工作重点放在能够尽快提供收益的机会上，这也降低了和时间相关或者受时间影响的收益实现风险。

在这一点上，我们已经观察并度量了以美元为单位的收益，许多人犯了满足于此的错误，但事实上，我们远未完成。思考如下两个项目，如表 7.2 所示。项目 A 成本是 50 万美元，收益就是将组织运营开销减少 250 万美元，而项目 B 成本是 50 万美元，收益是组织增加 500 万销售额。考虑到所有其他因素，战略调整和风险完全一样等，对这个组织来说，哪个项目是更好的投资？

表 7.2　转化收益

项　　目	成　　本	收　　益	排　　名
项目 A	$500 000	$2 500 000	2
项目 B	$500 000	$5 000 000	1

对于这个问题的答案涉及这样一个概念：对于一家企业，比如营利性公司来说，并不是所有的"美元"都是一样的。比如，运营支出的美元和销售收入的美元就不一样。我第一次学到这一点是在多年前成为 IBM 总经理的时候，在我的职业生涯里第一次。除了习以为常而又客观的收入目标责任外，我还要承担业绩规划责任，负责测量、支出和利润目标。

在回顾我的薪酬计划时，我向老板建议，制定与支出目标相关的薪酬似乎与制定收入目标相关的薪酬不成比例——这两者貌似是一个巨大的倍数关系。我的老板向我展示了组织的损益表，并解释道："基于我们的商业模式，1 美元的销售额对应 20 美分的利润。由于支出流的减少直接到了底线，减少 1 美元的支出，相当于增加 5 美元的销售收入。这样，在我的运营预算范围内，稍微减少支出占销售收入的百分比，就相当于销售和安装了一个新的大型数据中心"。我很快明白了他的意思。

每家组织都有其独特的商业模式、内部度量和管理体系。所以，参与财务和会计部门的讨论非常重要，例如关于销售收入、成本（产品成本）、支出和利润的财务度量，因为它们与观察、度量和将收益转化成统一货币有关。还是前面引用过的例子，把 1 美元支出等同于 5 美元的收入，我们可以更新项目 A 和项目 B 的比较排名，如表 7.3 所示。

表 7.3　将收益转化成统一货币

项　　目	成　　本	收　　益	倍　率	相当于销售额	排　　名
项目 A	$500 000	$2 500 000	5	$12 500 000	1
项目 B	$500 000	$5 000 000	1	$5 000 000	2

业务驱动的项目组合管理

现在，对量化商业价值做了分析之后，投资哪个项目对组织更好呢？答案是项目 A。这也揭示了为什么财务高管对降低成本和开支如此热衷。管他们叫"算账的"，也许不太招人喜欢，但是财务高管认识到的是，降本增效对组织特别是利润率不高的组织有着非常巨大的影响。

想象一家利润率为 5%的公司，对于每 1 美元的收益，都需要 20 美元的销售额。这样，对于财务总监来说，降本增效的项目机会的价值远比产生额外销售额的项目机会的价值大。反之，有着丰厚利润的组织可能需要为量化商业价值建模，找到收益对应销售额的放大倍数来反映统一货币，从而准确为组合项目排序。

小结

量化商业价值对于 PPM 来说至关重要。然而，许多 IT 和 PPM 高管对试图衡量商业价值的行为嗤之以鼻，甚至不愿去尝试。量化商业价值很难吗？是的，但是它没有大多数人认为的那么难。和任何复杂的努力一样，首先了解所有参与和努力过的人的观点是有所裨益的。需要抛弃传统的技术项目管理度量方法：范围、时间和成本。聚焦在这些度量上几乎总是会唤起一种通过状态指标取得项目管理绩效成功的渴望，而不是想要确保项目商业价值和收益的实现——后者才是真正的成功。

项目管理专家提出，项目成功有两个维度。一个维度代表项目被管理得有多成功，这是表示项目管理成功的形式。另一个维度则代表项目产出的成功，是指产品的成功。这种思维方式在技术上是正确的，但是它的问题在于落入了二元论的窠臼。首先，它自然地驱动了人们采取各种行动来取得项目管理成功；然而这可能会对项目产品的成功造成负面影响，或者因此忽略项目产品的成功。其次，一个项目的产品可能是彻底失败的，然而项目本身作为项目管理活动而言，却可能仍然是成功的，这就导致了那种"病人死了，但是手术是成功的"的心态。这种心态几乎没有好处，它会导致许多不利和糟糕的商业行为模式和决策。即使在技术上或者理论上正确，大多数组织也都根本不应该容忍这种心态。

量化商业价值作为一种度量，不是用一个数学公式产出一个数值——那是计算，不是度量。量化商业价值是观察、度量和转化。在流程中的第一步是认识度量是什么，以及克服那些一开始就阻止人们尝试去做的初始障碍。一旦开始了，量化商业价值就变成一种努力：理解什么是应该被观察的，决定观察对象的度量方法，以及最重要的一点——把观察到的收益度量转化成一种苹果对

第 7 章 PPM 风险之七：量化商业价值

苹果的统一货币。量化商业价值是把双刃剑。当我们处理得当时，量化商业价值有助于确保项目组合管理的有效性；当我们处理不当时，或者根本就不量化的时候，这种活动就成为威胁有效 PPM 和整个业务的重大风险。

问题

1. 什么是项目管理铁三角？
2. 应用传统项目管理的衡量标准，即范围、时间和成本，存在哪些劣势和潜在负面影响？
3. 即时交付的 PMO 模型的关注点和传统 PMO 模型的关注点有怎样的不同？
4. 项目成功有哪两个维度？
5. 哪个对组织更重要：增加项目吞吐量并更早实现产品收益，还是确保技术项目管理成功的度量标准，诸如范围、时间和成本被满足？
6. 度量和计算之间的区别是什么？
7. 工时减少所带来的收益如何以美元价值来度量？
8. 人员减少所带来的收益如何以美元价值来度量？
9. 出错减少所带来的收益如何以美元价值来度量？
10. 美元的数字，比如销售收入和支出，以怎样的方式存在差别，并且它们如何以统一货币来度量？

原文参考文献

Aidane, Samad. 2010. "Is Project Success a Superior Value." http://pmstudent.com/.

Clemente, Kurt. 2009. "Triple Constraints Model." http://projectmanagement blog.globalknowledge.com.

DeMarco, Tom, and Timothy Lister. 1999. *Peopleware—Productive Projects and Teams*. New York, NY: Dorset House Publishing Company, Inc.

Duncan, William. 2004. "Defining and Measuring Project Success." http:// www.pmpartners.com.

Duncan, William. 2010. "Is Project Success a Superior Value." http://pm student.com/.

Garrett, Dave. 2008 "Is the Triple Constraint the WRONG way to Define Success." http://www.gantthead.com.

Hubbard, Douglas. 2007. "Everything is Measurable." http://www.cio.com.

Kendall, Gerald, and Steve Rollins. 2003. *Advanced Project Portfolio Management and the PMO: Multiplying ROI at Warp Speed.* Boca Raton, FL: J. Ross Publishing and International Institute for Learning.

Levine, Ginger, and Parviz Rad. 2006. "Successful Motivation Technique for Virtual Teams." http://allpm.com.

Pettit, Ross. 2008. "Management-Driven Metrics Versus Metric-Driven Management." http://www.agilejournal.com.

Shenar, Aaron, and Dov Dvir. 2007. *Reinventing Project Management.* Boston, MA: Harvard Business School Press.

Smith, Jeffry. 2010. "Five Ways to Measure Six Sigma Financial Benefits." http://www.isixsigma.com.

第 7 章　PPM 风险之七：量化商业价值

案例展示 #7：英国 Outperform 有限公司

项目筛选

麦克·沃德，运营总监，英国 Outperform 有限公司

无论你身处哪个行业，也无论你是私营公司、国有公司，还是非营利性公司，你所投资的东西都应该能够对实现与组织战略一致的实际利益产生一定影响。然而，诸如项目排序之类的技术，并不总能为赞助者带来正确的答案，他们难免会有"我的项目是最重要的"的心态，特别是当他们喜爱的项目最终没被排上的时候。于是组织需要一种更客观的方法来评估优先级。

因此，审视诸如交付成果、预期收益、所需资源、设想风险或者某些其他基于关键项目或项目集的数据组合，或许能帮助你做出更加客观的项目投资决策。决策而不是靠打感情牌："你不能停止这个项目，它是必须做的！"要做到这一点，你必须首先理解业务目标及相关度量。关于这个话题，辛哈及其他人提供了一个有用的背景阅读资料。这种方法的好处如下：

◆ 显示你的投资收益是否正在对企业战略产生影响；
◆ 在组合办公室、战略办公室和企业之间建立了明确的连接；
◆ 更清楚地理解什么因素能够最大化投资回报率；
◆ 确定应用了正确等级的保障。

在困难时期，人们容易把焦点放在降低成本上，因为生存驱动着战略制定。但是我们怎么知道到底该砍多少成本呢？答案竟然和新项目的优先级排序和委托执行惊人地相似。项目筛选（这个词是英国 Outperform 有限公司在 UAE 的 PPM 大会上自创的，当时恰逢迪拜经济崩溃不久）要求有一个结构化的方法，就每个项目对战略目标的贡献进行估值，并且评估一旦项目暂停、推迟、减缓或者加速，会产生多大影响。这就是 PPM 的范畴。

● 项目在哪些方面符合业务需要？

我曾经被邀请去分析来自不同机构和行业（本地政府、教育、核工业、能源和交通）的众多项目组合，每次都好奇赞助人是否真的知道商业目标是什么，他们想要取得什么目标。经常会有人给我一份项目清单，这些项目只是用一些简单的度量标准来管理，那就是它们是否被准时、按预算地交付。偶尔会有人把这些参数显示为挣值，但是当我听到该项目在每个财务年度的开始都会

· 163 ·

被重新启动时，我对这个度量就彻底没有信心了。

在做投资组合分析时，组合经理们应该问三个关键问题：

① 项目是什么，想要实现业务目标，它们应该具有怎样的特征？

② 衡量项目成功与否的项目目标是什么？

③ 如何监控每个项目的进度？

在找出这些问题的答案之前，我们需要了解企业试图赢得什么。在我们的经验中，项目可以存在于企业的以下两个部分之一：

① 经营业务——诸如资产更新，开发一款可销售的新产品，改善订单流程及其他运营、改善的项目，都落在这个类别当中。

② 变革业务——诸如英国一个地方议会正在被要求做的：在不损失核心交付人员的基础上砍掉25%的预算，保障经营绩效，且不让士气受打击。

理解项目对企业哪部分做出贡献是非常重要的，因为相应的目标和度量会非常不同。但是这里要注意的是，一些组织可能把项目组合直接分割成两部分，而其他一些组织则可能把"经营业务"项目全部排除在外。你能够找到目标和度量的地方就是商业计划——你应该寻找五个战略目标，并给每个战略目标分配若干度量——在未来三年的大多数商业领域里，这大体就已经足够了。

在深入探讨度量之前，我想再稍微聊聊之前的话题。在前文，佩里先生用了三个例子来描述商业价值的各方面及采用的度量方法（港湾船只的减少，喧嚣程度的降低，以及排队出租车的数量的增多），它们听上去都是度量，有趣的是，没有一个度量是关于项目或者业务绩效的，但是所有的度量都在某种程度上指向运营绩效。所以，我们所谓的度量是否存在着让人困惑的地方？从现在起，我将使用下面的术语：

- 目标——组织或企业的目的；
- 度量——商业目标的量化（有时叫作指标）；
- 贡献——某个特定项目试图达成的商业目标的一部分；
- 关键绩效指标——显示业务运行情况，即企业的运营绩效（比如佩里引用的例子）；
- 指标——显示项目做得如何的信息（比如 RAG 状态、当前所花费成本、完工日期估计、挣值等其他信息）。

我们拥有哪些项目？

在给项目组合定义特征时，简单地说，就是在项目清单里利用可用数据给项目贴标签时，事先理解你所拥有的是什么类型的项目，什么项目是最有帮助的。我非常热衷于给项目贴多个标签，而且我发现此时电子表格特别没有起到帮助。

第 7 章　PPM 风险之七：量化商业价值

最有用的标签形式是一个基于多个维度的打分系统。我采用的首要维度是每个项目对组织目标带来的贡献度。表 7.4 是一个示例，其中 1 代表较小贡献，而 9 代表重大贡献。四个类别分别是：①财务可持续性（Ⅰ）；②客户服务的灵活性和快速响应能力（Ⅱ）；③效率的节省（Ⅲ）；④高绩效的团队和个人（Ⅳ）。

表 7.4　项目标签

项目	Ⅰ	Ⅱ	Ⅲ	Ⅳ	校准得分
项目 1	3	—	—	—	3
项目 2	—	5	5	3	13
项目 3	3	5	9	5	22
项目 4	5	1	3	9	18
项目 5	9	—	—	—	9
项目 6	1	5	5	1	12
项目 7	—	—	3	3	13
项目 8	7	3	—	—	10
项目 9	—	—	3	—	3
项目 10	5	—	1	—	6
项目 11	—	1	1	—	2
项目 12	7	5	3	3	18
项目 13	—	—	7	—	7
项目 14	—	9	—	—	9
项目 15	—	—	7	—	7
得分	47	34	47	24	—

打分系统能够使我看到：①是否所有目标都被兼顾——在这个例子当中，组合经理应该对最后一个目标存在顾虑，它未被充分重视；②是否有太多项目拥有同样的目标。项目 1、5、9、13 和 15 也需要被检视，看看是否它们真的需要，或者是否可以和其他项目合并。我们现在可以把校准得分带到下一阶段的分析中去。

组成打分系统的次级维度得由客户来自定义，只不过这里的例子是最近我所用的一套定义：

- ◆ 目标校准得分（见上文）；
- ◆ 交付风险；
- ◆ 收益风险；
- ◆ 投资成本；
- ◆ 剩余成本；
- ◆ 业务资源。

业务驱动的项目组合管理

对于每个项目，我现在都使用客户的评估方法，来量化上述后 5 个方面。一旦完成量化，我就能分析组合并且在新项目被提议时给出情境投资组合。

分析最好用图形的形式来进行。针对这个例子，在图 7.4 里，我画出了项目剩余成本与价值的比值（校准得分）。这只是我用来检查项目，以便判断它是否符合业务概况的一种方法。在一家公司里，我们曾展示了交付风险与价值得分的比值，识别到有个最大风险/最高价值的项目却由一位初级项目经理负责交付。

项目	I	II	III	IV	校准得分
项目 1	3	—	—	—	3
项目 2	—	5	5	3	13
项目 3	3	5	9	5	22
项目 4	5	1	3	9	18
项目 5	9	—	—	—	9
项目 6	1	5	5	1	12
项目 7	7	—	3	3	13
项目 8	7	3	—	—	10
项目 9	—	—	3	—	3
项目 10	5	—	1	—	6
项目 11	—	1	1	—	2
项目 12	7	5	3	3	18
项目 13	—	—	7	—	7
项目 14	—	9	—	—	9
项目 15	—	—	7	—	7
得分	47	34	47	24	

图 7.4 未来投资评估图

由此就可以抓取并分析出组合的粗略概貌。我一般期望与总监就上面识别到的项目进行讨论，看看建议的决策是否正确和可否被接受。使用这种方法可以很容易地进行观察，因此能缩短决策时间——一个大型咨询机构留意到，他们在马德里办公室所交付的是全世界最好的结果；而一家保险公司的董事会在一场高管级别汇报之后，只花五分钟就把一个高优先级项目放弃了。

当我们提供投资决策支持服务时，我们会进行上述的类型分析（我们通俗地称之为项目筛选，因为这种方法可以用于从投资组合中剔除项目）。

◐ 衡量成功

产出一个针对目标的粗略得分已经很不错了。不过，我们在项目执行过程中和项目结束之后需要做的是，跟踪我们所理解的收益能否在既定的时间框架内实现——这些收益就是之前我提及的贡献。假设 A 公司希望在 3 年内减少其运营花销的 25%，表 7.5 展示了该组合可能的样子。

表 7.5　收益实现得分

	定　义	2010 年	2011 年	2012 年	2013 年	2014 年
目标	要求的是什么	5	10	15	20	25
计划	我们计划做什么	5	9	15	15	25
预测	我们认为我们能做什么	3	9	13	15	20
实际	我们完成了什么	3	4	—	—	—

为了达到这一目标计划，需要进行两项改善计划，如表 7.6 所示。请注意，两个单独项目当中的计划、预测及实际的加总组成了完整的结果显示；也就是说，这两个项目正在为整个目标做出贡献。同时，还要注意到总体规划结果与目标不同。

表 7.6　改善项目计划要取得的目标

项目 1	2010 年	2011 年	2012 年	2013 年	2014 年	项目 2	2010 年	2011 年	2012 年	2013 年	2014 年
目标	5	10	15	0	0	目标	0	0	0	20	25
计划	5	9	11	0	0	计划	0	0	2	15	25
预测	3	9	11	0	0	预测	0	0	2	15	20
实际	3	4	—	—	—	实际	0	0	—	—	—

没有此类信息，对比时就缺乏项目贡献的量化评估。过去我们曾说："只要项目按时按预算交付，它就是成功的。"这根本经不起推敲，而且这样过于依赖原始的商业论证分析。我们需要的是每个项目定期更新的收益产出，以及与战略指标的对比，以便让我们能够判断项目是否仍然对战略有预期的影响。投资组合办公室应该独立地负责跟踪这些度量的变化。

同样值得注意的是，关键绩效指标是监测进展情况的极好方式——平衡计分卡的使用、客户满意度指标、响应时间，以及所有能用来监测趋势的数据，都是组织可以采用的分析工具，能很好地支持我之前定义的度量数据。

● **监控进度**

那么项目进度度量又是怎样的呢？只有时间、成本和质量的日子已经成为过去，而范围、风险和收益都会被加入进来。从投资组合的角度来看，我们显然需要关于时间和成本的早期指标，来展示项目是超前还是滞后于它应有的进度，但是我们真正想知道的是计划的变更是如何影响整体收益情况的。下次当你从你的项目经理那里得到一份成本标有红旗的进度报告时，让他更新商业论证分析，看看你能得到什么反馈。商业论证应当实时更新，它的组成部分构成了投资组合的成本、资源、风险，以及我们在早期阶段所评估的对战略的贡献。

关于工具，这里我想补充一条小贴士。我见到过也用过许多项目管理工具，它们都聚焦在项目指标（时间、成本和质量）上。有一些供应商的业务现在正往项目组合的领域转移，但是，需要留意的是，许多工具也只是收集多个项目的数据——不幸的是，用来体现针对战略目标的贡献和度量，以及所需要的度量和跟踪系统，并不是单单来自项目信息的收集。

总结

总的来说，我想强调三件事，如下。

第一，项目组合必须针对运营业务和变革业务所服务的组织战略目标。

第二，项目组合的商业价值，是关于陈述组合里的项目能给组织带来什么样的收益，以及它们何时实现。

第三，项目的进度度量和 KPI 数值显示项目健康，未必意味着你的业务就是赚钱的。

在这个案例中，我没有讨论风险。我已经假定读者会愿意探讨交付风险（按时、按预算、按范围的失败）和收益风险（未能向组织交付宣称的贡献）的概念。在组合管理里，我对后者非常感兴趣，并且会另择时间来进一步讨论。

原文参考文献

Jenner, Stephen. 2009. "Realising Benefits from Government ICT Investment—a Fool's Errand?" API. OGC. 2009. "Managing Successful Projects with PRINCE2™." TSO.

Shenhar, Aaron, Dragan Milosevic, Dov Dvir, and Hans Thamhain. 2007. "Linking Project Management to Business Strategy." PMI.

第 8 章
PPM 风险之八：
确保数据的完整性

许多 PPM 专家认为，PPM 其实就是关于数据的完整性。有些人甚至认为是否能够实现 PPM 完全取决于数据的完整性，无论组织产生出什么形式的数据，PPM 数据都只不过是路边的旁观者。就像图 8.1 所揭示的，组织实施 PPM 时将会直面各种数据完整性的挑战，这里包含有因为没有足够的流程和工具而造成的相互争吵，也包含有习惯甚至擅长应用系统的人造成的组织危机。对于任何希望采用业务管理系统的领导团队来说，确保数据完整性是至关重要的，PPM 也不例外。如果能兼顾三方面的管理，即理解数据完整性、产出数据完整性及改善数据完整性，将有助于组织更好地启动 PPM，公平合作，并确保 PPM 数据处于一个可接受的水平上。

图 8.1　PPM 漫画——确保数据完整性

理解数据完整性

什么是数据完整性，它为什么重要？数据和完整性，大多数人能从直觉上对这两个组合起来的词有准确的理解。至于数据完整性的技术定义，可以很容易地在互联网上搜索到下面的内容。
- ◆ 维基百科（2010，p.1）——"数据完整性指数据有其全面的或完整的结构。数据的所有特征，包括商业规则，数据之间如何关联的规则、日期、定义，以及联结必须正确。"
- ◆ 美国健康信息管理协会（2010，p.1）——"一种使信息在从被发送者发出，到被接收者收到的时期内没有发生改变的保障机制。"
- ◆ 弗吉尼亚理工大学认证机构（2008，p.1）——"一种使数据从创建到接收期间没有变化的保障机制。"
- ◆ 微软（2005，p.74）——"一种对信息在传输过程中未发生改变的验证。"

所有这些定义，都对数据完整性从技术角度进行了很好的说明。正如图 8.2 所示，从技术方面看待数据完整性，首先需要对数据本身有一个准确而完整的定义，并且要保障数据从创建到接收期间不会以任何方式变化、丢失或者更改。假如数据是完整而全面的，而且如果数据从创建到接收期间保持不变，那么数据就具备完整性。因此，这是从技术方面看待数据完整性。

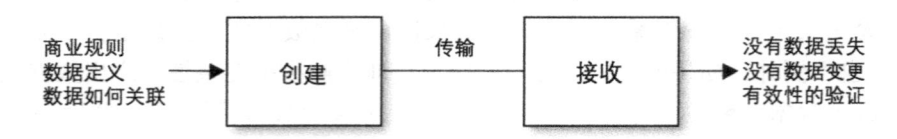

图 8.2 数据完整性的技术视角

另一个需要考虑的因素是诚信。在最基本的水平上，数据完整性完全取决于可信度。有四个考量因素决定了哪些数据在多大程度上可以被信任，从而让企业用来做复杂的战略决策。如图 8.3 所示，这四个考量是：①及时性；②准确性；③可信度；④数据传送者的意图。

大多数人明白及时性对数据完整性的重要性。一个六个月之前的某个项目机会的商业论证，很可能没有同一个项目当前准备的商业论证准确和有用。同样，一个早期的项目组合，用过时的 PPM 选择标准来评估，很可能比一个用当前改版后的 PPM 选择标准来评估，评估结果更偏离其价值。商业的复杂性不是静态的，及时性对于数据的价值和可用性非常关键。更何况，过时的数据在做艰难的商业决策时并没有多大帮助。

数据完整性在诚信方面的下一个考量是准确性。并不是所有的数据都是准确的。例如，类似成本、任务周期、资源、风险及项目收益的成果，可能千差万别。令人惊讶的是，不是特别准确的数据常常与好数据混在一起，并被视为真理。这种情况经常发生。一个高管在去计划会议的路上，顺路去了 IT 部门，请求他们针对实施的新系统，提供对所需新技能的高层级的、比较靠谱的最佳估算，而这仅仅是为了以防有与会者问起。IT 部门的被访成员不太愿意在没有妥善分析之前给出答复。但是，因为这个高管紧紧盯着成本和时间，IT 部门的成员只好回答："成本是 15 万美元，时间是 6 个月，但是别因此卡我脖子。"在不久以后的会议上，这个话题被提出，路上那一个拍脑袋的猜测由此变成 IT 部门下一个规划周期预算中的一个项目了。

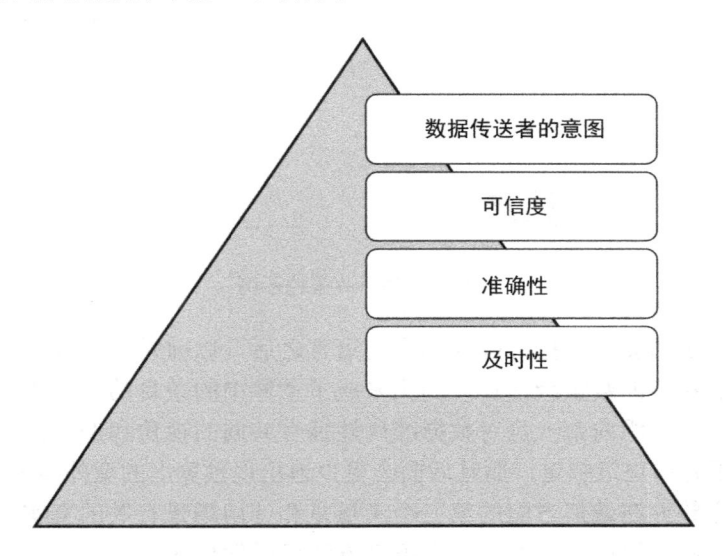

图 8.3 数据完整性的信任视角

（金字塔从上到下：数据传送者的意图 / 可信度 / 准确性 / 及时性）

估算和估算准确性对于有效的 PPM 非常关键。不准确的估算经常会在组合管理层面上导致糟糕的项目选择。不准确的估算还会引发错觉，好的项目偏离了轨道，而糟糕的项目进展顺利。为了确保人们从提供的数据当中得到准确的结论，有必要解释清楚估算结果怎么得到的，它的发生概率，以及它的精确范围。三种通常被接受的估算方法如下。

（1）数量级估算——这是由专家判断得出的典型的自上而下的估算。

（2）预算估算——这种属于宽幅估算，比数量级估算有更少的变动。预算估算是在规划阶段进行的，就是基于之前数量级估算重新做估算。

（3）确定性估算——确定性估算是最准确的估算形式。一旦进行了实质性规划，或随着项目执行的开始和预算估计数的进一步确定，这种类型的估计数就能得到验证。

虽然大多数项目管理专业人士对这三种不同类型的估算方法很熟悉，其他参与项目组合讨论和制定决策的人却未必在意这些分类或体会得出它们的细微差别。如图 8.4 所示，通过这种估算政策，能有效地帮助创建用于探讨和使用估算方法的通用指南，这样所有参与者都能对数据准确性有一个共同的认识，并且能够参与到决策制定的过程中来。

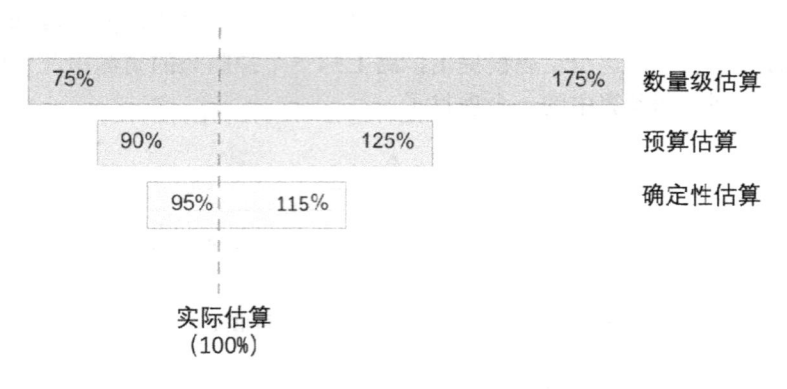

```
75% ─────────────── 175%    数量级估算
    90% ──────── 125%       预算估算
       95%─115%             确定性估算

         实际估算
         (100%)
```

图 8.4　估算政策的示例

有了关于估算和数据准确性的通用语言之后，以前常常出现的情况，即早期讨论过的粗略的数量级估算，到头来成了预算中的条目的情况将会减少。同样重要的是，组织内部一旦对数据准确性拥有共同的视角和期待，将促进更好的讨论、更好的决策制定，而且后面会更少地出现预算上的意外情况。

数据完整性在诚信方面的第三个考量是和使用场景有关的真实性——可信度。很多时候数据被断章取义。有很多方法可以做到这一点，其中之一就是通过建立不准确的相关性。例如，我们不难发现，海滩上卖的冰激凌越多，溺水的人就越多。于是，海滩上的冰激凌销售就被禁止了。这显然很可笑，但是从统计的角度确实可以展示两者之间的关联。通过跟踪海滩上的冰激凌销量和海滩边溺水的人数，制作漂亮的点阵图，图表无疑会显示，随着海滩上冰激凌销量的上升，溺水的人数也在上升。

这种建立因素之间错误的关联被称作假因果关系，而且一直有人在使用这种伎俩。当两个因素（A 和 B）有关联时，存在 5 个可能性：

① A 导致了 B；
② B 导致了 A；
③ A 和 B 在一定程度上互为诱因；
④ 观察到的相关性仅仅是出于偶然性；
⑤ A 和 B 都由第三个因素 C 引起。

在冰激凌和溺水人数的例子中，两个因素都与第三个因素有关——去海滩的人数，而这第三个因素——去海滩的人数，驱动着另外两个因素，并且随着

第 8 章　PPM 风险之八：确保数据的完整性

去海滩的人数的上升或下降，其他两个因素也呈现相似的趋势。

在 PPM 情境里，那些急于推销自己的提案或劝阻其他竞争对手的人，往往会引用研究、发现和报告。你有多少回听到有人声称研究显示 X 导致了 Y？实施自动销售服务的公司比没有实施自动销售服务的公司取得了更高的客户满意度。实施安全、自动的解决方案的公司比没有实施安全、自动解决方案的公司赢得了更短的销售周期。实施 ERP 的公司比没有实施 ERP 的公司拥有更低运营成本。你可以替换成你自己的 X 和 Y。有时这样的研究和数据是精准的，引用是真实的，但是很多时候并不是，而仅仅是一种达到某种目的的手段。

假因果关系不仅导致了在其使用场景中缺乏数据真实性，还导致其他后果，例如那些问题颇多的调研。这些问题通过玩弄文字游戏来诱导一个期望的回答，为了确保预期的结果而制造带有偏见的样本，操纵或忽视不利的数据，以及过于笼统地推断事实，而实际上这样的结论并不存在。这只是诸多让数据不真实、脱离实际的"症状"之一。无所顾忌的人一直在使用这些伎俩，所以那些有顾虑的人就需要注意这些伎俩，以避免被误导。

从诚信方面看待数据完整性的第四个考量是数据传达者的意图，这和数据传达者的思想境界有关。我们都听说过塞缪尔·克莱门斯，也就是马克·吐温的名言："数据不撒谎；说谎者会算计（Figures don't lie; liars figure）。"这就是最后一个因素所考虑的说谎者。这些人不择手段地故意误用和误读数据。大多数人会倾向于往自己喜欢的方向描述数据，这是很自然的。然而，有些人通过有选择地使用错误的假设、推断及失真的图标来完全扭曲它。即使拥有了比以前更快、更便捷地获取、分析、操纵和传递数据的能力，组织也必须始终保持警惕，提供客观信息，以确保公平地使用信息，并预见它被误用的潜在可能性。

数据完整性要求我们从技术和诚信两个方面来理解。数据的技术方面是比较简单、直接的——数据是完整的、正确的，并且不会在传输过程中改变。数据的诚信方面则有一点复杂，它以数据必须及时、准确才能真正使用为前提。这只是一种愿望。数据完整性的诚信方面让我们认识到，要想产生价值，数据根本的真实性和被用来呈现时的意图必须公平，并且出于善意。当诚信方面的四个考量被满足，那么数据就是可信的。如果四个中的任何一个考量不能被充分地满足或让人存有怀疑，产出的数据就很可能不适合使用。

产出数据完整性

大多数关于确保或产出数据完整性的讨论，都是围绕如何利用诸如委托控制、约束和触发这样的系统功能来保护数据库不被随意插入、删除，以及数据基础更新。委托控制可以确保当一个应用重启时，数据库没有因前续应用失效产生的不完整交易而导致局部更新。约束本质上是对数据价值变更的一种治理方法。触发则是调用或触发事件，例如特定表格更新的自动化动作。虽然许多组织一开始是从使用 Excel 电子表格自然而然演变到实施 PPM 系统的，但是数据完整性的改善是立竿见影的。当然，这只是数据完整性的技术方面。要想超越数据完整性的技术层面，从而在诚信方面也能确保数据完整性，有三件事是必须做的——意义、人员和流程。

为什么不是人员、流程和工具呢？多年来，我一直在写作、演讲，并坚定地提倡这样一个前提，即没有哪三个词比人员、流程和工具这三个词更能导致执行困难和项目管理的彻底失败了。现在我仍然坚信，并且比以前更加坚定，因为我在那么多的组织里亲眼见证了这样的情境，即组织着手建立 PMO 或开始 PPM 时，在没有经过事先讨论、取得共识，并转化成 PMO 要达成的愿景、使命、目标和目的，即没有明确 PMO 存在的意义前，就带着下意识的冲动去制定一个关于人员、流程和工具的策略，这完全就是对项目管理方法论的盲目采纳。毋庸置疑，这些要素（人员、流程和工具）都是有用的。它们是手段还是目的，就 PMO 存在的意义而言无须辩论，但是从过去的记录可以看出来，还是需要辩论清楚。有了上述说明，现在让我们来谈谈作为稍有不同的模型和方法，意义、人员和流程对产出数据完整性的重大意义。

如图 8.5 所示，对于想要成功实施 PPM 并取得高度数据完整性的企业来说，力求意义、人员和流程这三个维度的统一是很有必要的，这样才能让组织所有层级能有效地合作。

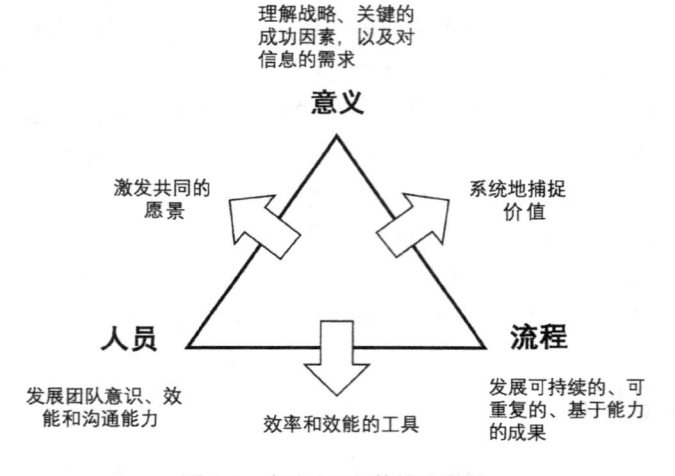

图 8.5 产出 PPM 数据完整性

第 8 章　PPM 风险之八：确保数据的完整性

当每个人都清楚知道 PPM 的意义，同时这个意义需要和业务息息相关的时候，所有需要参与进来的人就会更积极地参与，并做出为企业成功尽最大努力的承诺。结果就是产生对战略、关键的成功因素和信息的需求的理解，以及一种对有效参与和贡献的心甘情愿。当人们在共同愿景的激励之下被赋能时，他们就会走到一起，为了效能和相互的沟通发展出他们自己的团队意识和自驱模式。当人们定义、理解了流程，并能遵循流程，组织能力就随之得到提高，而且以可以预见的方式持续产生更好的成果。反过来，这又导致组织有能力系统地获取价值，并实现基于人员和流程的工具和技术聚焦，以实现更高水平的效能。

关注意义、人员和流程不是一种全新的思考方法。詹姆斯·沃梅克（2006，p.2）——管理专家和精益企业研究院的创始人，建议组织应当将他们的意义、流程和人员作为一种更简单的公式来进行检视，以此来评估他们的精益求精的工作。相似地，舒尔茨、安东尼和凯芭（2005，p.133）在他们的 *Corporate Branding* 一书中也强调，要把意义、人员和流程的核心课题作为企业试图成功创造和管理品牌的关键要素。马特·林德曼也评价过意义、人员和流程，他警告公司，要反对那种制造自信和安全假象的方式，比如把规范、文档和流程当作拐杖一样过度依赖和使用。林德曼（2006，p.1）建议道："如果你信任人员、流程和意义，你就不需要这些规范、文档和许诺等无用的信任建立工具，它们只是让你感觉良好而已。"这些专家和许多其他人所认识到的是，在任何关于人员和流程的讨论当中，意义是非常必要的，总体上这三个维度互相关联，并共同为创建一个高绩效和高度统一的环境服务。

只要其中一个维度没有到位，想取得任何形式的 PPM 数据完整性是几乎不可能的。如果 PPM 的意义没有被所有参与者很好地理解，就可能会产生很多的问题。发起人可能没有意识到需要对项目效益、成本、风险等最终产品做出完整、准确和切合实际的评估，这不仅是为了选择他们的项目，也是为了优化组织的项目组合。如果 PPM 所需的人员没有到位，或没有被激励，或没有被赋能，顶层高管可能就不会认为有必要参与到过程里来，从而将其降级为在战略一致性上具有建设性的一个可选项而已。在 PPM 流程之外进行太多的会议、讨论和决策，都将影响组织产出数据的完整性。如果项目管理和组合管理所需的流程没有建立，或没有被遵循和持续改善，组织的效能将倒退到更低的成熟度水平，PPM 数据完整性也一样会降级。"一言以蔽之"，想在数据完整性的技术方面继续有所超越，把意义、人员和流程视为 PPM 的关键维度是非常重要的，它们是创建数据完整性诚信方面的必备要素。

业务驱动的项目组合管理

改善数据完整性

对于大多数组织来说，只有对持续改善做出真诚的承诺，改善数据完整性的目标才有可能达成。在 PPM 的变速箱里有着太多的活动组件，任何形式的一次性快速修复都无法经得起时间的考验。有句名言，值得任何致力于改善组织的 PPM 组织铭记在心，W·爱德华·戴明说："95%的问题来自流程，只有 5%的问题来自人。""戴明从没在这里工作！"这句话则是一名饱受挫折的著名 PMO 经理谈及组织级项目管理成熟度时讲的。这位 PMO 经理的意思是，虽然戴明认为问题的最大来源是某种流程缺陷，但是人也是很重要的，想要影响、管理和控制人们做什么、不做什么是相当困难的。

通过改善流程，我们内在地改善了流程所产生的数据。致力于改善 PPM 流程的人们经常引用的一个挑战就是，识别和完善本来就做得不错的事情好像一直比较容易，而识别和完善不擅长的事情反倒难得多。例如，一旦所有必要的 PPM 数据加入系统中，约束和风险已被理解，高层团队讨论也召开了，那么在这样一个完美的环境里选择项目组合组件看上去还是容易的。但是让我们离开完美环境，考虑一下许多正在实施 PPM 的组织所面临的挑战，诸如 PPM 组件有着不同层级的发起人、不同程度的项目定义、不同数量的战略协同分析、对业务流程变更有着不同级别关注度，以及不同范围的估算准确性，等等。所有这些"不同"影响着整体数据的完备性及组织制定最佳可能决策的能力。那么我们是否因为估算包含不确定性，而聚焦在改善风险管理，或者聚焦在需求管理上，来减少一开始面临的不确定性呢？我们是否要聚焦在范围管理和进度计划技术上来优化关键路径、减少成本并利用时机的优势呢？考虑到时间和成本的不同估算，我们是否要把注意力转向收益估算和战略协同，将其作为选择正确项目的方式呢？还有，我们是要一次聚焦众多领域中的某一个，还是同时聚焦这些领域呢？很少有组织存在这么一个人，能够回答所有这些问题。

尽管许多人倾向于认为，持续改善就是一系列连续的承诺和努力，吸取那些可能会在项目收尾阶段被记录和存档的经验教训，将这种思维方法放在 PPM 上就过于简单化了。如果一个项目组合的组件失败了，或者即将面临失败，到底应当如何确定根本原因，以确保问题正在被解决，而不是头痛医头、脚痛医脚呢？让我们进入 PPM 成熟度模型，和专业咨询人士一起来评估吧。

PPM 成熟度模型有许多不同的类型。除了像 PMI 那样的标准组织给我们带来的 OPM3®模型，以及英国 OGC 带来的 P3M3 模型以外，还有许多来自市场调研公司的 PPM 成熟度模型，这些公司像 Gartner 集团等主要的 PPM 供应商，以及 PPM 顾问和服务供应商，多得数不过来。说起选择 PPM 成熟度模型和经验丰富的咨询顾问，并不会因为你选择其中一个而带来什么不利，每个模型以及顾问公司都有自己独特的价值主张值得考虑。然而一次又一次，组织未经深思熟虑，放着这些外部专家不去利用，而是选择在内部找人来做这项工作。无论是被高级项目经理领导还是被高层团队成员领导，这往往只是表面上提高了 PPM 成熟度水平，而实际上并没有取得多少进展。

评估和改进 PPM 成熟度需要相当多的技能，也涉及大量的工作。哪怕只是在一个高层级上开展一个有效评估，也会涉及个人和团队面谈、广泛参与和调研输入、工件收集和评估，以及标杆对照以便建立标准。所以，千万不要对有效完成这件事所用到的技能和技术想当然，而是应当理解其中真正的价值和挑战，以及只有开始评估后才有的种种烦琐的事情。这涉及基于收集和分析的信息设置组织的评估级别，决定聚焦的关键领域内特定的成熟度目标，开发一套可行的改善建议组合工具，实现投资回报率最大化和干扰最小化，从而引领整个组织发生变革。如果组织期望的改善意义重大，那么雇佣一位经验丰富的外部专家也是值得的，毕竟他曾经帮助过相似的组织，也能担任内部资源或内部团队的培训师和导师，从而提升组织成熟度。

PPM 成熟度的结构化评估带来的收益将横跨很多领域，诸如确保组织的承诺、设置高管层的战略方向、识别和排序改善机会、管理组织和文化变革，以及度量成果。评估需要隔段时间做一次，它是组织持续改善的系统驱动力。这就意味着，更高层次的 PPM 成熟度、能力的改进、更为一致和可预测的成果，以及更高级别的数据完整性，都是有可能实现的。

小结

在 PPM 环境中确保数据完整性，要求我们理解什么是数据完整性，即产出的数据完整性达到一定可接受程度，以及对改善数据完整性的承诺。要想理解 PPM 数据完整性从何而来，需要了解两个方面：一个是数据完整性的技术方面，另一个是诚信方面。通过实施并利用 PPM 应用软件，而不是通过电子表格管理项目组合，PPM 技术方面的数据完整性相对比较容易取得。此类 PPM 应用软件能确保数据是完整的、正确的，并且不会随着发送和接收而改变。关于 PPM 数据完整性的诚信方面，内涵就多得多。它不仅要求数据是实时而准确的，而且数据的使用就它的使用场景而言是真实的，就它的用途而言是公平的。遗憾的是，当组织在 PPM 数据完整性的诚信方面做出努力时，有必要留意这样的事实——确实有些人可能有不光彩的意图，有意对数据断章取义。所以，我们需要对许多实际上是让数据撒谎的伎俩保持警惕。诸如假因果关系、偏狭的调研问题、不一致或凌乱的数据、过于笼统的归纳，以及虚假的图形展现技术，所有这些都是那些不择手段的行家里手惯用的伎俩。

理解哪些因素对数据完整性有贡献，对所有参与 PPM 项目并想取得高水平数据完整性的人来说有很大意义。人们应当信任来自 PPM 的信息，以便做出有效的 PPM 决策，并生成数据完整性的可信视图。把 PPM 焦点放在意义、人员和流程上，而不是人员、流程和工具上，这是至关重要的。只要其中任何一个要素不到位，就几乎不可能产生持久的 PPM 数据完整性。

最后，确保数据完整性，要求组织对改善数据完整性有持续的承诺，而且改善数据最可靠的办法就是改善流程。在 PPM 环境中，这不仅涉及把经验教训相关的文档和行动作为驱动持续改善的来源，而且涉及采用结构化方法来评估 PPM 成熟度，并制定出改善成熟度的合理计划和战略。在缺乏结构化方法的情况下，围绕 PPM 流程改善的机器将有着太多的活动组件，以流程、子流程和相互独立性的形式存在。这只会让组织治标不治本。这就是 PPM 成熟度模型和经验丰富的职业咨询顾问的价值所在。尽管我们通常会有一种倾向——亲自与内部工作人员一起投入到 PPM 成熟度评估工作中，但是鉴于这项工作的重要性，聘请经验丰富的外部顾问不失为谨慎的考虑。这不仅有助于以评估、分析、对标、目标设定、战略发展及变更管理为形式，快速开展 PPM 成熟度评估相关工作，还有助于培训、辅导和培养内部员工使用 PPM 成熟度模型的能力。

确保 PPM 数据完整性，同时还需要将它持续地当作优先级事项来对待。一方面，如果高层团队及所有参与其中的人没有意识到数据完整性的重要性，加上许多因素可能会发挥作用，最终导致数据完整性受损，PPM 便迅速沦为一个有始无终的项目。另一方面，如果组织持续地努力来确保人们理解数据完整性的重要性，并改善那些产出 PPM 优质数据的核心流程，那么就有可能在 PPM 投资上收获重要的价值和巨大的回报。

问题

1. 高层团队在启动 PPM 之时的三个管理考量是什么？如何使得三方彼此作用，以确保 PPM 数据完整性处在可接受的水平？
2. 数据完整性的技术方面是指什么？
3. 构成数据完整性的诚信方面的四个考量是什么？
4. 什么是假因果关系？

5. 聚焦在意义、人员和流程之上将如何影响 PPM 的数据完整性？
6. 什么理由可以支持这样的说法，即没有什么比人员、流程和工具这三个词更能导致执行困难和 PMO 彻底失败？
7. 实施 PPM 的意义为什么那么重要？
8. 说出提供 PPM 成熟度模型的三个组织机构。
9. PPM 成熟度评估是如何进行的？
10. 在评估 PPM 之后，要开展什么工作和活动？

原文参考文献

American Health Information Management Association (AHIMA). 2009. "Electronic Signature, Attestation, and Authorship. Appendix D: Glossary of Terms." http://library.ahima.org.

Linderman, Matt. 2006. "Confidence in people, process, and purpose."http:// 37signals.com.

Microsoft. 2005. "Web Service Security." http://msdn.microsoft.com/practices.

Schultz, Majken, Yun Antorini, and Fabian Csaba. 2005. *Corporate Branding: Purpose/People/Process*, Copenhagen Business School Press. Copenhagen, Denmark.

Virginia Tech Certification Authority. 2008. "Glossary." http://www.pki.vt.edu/help/glossary.html.

Wikipedia. 2010. "Data Integrity." http://en.wikipedia.org/wiki/Data_integrity.

Womack, Jim. 2006. "Purpose, Process, People." http://www.ccat.us.

业务驱动的项目组合管理

案例展示 #8：惠普

PPM 的四个起点

布鲁斯·兰德尔，产品营销总监、项目和项目集、项目组合管理负责人，惠普软件和解决方案事业部

没有任何两家公司是相同的，没有任何两个组织是相同的，也没有任何两个 PMO 是相同的。但是如果目标是有效的 PPM，那么对于业务成功非常关键的流程要求就是相同的。传统的项目管理技术没有预期的那么有效。根据统计，70%的项目没有达到它们的目标，而且即使项目成功地执行了，很多时候它们也未必能交付适当的商业收益。

那么你会如何开始呢？你会优先解决什么问题呢？什么是风险和潜在回报呢？什么是你自己能做的，什么是你要寻求帮助的？本文将帮助你解答这些问题。关于导致项目失败及和期望不一致的根本原因，本文会向你提供新的洞见及可能的解决办法。本文描绘了从四个起点出发，通往优化的 PPM 的途径，并且提供了让你快速到达全新里程碑的分步骤建议。这些旨在帮助你从管理项目转变到管理项目集。

无论你的企业是什么形式和规模，也无论你的项目管理和组合管理的经验水平如何，在你现有运营不被打断或不增加员工心理负担的前提之下，你完全可以以你的节奏来改进实践的有效性。

● 问题严重的症状

尽管组织做了重大投资，训练有素、富有才华的项目经理，技术人员及技术供应商都付出了最大努力，项目仍然不断失败，未能达到原来的目标。例如，根据最近的报告，仅 30%的 IT 项目是成功的，有 20%~50%的项目是"很有挑战的"。同样这份报告显示，IT 项目有 66%的失败率及 82%的延迟交付率。分析师的研究表明，2%~15%的现有 IT 项目甚至没有在为企业战略服务。

失败的项目所导致的后果就是带给 PMO 巨大的压力。高管层希望在业务目标和投资（项目）之间保持更严格的一致性；项目成员则希望有更好的工具和流程来执行项目；项目经理希望有更多技术能给他们提供有关项目状态、资源使用等更有意义的洞见。

第8章　PPM 风险之八：确保数据的完整性

与此同时，预算约束不断地收紧，而高管们犹豫是否要把更多资源分配到表现不佳的内部组织里去。于是，PMO 发现自身陷入了恶性循环。没有两家公司是相同的，没有两个组织是相同的，也没有两个 PMO 是相同的。但是如果目标是有效的 PPM，关键业务流程要求就是相同的，PMO 必须要做到如下要求。

- 建立工作量估算——捕捉需求，评估和排序项目要求，选择并执行特定的项目。此外，项目管理流程和运营流程控制（就像根据 ITIL，PMBOK，PRINCE2，COBIT 所建立的工作框架，诸如此类）必须被应用。
- 将角色和工作量匹配——识别资源并应用它们。PMO 还要应用组织方面的变更流程诸如 RACI（负责的、全权委托的、被咨询的、知情的）模型。
- 识别和应用度量——实例包括 IT 或六西格玛领域的服务级别管理，还有整个组织可以使用的平衡计分卡。
- 取得合规性——PMO 必须帮助组织形成完整的、一致的和持续的法规符合性，比如《萨班斯—奥克斯利法案》[1]、HIPAA[2]、《金融服务法现代化法案》（GLBA）及欧盟数据保护指令。
- 提供财务透明度——获得计划的项目成本和实际的项目成本之间存在的预算偏差的早期指标，以便公司在潜在财务风险来临之前发出预警，并通过现金流分析增加 IT 投资决策和后续业务汇报的准确性。
- 确保项目成果——按照交付承诺，满足业务的关键要求。

● PPM 项目失败的根本原因

现在的组织普遍在与项目、事件、成本和资源管理的挑战做斗争。大多数这样的组织，拥有进度报告系统和项目进度工具，但是有了这些系统和工具，这些组织仍然是只见树木不见森林。

未能掌握大的全景图，是 PMO 面临的最大挑战。针对所有可投资的好想法，没有一个整合的视图，也就没有一个结构化的方法来确定组织内哪个项目值得投资。没有一个整合的规划、财务和资源数据把项目组合串起来，就没有办法来优化工作流及消除瓶颈。因为没有一个企业级的标准或方法论，所以也没有一致的方法来度量或监控成功。简单讲，就是不存在简便方法使项目活动

---

[1] 萨班斯—奥克斯利法案是美国立法机构根据安然有限公司、世界通信公司等财务欺诈事件导致公司破产而暴露出来的公司和证券监管问题所立的监管法规，简称《SOX法案》或《奥克斯利法案》。
[2] 全称 Health Insurance Portability and Accountability Act，是美国关于健康保险的携带和责任的法案。

与业务优先级在所有层级保持一致。

四个起点

对于大多数 PMO（以及这方面的组织）来说，需要更好的 PPM 流程是毋庸置疑的。这是一个关于如何在优化的道路上起步的问题。本节提供了一些关于如何从四个焦点领域或起点出发的实用建议。你的起点取决于你公司特定的业务问题，但是留意所有四个焦点领域可以把你带向真正的成功，这一点非常重要。

- 需求/想法的整合——对于许多组织而言，理解所有对组织提出的要求是确定工作量和优先次序，并明确各种备选方案的相对商业价值的关键第一步。
- 组合管理——如果你未能看到全景图，那么你就无法确定单一项目的商业价值。聚焦在组合管理促使你治理整个投资组合，并进行"苹果对苹果"的比较。
- 项目执行——准时、按预算交付复杂项目集和项目，对任何组织来说都是重大挑战。聚焦在项目执行上，使你能够看得到哪个项目在给定的时间内遇到麻烦，并决定如何让它重回正轨。
- 资源管理——对于一些组织来说，最首要的是具备分析和比较的技能、专业娴熟度、可用性，以及预计项目资源利用率的能力，在项目招募和初始阶段方案评估的时候，这些也是同样重要的。

设置你的优先级：成熟度地图

对于这四个起点，本节能帮助你明确应该从成熟度地图上的哪个位置出发，以便你合理地设定下一个里程碑。

总的来说，PPM 可以划分为五个成熟度阶段，如图 8.6 所示。

1 非正式的　2 定义的　3 管理的　4 度量的　5 优化的

图 8.6　成熟度地图

1. 非正式的——计划总是临时的。在 PPM 方面没有结构化的流程。项目从正门、后门或边门进来。预算是以"黑匣子"的方式制定出来的，不存在可见性，也没有真相的唯一来源。

2. 定义的——这个阶段涉及手动制订计划,但是评估是基于直接的计算。不管其商业价值是多少,顶层高管的心仪项目都会获得最高优先级。
3. 管理的——PPM 方案与自动化的流程都已经存在,用以支持客观的打分方案。使用单独记录系统,可以对计划和实际预算进行比较,也可以主动地管理项目和资源。
4. 度量的——这是一个 KPI 驱动的阶段,尤其是通过先期的"如果—怎样"分析、收益实现和对资产进行总拥有成本(Total Cost of Ownership,TCO)的计算,公司能够做到供需平衡。通过挣值分析,可以把项目基准可视化,从而提供更高的明确性。
5. 优化的——公司在这个阶段实施的是实时规划和完全的组合优化。关键业务相关方之间通过计分卡沟通。先进的技能管理驱动高效而经济的资源管理。整体投资组合规划利用了现在相当可观的知识基础(见表 8.1)。

表 8.1 需求整合—成熟度阶段

成熟度阶段	以下是否能描述你的组织?
非正式的	临时处理各种需求和想法。电话、投递箱、电子邮件是主要的沟通工具
定义的	手动的电子表格,其他手工工具跟踪项目。运营和战略项目是分开的,散落在许多不同的系统当中
管理的	运营和战略项目的真相集中统一在一个信息中心
度量的	报告为想法/需求、成本和资源提供了可见性
优化的	量化的度量和持续性的流程改进是潜移默化并且固定的

起点 1:需求/概念整合

需求整合的第一步是识别一个方案。这个方案能够集合并管理所有对业务提出的不同需求——运营项目、战略项目、想法、从正门进来(走流程的)的项目,以及从边门进来(诸如高管心仪的)的项目。这个方案给你提供了需要的信息,来决定哪个需求有最高业务优先级,并决定如何让你的人员和技术资源与之匹配。你还需要一个方案,允许你从微软的 Project、Excel、Word 及其他独立的项目数据来源把项目计划带进来,你需要建立一个能看到所有项目类型的整合视角。一旦所有需求被捕捉,需求就能基于你的最佳实践和与需求类型对应的业务规则被处理。我们把这个建模、自动化、度量和加强规则的过程称为管理过程的"数字化"。每个典型的项目,例如新产品导入、维护、升级或提供一个新的手机常规服务,都可以在你公司的最佳实践和规则的数字化基础之上展开评估、排序和进度安排。

随着引入数字化的流程,并梳理项目和资源数据流,你就拥有了信息和实时

业务驱动的项目组合管理

可见性，而这对于有效地管理项目状态、交付或服务合同，以及跟踪趋势很有必要。在整个生命周期内，跟踪一个被批准的项目成本能够为扎实的财务管理提供所需的信息。基于合规要求，你应当有可靠的审计线索信息，以高性价比的方式满足政府或行业法规。如图 8.7 展示的应用截屏，惠普项目组合管理中心软件提供了需求管理的视角，来审视成本、价值和不同投资机会的风险。

当以下情况发生时，你需要一个更好的需求整合方案：
- 你正在使用多个系统来收集、跟踪和解决问题，回顾/审批项目想法或服务需求；
- 你只是跟踪战略项目，不跟踪运营需求和任务；
- 需求经常通过后门进来，而不是通过正式的管理；
- 没有前后一致的优先级规则——"会哭的孩子有奶吃"；
- 对于响应和完成请求的需求，难以跟踪和汇报；
- 不存在关于请求或采取行动的审计线索。

起点 2：组合管理

总是有组织把项目组合当成单个项目的集合，而不是作为投资组合来管理。为了保证有效性，你的组合管理方案应当是能够针对你现有产品或服务组合的全新计划或改善计划，通过评估、排序、平衡和审批，帮助你治理整个项目组合，分析多个"如果—怎样"的选项，从而在所用预算和资源约束上与你的业务战略保持一致。

你的 PPM 方案应当被设计成能够赋予你统一协作的环境，这是关键相关方治理组合时所必需的。它应当整合并自动化部署战略的、财务的、功能的及技术的检查点，并让你实时了解资源、预算、成本、项目集、项目和总体需求。从方案发起、论证和回顾，到项目初始化、执行、部署和收益实现，你的 PPM 方案应当确保所有相关人都参与进来。

无论用哪个成熟度阶段来描述你今天的组织（见表 8.2），也无论你所追求的组合优化达到哪个水平，惠普项目组合管理中心软件总能够帮助你快速开展下一步，并减少风险或对现有流程的干扰。和仅仅提供进度汇报系统和项目进度管理的工具不同，惠普提供了自上而下的规划能力，并以自下而上的详细项目规划作为支撑。一个自上而下的规划方法能够促进组合决策的快速制定，而无须创建详细的、费时耗力的项目计划。例如，惠普项目组合管理中心可以帮助你创建招募名单，使你能准确地决定需要什么资源和预算来支持新的动议。

第8章 PPM 风险之八：确保数据的完整性

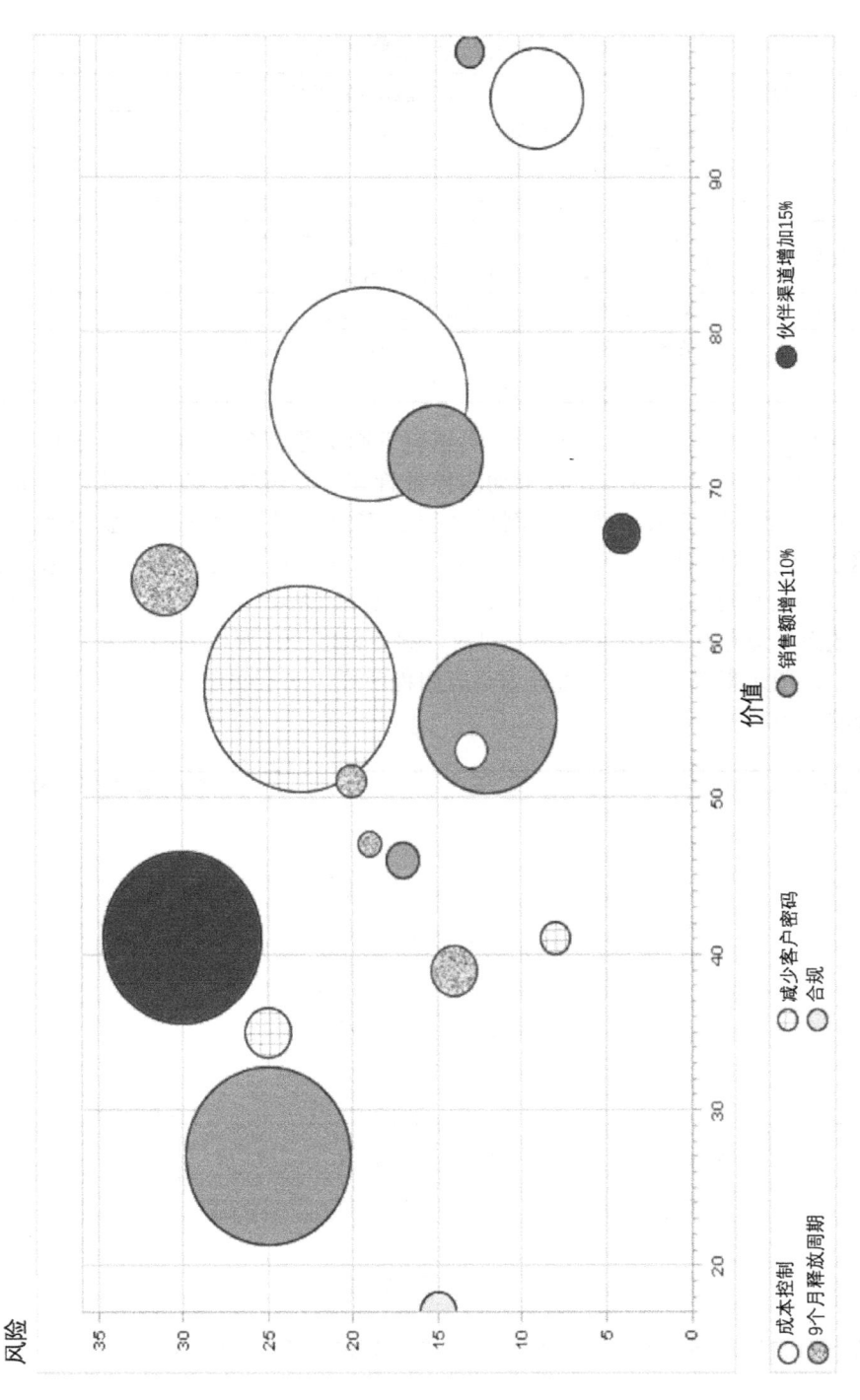

图 8.7 惠普项目组合管理中心软件应用截屏

业务驱动的项目组合管理

表 8.2　组合管理—成熟度阶段

成熟度阶段	以下是否能描述你的组织？
非正式的	年度规划周期是手动的，呈现高层级商业案例
定义的	手动电子表单及其他手动工具跟踪项目。 运营和战略项目是独立分开的，并且散落在组织内不同的系统里
管理的	项目提议的流程进度是自动化的，包括商业优先级排序。 详细的商业案例分析和批准流程都已经存在
度量的	KPI 驱动的工作规划，由收益实现作为支持，资产/TCO 分析
优化的	在预算、资源和进度的层级上开展组合的如果—怎样分析。 复杂的数据可以从经验的知识库中获得

　　惠普项目组合管理中心支持项目实施自下而上监督项目的方法，这使得你能从被动的管理模式转变成积极主动的异常管理。交付项目的日常工作细节会实时浮出水面，但是项目计划的例外情况也需要在提交的资料中被清晰地提及，这能便于项目经理、项目集经理及高管清楚地看到变化给项目带来的影响，然后将他们的决策和业务目标进行对标。不管怎样，当你在推进过程中需要做出有效而且最有利于组织的组合决策时，惠普都能为你提供如图 8.8 所展示的灵活性。该图是惠普项目组合管理中心应用程序里，高层级组合与战略性组织目标结合的一个截屏。

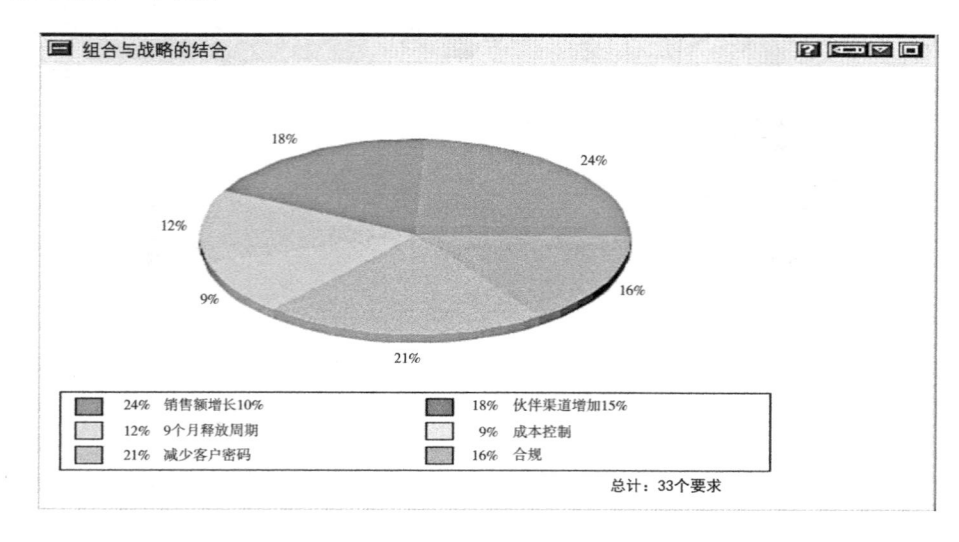

图 8.8　组合与战略的结合

当下面的任一情况发生时，你需要一个更好的组合管理方案：

第 8 章　PPM 风险之八：确保数据的完整性

- 在项目和非项目投入上，你没有整合的时间、成本和资源信息的可见性；
- 所有运行中的项目、战略项目及运营工作，在不同的记录系统中管理和维护；
- 你无法获得组合要素的客观分析，主观标准和政治因素分量过重；
- 对于预期的投资回报率或组合里要求的项目净现值，你不能进行一对一的比较；
- 流程不是自动化的，员工在向系统提供数据这项工作上感到困难重重。

起点 3：项目执行

一般的组织经常要处理多个项目、流程和资源。冲突是难免的，加之有那么多的变量，对如此多样化的实体进行有效管理实属不易。你的 PPM 方案应当使你能够协同地管理从概念到完成的项目集和/或项目。它应当便于你以自动化流程的方式来管理范围、风险、质量、问题及进度，这样你就能拥有最佳的质量和能力来按时、按预算交付复杂项目（见表 8.3）。每周，PMO 成员花费数小时甚至数天，从不同源头获取数据来编制状态报告。高管要求的这种"消防演习"，消耗了本可以用来管理项目的关键时间。PPM 方案应当通过从单一存储库中捕获所有这些信息，并在一个集中的仪表盘上自动更新，把员工时间释放出来。如此一来，创建状态报告就变成小事一桩而不是费时耗力的杂务活。

表 8.3　项目执行—成熟度阶段

成熟度阶段	以下是否能描述你的组织？
非正式的	项目状态报告是手工整合的。项目经常在部门层级发起
定义的	部门级的 PMO 已建立，项目方法也被采用。方法论被人工流程和标准模板支持
管理的	标准和项目方法论紧密结合在一起。项目通常满足业务和技术预期
度量的	支持资源供给和需求负载之间的平衡。在项目基准和挣值方面，这些项目具有可见性
优化的	企业级 PMO 已建立，并且项目持续地满足或超出业务预期。先进的技能管理帮助组织在合适的时间和成本前提下平衡用人需求

除了解决上述挑战，惠普项目组合管理中心还提供了 PMO 流程的最佳实践，使你能在与相关方和团队成员保持步调一致的同时，为企业的 PMO 建立模型并强化标准。它为你提供了一种结构化而又创新的流程，用来管理范围变更、风险、质量、问题、进度、资源、发布和成本，从而使你不再需要多点工具和流程手册。你可以选择你想使用的那个工作流程，而又不丧失适应业务变化的流程拓展能力。图 8.9 展示的是一个详细的项目状态视角。

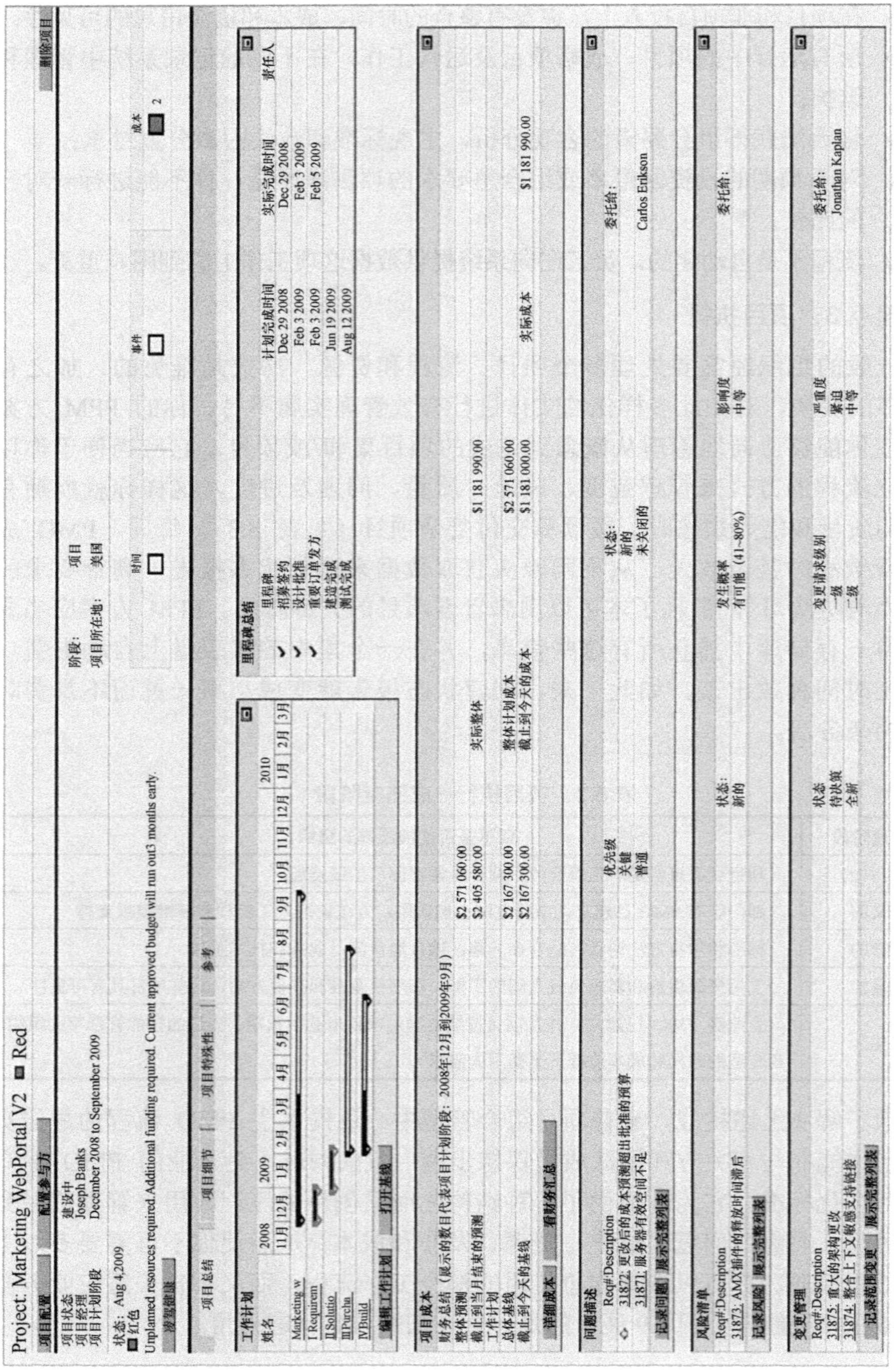

图 8.9 详细的项目状态视角

如果以下情况发生，你需要更好的项目执行方案：
- 你的公司缺乏对关键项目的实时健康状态回顾；
- 项目经常延误和超支，不断出现麻烦，并且项目成员给人以不知所措的印象；
- 你在现有工具诸如电子表格、活页夹、单点工具上，遇到关于实时更新和同步的麻烦；
- 在资源可用性上存在不恰当的可见性，影响员工有效管理项目的能力；
- 你无法给高层提供准确数据来支持你的预算和资源需求。

起点4：资源管理

要将技能水平和多种专业的可用性与特定项目的时间框架和截止日期匹配起来，对于任何组织来说都是极其困难的。PPM方案应当提供资源可用性的可视化（可见性），以及资源跨项目和非项目工作的利用率，从而得到更好的规划、预测和进度安排（见表8.4）。此外，它应当允许资源规划和对实际情况的跟踪能在多个层级同时开展——从人员招募层级、项目层级到任务层级。

表8.4　资源管理—成熟度阶段

成熟度阶段	以下是否能描述你的组织？
非正式的	临时的资源管理，没有时间跟踪
定义的	掐好时间点的，人工分析资源利用情况。在项目层面做了时间捕捉
管理的	对于所有资源类型，都有实时的资源供求可见性。在阶段/里程碑层面做了时间跟踪
度量的	资源供求是平衡的。在任务层面跟踪时间，项目基准是存在的
优化的	在技能水平和专业熟练度上达到综合性的企业资源平衡。利用知识基础进行计划的高级技能管理

惠普项目组合管理中心能有效地提供这种可见性，使得从自上而下规划到自下而上执行的资源管理成为可能。它平衡了资源供给，给予组织完整的可见性和对资源需求的把控。它还能提供一个清晰的资源供给全貌，包括贯穿整个组织的资源角色、技能和在特定技能上的专业水平。另外，它还能捕获来自实时驱动业务的项目和运营活动的资源需求，因此，你就有了资源需求的可见性，也能针对员工应该把时间花在哪里做出更好的决策。

为了充分满足资源需求，你可以根据姓名、职位或者团队来分配资源，然后跟踪任何一项任务的资源使用。如图8.10所示，CIO和组合决策者们可以获得实时状态显示并快速查询详细资源信息，并基于此来做决策。

如果下列情况发生，你需要更好的资源管理方案：

业务驱动的项目组合管理

- 你不太确定你的员工是否一直在正确的项目上花费正确的时间；
- 你不能说出什么时候某一种技能或资源会变成可用；
- 你不知道多少资源被战略项目消耗了，多少资源被运营活动消耗了；
- 你并没有了解员工之前做过什么任务；
- 很难决定哪个员工需要接受什么培训。

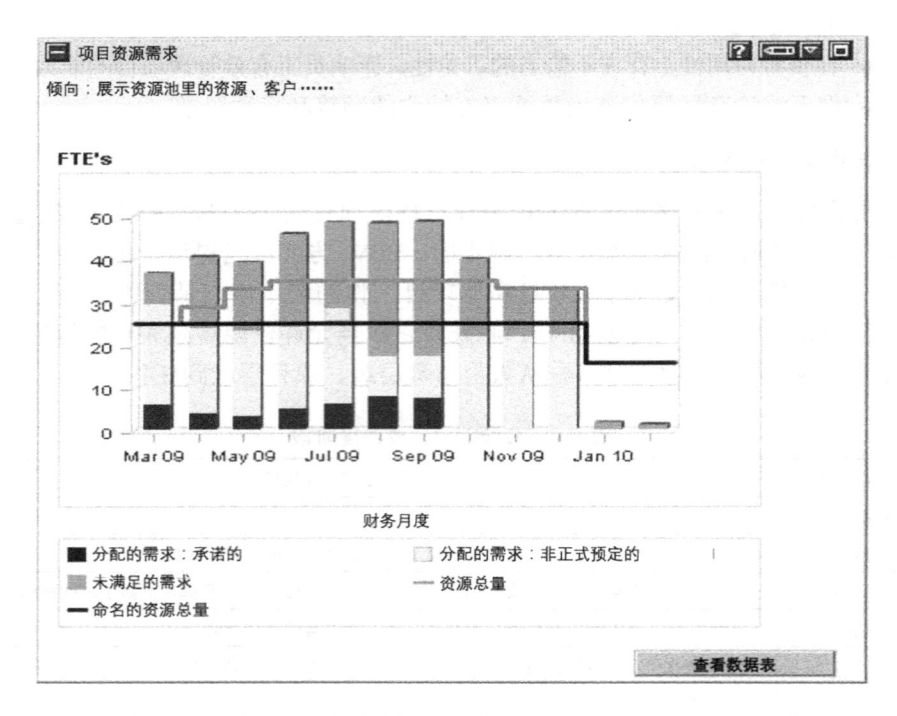

图 8.10 项目资源需求

客户的真实案例

让我来告诉你，在使用惠普方法论和工具（惠普项目组合管理中心）中客户经历的真实案例。尽管他们从不同的起点开始这个过程，但是他们都成功了。

需求整合：领先的制造商

一家全球领先的科学仪器和分析设备制造商想要提高企业的项目和组合流程的效率、可见性和可靠性。虽然企业有一套不错的需求管理整体方法论，但是仍然在使用电子表格，事实证明这么做效率低、不准确，而且会使使用者感到沮丧。

第 8 章　PPM 风险之八：确保数据的完整性

为了建立获得真相的单一渠道，好让所有人都方便获取，企业选择了惠普项目组合管理中心。这个需求管理模块捕获到了所有 IT 需求，给相关方一个对于过去、现在和未来需求的综合性视角，同时可以跨多个维度对请求进行优先级排序、分配、查看、切片和划分，从而识别趋势。经过六个月的部署，公司实现了显著的成果：

- ◆ 从想法产生到获得批准的周期减少了两个月；
- ◆ 监测出公司内协同不充分，快速拒掉了 40% 的请求；
- ◆ 通过整合请求格式，砍掉了 50% 的信息输入；
- ◆ 通过优化公司的资源使用，减少了项目开销。

组合管理：Drugstore.com 公司

Drugstore.com 公司，成立于 1998 年，是一家领先的健康、美容、视力和医药产品在线零售商。它大约有 900 名全职雇员，2007 年 Drugstore.com 公司创下了 4.457 亿美元净销售额的业绩记录。在刚创立的几个年头里，Drugstore.com 公司像许多电子商务先锋那样运营——它的业务和技术流程是非常不正式且临时性的。

公司的高层意识到了要让公司成熟和成长，就需要在技术运营方面获得更大的可见性，包括自动化的 PPM 流程。他们的主要目标就是，在提高 IT 效率并减少运营成本的同时，优化 IT 创新和业务发展项目。于是公司找到了惠普项目组合管理中心来寻求解决方案。与惠普的合作伙伴 ResultsPositive 联手，drugstore.com 公司实现了如下成果：

- ◆ 增加了 15% 的创新投资组合；
- ◆ 增加了技术需求、组合和服务绩效的可见性；
- ◆ 促进了项目准时交付；
- ◆ 减少了员工 50% 的上岗时间；
- ◆ 减少了每年在年度《萨班斯—奥克斯利法案》审核上所花的成本和时间。

项目执行：Birlasoft 公司

五年前，从事软件开发的外包公司 Birlasoft 公司曾经质疑在不清楚自身可以如何管理好流程的情况下，实现六西格玛和 CMMI 5 级的最佳实践。高管们于是决定借助惠普项目组合管理中心，把公司人工的项目管理流程转化为数字化流程。这么做将使得项目经理和开发人员在收集系统需求，建立和测试应用，并在现有基础上部署和巩固他们的时候，始终遵循最佳实践。Gantry 集团开展了一项独立的研究活动，是关于惠普项目组合管理中心的投资回报率的。该研究表明，将标准的工作流程框架制度化令 Birlasoft 公司取得了不可思议的成果：

- 每年在项目及时性上提高 31.5%，三年以后提高 63.1%；
- 通过提高人员使用率，减少劳动力消耗，三年以后节省了 270 万美元；
- 三年以后以 35%的幅度减少每个经理花在创建劳动力资本报告上的时间；
- 节省了 29.5%的 IT 年度预算，三年以后预算节省增加到 68.9%；
- 增加了项目状态对于客户的透明度，增加了客户满意度并减少了项目超支。

资源管理：投资管理公司

2005 年，这家公司与汇丰银行达成了一个交易，即快速改变它的商业模式。几乎是一夜之间，这家投资管理公司就成了世界上最大的资产管理公司之一。它所管理的资产一下子翻倍了。对于这家公司的 IT 员工来说，交易意味着公司的应用环境变得更加复杂。事实上，公司从每周 70～80 个变更转变成每周 150 个变更。在与整个 IT 部门和被服务的业务部门的合作中，使用电子表格来跟踪所有这些类型的变更，既不高效也不可持续。

尽管工作量有所增加，但公司需要提供同样高质量的信息，所以必须以几乎相同的人数提高变更管理的成功率。公司选择了惠普项目组合管理中心、惠普软件专业服务及其他惠普的 BTO 软件产品，来创建一个全新的自动化平台，并管理它的应用环境。这将使流程标准化，并给予 IT 非常必要的曝光率。公司已经看到了可衡量的回报，比如：

- 拥有 IT 需求和资源可用性的完整视角；
- 处理的变更数量加倍，但只增加了很少的人工；
- 变更的体量急剧增大，变更流程成功率提升到 95.8%；
- 在贯穿几百个产线服务器的 140 个应用软件上，进行对变更的自动化跟踪；
- 更好地响应对新项目、IT 状态和应用数据（惠普）的业务需求。

项目和项目组合管理的惠普方法

惠普相信，有效的项目和投资组合管理要求企业关注整合层面的预期成果，而不仅仅是项目层面的成功。解决 PPM 的挑战并不要求企业有更多更好的项目管理工具，而是要求有一个整合的、对所有活动都有一个自上而下的视角，这样管理可以拥有更好的可见性、更好的可控性及更大的灵活性。有了这些信息，自然就会有透明和可靠的报告，从而使得业务相关方之间更高效的、基于事实的谈话成为可能。

第8章　PPM 风险之八：确保数据的完整性

更好的可见性

对于那些人们正在为之付出努力的事物，任何组织都需要完整的可见性，包括项目健康指标、非项目工作、资源分配，以及整体成本和预算对比。组织需要可见性来整合战略和运营两方面的项目，并看到项目之间的关键依赖关系，这样能使组织快速识别那些对业务有着最大影响力的项目，并优化相应的项目投资组合。事实上，Gantry 集团惠普项目组合管理中心的投资回报率对标研究项目决定，在组合里增加可见性，可以使公司取消没有被证明具有充分价值的项目。这样可以在一年内从企业年度预算中节省数百万美元，这一数字三年后可以增加三到四倍。

更好的可控性

整合的、自上而下的 PPM 方案能够帮助组织通过自动化和加强项目、项目集和组合流程来降低成本。一个有效的方案能为关键应用软件和项目发生的所有变更提供现场级的审核跟踪，帮助组织保持和目标的一致性。一旦 PMO 变得更加敏捷，借由易于配置的工作流程作为引擎，流程可以不断适应，从而快速响应变化的市场条件。实施标准的项目管理流程，同时还能帮助组织获得透明的关键财务数据，便于组织快速回看初始估算并检查其是否符合项目实际情况，帮助组织快速修正，按时完成更多的项目，并且不超出预算。获得对变化的潜在影响的早期可见性，可以节省大量开支。Gantry 集团惠普项目组合管理中心的投资回报率标杆研究证实了，借助惠普项目组合管理中心来实现自动化项目和组合管理流程的公司都节省了数百万美元。

更好的敏捷性

PPM 方案应当足够灵活，以便于组织采用自上而下或自下而上的项目规划方法。它应该使组织能够通过基于网络的零客户端项目管理来加速执行和提高可用性。它应当允许组织从微软的 Project、Excel、Word 以及其他数据源导入项目计划，取得一个横跨战略和运营项目的整合视角。Gantry 集团的惠普项目组合管理中心的投资回报率标杆研究项目还证实了，通过增加整个项目组合和相互依赖关系的可见性，IT 部门能够降低 IT 人力成本，改进资源利用，并极大减少厂内招聘或外部招聘的需要。简而言之，一个有效的 PPM 方案应该足够灵活，允许组织把整个项目的所有数据收集到一个地方，而不管信息来自哪里。同时，这种灵活性使组织能够在整个企业中，以最反映组织成熟度的方式来实施标准和方法——这样就能很快地开始，加速采用实施标准和方法，并更快地取得丰硕成果。

可靠的报告和分析

自动化和标准化的 PPM 流程可以帮助组织检验由各类项目的关键人员和项目成员记录的数据是否是一致和可靠的，接下来就可以进行"苹果对苹果"的比较，以促使在项目组合、项目集和项目级别上做出有效决策。运营报告能够被轻松地打印出来，以支持项目预算的快速回顾，而且财务分析师能通过临时性报告获得关于新兴趋势的实时洞见。与此同时，分析师报告能够被高层参考，用来识别状况，并将状况在演变成巨大问题之前解决。基于可靠信息提供实时报告和分析，组织能为所有相关方创建一种有效而持续的对话机制。重要的是，它能帮助组织发展并维持一种驱动力，因为所有层级的用户都能快速看到他们的日常工作是如何影响全局的。组织需要完全了解其正在处理的所有事项，包括项目健康指标、非项目任务、资源分配及整体成本。总的来说，自上而下的 PPM 方案能够通过自动化和改善项目、项目集和组合的流程，帮助组织降低成本。PPM 方案应当足够灵活，以便允许你采纳自上而下或自下而上的规划方法中的任意一种。

总结

有效的 PPM 是一个可以达成的目标。你可以从描述的四个重点领域中的任意一个开始，从中获得巨大的收益。你也可以从组织成熟度的任何一个级别开始。你可以快速开始，或者你可以逐步采用新工具和新流程，一个接一个地进行。但是，关键是要开始。研究和大量的事实证据显示，管理项目的传统方法已经行不通——它对于终端用户、员工和公司都不管用了。如果 PMO 不停止管理项目，而是致力于管理业务成果，项目失败率就很可能仍然居高不下。是时候打破循环，评估新的替代方法了。

原文参考文献

Hewlett-Packard, 2009. "Four Starting Points for Effective IT Project and Portfolio Management", www.hp.com/hpinfo/newsroom/press_kits/, p.10-11.

第 9 章
PPM 风险之九：
工具和架构

对于很多组织来说，决定采用不同的工具、应用软件及系统来支持 PPM，就像蒙着眼睛，把一块块复杂的拼图拼在一起。许多拼图看上去彼此吻合，其实不是，所以会特别费劲。通常以更有条理的方式处理任务，而不是随意地拼凑拼图，才是一个好办法。如果我们面对的是复杂的拼图，那么首先，识别并对齐那些有直边的拼图，因为它们能构成边框，把它们固定在一起，形成一个完整的框架；然后，合理地安排其他部分，以便于掌握面前的实际情况；接下来，继续评估不同的拼图并把它们放在合适的区域，把容易的拼图立即拼上，集中精力在困难的拼图上；最终就有了漂亮的画面，使命也完成了。

对于 PPM 带来的挑战，可以采用相同的思考方式和策略。不同的拼图代表需要不同的工具。如果单独去看每一片拼图，进而去理解工具的重要性，它们如何使用，以及它们如何互相关联，则可能是一项艰巨的任务。但如果从统一的角度去看，理解它们如何应用，找到它们能够发挥价值的正确场景，那么所需的工具组合起来就组成了同一幅画面，这幅画面可以清晰展现它们是如何适配、关联及发挥作用的，这就是架构，就像图 9.1 的漫画所描绘的。和一个接一个的安装工具不同，建立一个架构对于满足组织、部门、团队和个人面对的纷繁复杂的需求和挑战大有帮助，而这些作为整体工作中的一部分，都是 PPM 所衍生和涵盖的。

克服工具思维

有许多因素会导致工具思维，而不是架构思维。人们的第一反应会是，工具思维的确存在，其原因是所有的工具销售商都宣传他们的产品是独一无二的、最好的，也能提供大而全的方案，用来满足组织全方位的业务需求，至少是重要业务需求。图 9.2 所展示的就是某些 PPM 的供应商和他们销售产品的方式，事实上没有比这更荒谬的了。

业务驱动的项目组合管理

图 9.1　PPM 漫画—PPM 架构

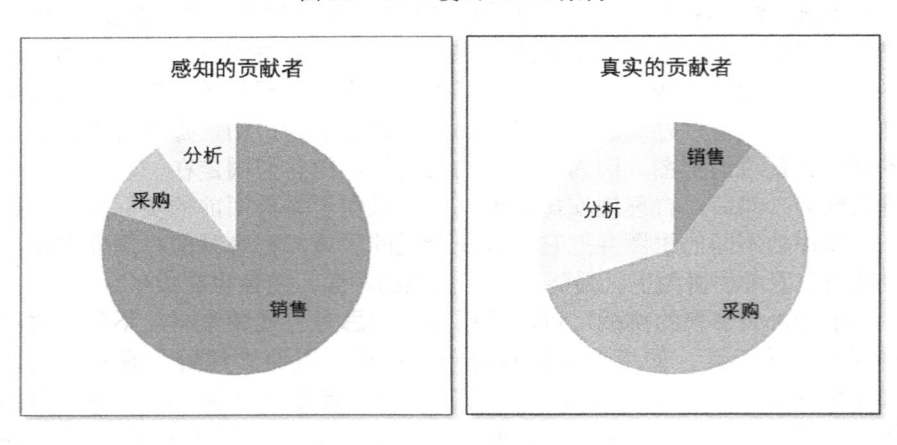

图 9.2　工具思维的贡献者—感知的和真实的

　　总的来说，所有领先的 PPM 供应商都会使他们自己的产品具有丰富的特征，以及各种连接器、API（应用程序接口）、插件、加速器和属性，以便集成到业务所需的各种系统、应用和工具中。这里面包括企业资源规划应用、业务智能化工具、IT 管理应用，以及协作平台、桌面工具、网络服务和其他有用的东西。有些供应商可能会有大而全的工具思维，但大多数供应商没有这种想法。对于某些供应商来说，他们能够认识到，需要的所有功能并不是任何一家供应商或者工具所能提供的，而对于另一些供应商来说，他们会执着于大而全的工具。

　　虽然不是出于刻意，分析师界对大而全的工具论起到了推波助澜的作用。领先的研究机构，像 Gartner 集团、Forrester 研究所，还有很多其他机构，都提供了颇有价值的分析和研究发现。IT 领域、商业系统里的专家，以及 IT 治理和 PPM 最佳实践的专家，诸如麦克·汉福德、马特·莱德，还有 Gartner 集团的丹·斯汤和 Forrester 研究所的玛格·维斯塔琼等，他们都长年为 CEO、CIO 和

第 9 章　PPM 风险之九：工具和架构

IT 高管提供指导。许多人认为他们参加的 IT 行业峰会是不能错过的，甚至主要的 IT 投资也应该跟随他们的研究成果和市场眼光。

这些研究常常会把市场情况做个总览，把不同的供应商按照谁服务于什么市场进行分类，并对供应商提供的产品进行评估。这些评估通常是经过仔细的尽职调查和公正审查后做出的，它们旨在定位供应商及其产品的显著属性，而不是过分解读或用作排名和选择建议上。实际上，在今年的 Gartner 集团"IT 项目和组合管理的魔法象限"报告的扉页上，PPM 专家兼研究分析师丹·斯汤（2010, p.1）建议："PPM 应用软件的潜在客户应当检验所有的功能（包括对第三方产品的整合支持），并识别满足快速需求的初始功能。"然而，有人无视这样的建议，所以报告发现和研究分析经常被断章取义，且被用来决定哪款产品最接近大而全的承诺。

最早提出大而全工具论的可能是客户，而且他们并不是无意的。这种想法一部分来自征求意见书（Request For Information，RFI）和征求方案书（Request For Proposal，RFP）的工作，客户提供事先格式化了的电子表格，要求销售说明他们的产品是如何完全满足、部分满足或者不能满足他们的规范要求的。这些规范要求是如何产生的，值得商榷。但是普遍的观点是，分析显示，结果几乎总是偏向于满足列表中打钩标记最多的那款产品，而从架构角度来说，这样的做法非常不严谨。

比如，某个客户的 PPM 方案征求意见书和征求方案书可能含有关于协作、文档管理及社交软件功能的要求，并以此来支持设想中的 PPM 活动。供应商如果依赖产品设计，可能什么也提供不了，所以不如让客户从现有的能力清单或一流的报价方案里选择。许多组织会把这些能力视为企业范围的能力，而不仅限于特定的业务领域里，更不会限定在一个应用程序上，因此，认识到这一点而且实际上预见到这一点的现有方案未必是糟糕的方案。

你能想象一个有着企业战略的组织比如微软的 SharePoint、IBM 的 Lotus、EMC 的 Documentum 或者 Intuit 的 QuickBase，在使用特定平台的同时，会仅仅因为某一类单点工具恰好也有某些协同功能而放弃投资吗？当然不会。而且我们还可以拿一系列不同的跨企业组件，比如分析、报告、伴随网络服务的内部维基、小程序及混搭程序，做相同的比较。

有人可能会说，一个能够利用客户已有功能的最佳组件（而不是提供冗余功能）的供应商，比一个寻求在单一产品中提供所有功能的竞争对手，能够更好地了解市场，有更好的产品设计策略，能提供更好的产品。但这种讨论和审查，很少在对征求意见书和征求方案书进行交流中出现，而这些工作往往由好心的采购人员进行，他们不一定熟悉企业整体基础设施和应用程序架构的总体情况。

业务驱动的项目组合管理

毋庸置疑，总会有需要工具思维的时候，也总会有需要将一种工具和另一个工具做对比的时候。但是对于 PPM 来说，这样并不合适。只要是寻求实施、采用和改善 PPM 能力和成果的组织，使用架构策略来理解需求、评估替代项，以及实施最符合需求的组件，就可以更好地服务于成果。最重要的是，我们要花点时间先来理解 PPM 是怎么回事。

架构策略

架构的目标如果不是简化复杂性，那么至少也应该是去解决复杂性。几乎没有什么商业环境比 PPM 更具包容性，更需要简化。考虑一下，将要实施 PPM 的组织可能会对以下能力提出要求：

- 组合管理——交互地、可视化地评估、比较和决定投资最优搭配的能力，兼顾一个具有多样化的加权标准，诸如与业务战略、成本、收益、风险、时机的一致性及其他度量；
- 高管仪表板——在组合管理流程支持下，为高管层提供上下文和号召行动的总结信息，带有下拉选项，能看到额外细节的能力；
- 项目集和项目管理——应用行业已接受的技术和最佳实践，确保快速、成功交付的项目集和项目的能力；
- 资源管理——对资源排序采用工作量规划、分析和能力搜索技术来确保正确的人在正确的时候具有可用的能力；
- 预算管理——准确识别和预测项目集和项目所要求的估算人工和非人工成本的能力；
- 商业智慧——监控绩效、响应变化中的需求，以及通过使项目细节诸如绩效、问题、风险和依赖性拥有可见性，来重新分配资金和资源的能力；
- 协同——提供和接收，并能独立而及时地找到所有和某个项目有关信息的能力；
- 技能活力——通过客户决定的工作流程、步骤指南，以及主题专家贴士和技巧等，提供用户培训并确保用户快速应用的能力；
- 持续改善——不断趋于成熟，改善组织的 PPM 相关能力，获取更高水平的绩效和更好的项目产品。

这些能力要求的不是一个工具，而是一套工具，必须要对这套工具进行评估、选择和适配，从而满足组织和个人的 PPM 相关需求。因此，工具集里的工具及它们如何一起工作，对于组织内的协同至关重要，它们共同代表了 PPM 架构，强化了企业及其目标的长期性。

PPM 架构的实例

对于那些考虑实施或提升 PPM 的组织来说，许多可用的 PPM 架构实例都会有帮助。所有领先的 PPM 供应商及其他服务于 PPM 社区的机构都具有代表性的架构，可以帮助针对他们的产品，以及其他互补产品，做出评估和选择，从而提供成功 PPM 所需的完整属性和功能。

以 PMO 为中心的 PPM 架构

就在 2002 年，BOT 国际公司，作为一家为中小型企业、政府组织及《财富》前 1 000 名的企业提供 PMO 内容资产的公司，推出了所谓按需流程（Process On Demand）的产品，通过它持续提供 PMO 建设的架构方法支持。如图 9.3 所示，BOT 国际公司所推崇的架构包含三层：用户层、PMO 层和企业层。

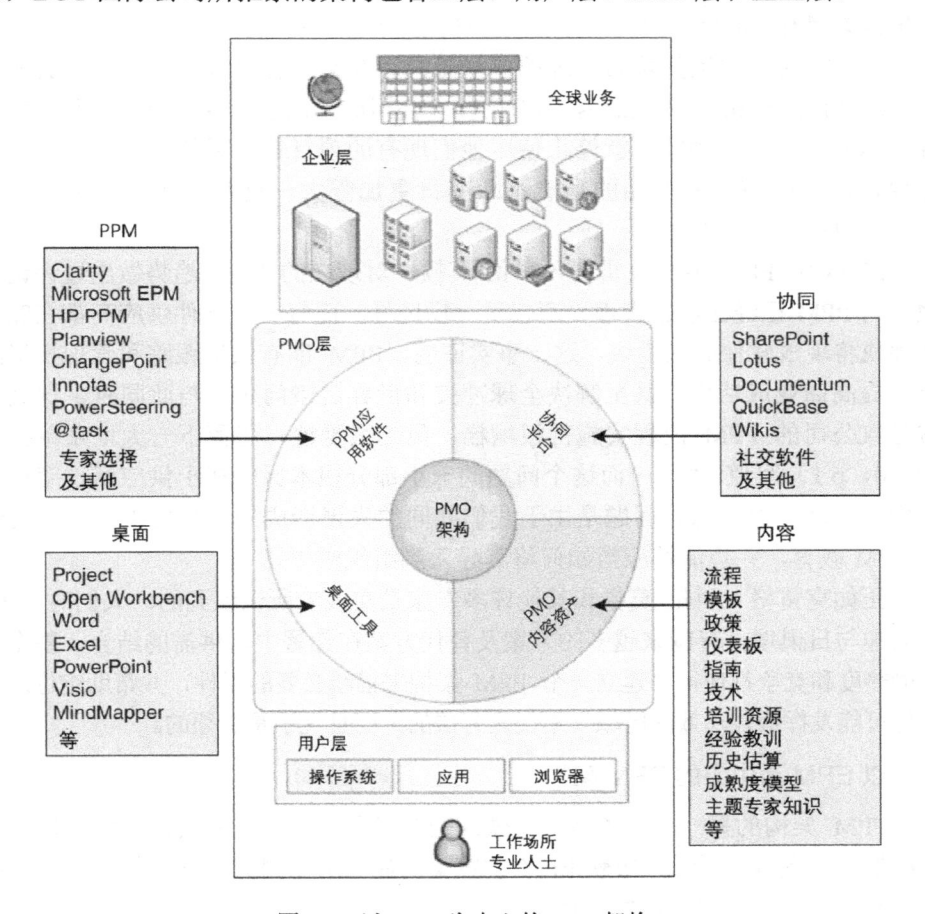

图 9.3　以 PMO 为中心的 PPM 架构

业务驱动的项目组合管理

在当时，PMO 架构的目的是帮助那些准备建设 PMO 的组织，既能充分利用他们已知的各种现有工具，又能识别那些需要用来填补空白领域的工具和投资需求。尽管是高层级的，看上去也比较简单，但像 BOT 公司支持的这种 PMO 架构是有帮助的。它使得想要建立或更新 PMO 的组织聚焦在如何最佳满足业务需求上，而不仅仅是比较项目管理的这个工具和那个工具。

PMO 架构层包括四个组件：PPM 应用软件、协同平台、桌面工具及 PMO 内容资产。它引起了大家的注意，也遇到了挑战，因为总有人抱着大而全、一劳永逸的工具思维。由于所有形态和规模的组织都采纳了标准运营环境（Standard Operating Environments，SOE），在工作场所专业人士的支持下，出台了用于企业级的应用、协同平台和桌面工具，并使之作为标准化和驱动降本的机制，企业里存在强烈的呼声，认为使用这些 SOE 并从中得到回报是理所当然的。相反，如果缺乏强有力的理由就抛弃标准运营环境是不合逻辑的。

公司或部门会因为项目管理的单个工具存在某种轻量级协同功能而真的停止使用 SharePoint 或者 Lotus 吗？同样，公司或部门会因为一个协同平台有某种基本的任务列表功能，就停止使用他们现有的项目管理系统吗？基于公司的需要，同时随着这些产品的功能不断变得更加强大，这些问题的答案可能是"会"，也可能是"不会"。

PMO 和 PPM 专家克雷格·科伦-莫顿，对现在的 PPM 趋势做出过评论。他认为 PPM 已经在项目管理界刮起了一场风暴，而每一个软件供应商都在兜售软件或将现成软件嵌入模块。这一事实证明，PPM 能有效地跟踪和管理投资组合，提高商业成功率，甚至解决全球冲突和世界饥饿问题！与此同时，这又常常导致公司的 PPM 流程实施得很糟糕，员工很受挫，还留下一大堆账单。他（2010，p.1）写道："……而这个问题的一小部分根本原因在于供应商过度销售他们的产品，而大部分问题是由于我们共同的失误造成的。我们未能对自己进行 PPM 教育，并想清楚应当如何将其导入到组织中来。"

正如克雷格·科伦-莫顿和其他许多专家及实践者所认识到的，人们对 PPM 的兴趣与日俱增，有越来越多的方案及替代方案在部署中。供需的结合、整个市场的热度和竞争都使得"建立一个 PPM 架构来描绘必要的组件，并帮助定位这些组件可能发挥最佳功效的区域"不仅是有益的，而且几乎是必须的。

以 EPM 为中心的 PPM 架构

PPM 架构的另一个例子是：微软的企业级项目管理方案架构是以 EPM 为中心的。如图 9.4 所示，微软 EPM 方案架构显示了不同的微软赋能技术，应用软件和桌面工具如何共同发挥作用。

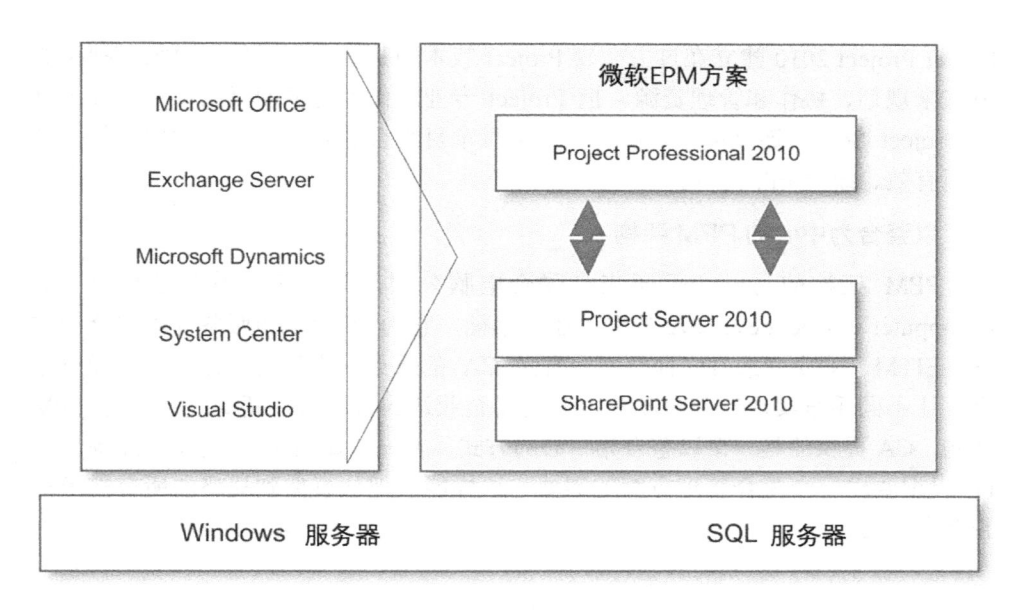

图 9.4 以 EPM（企业级项目管理）为中心的 PPM 架构

微软 EPM 方案架构的底层是他们的赋能技术，例如 Windows 服务器和 SQL 服务器。这些赋能技术是许多组织和企业都会使用的标配。左边层级描绘了不同的微软应用程序，支持和扩展企业项目管理的功能。包括：

- Microsoft Office——一套互相关联的桌面应用软件，包括 Outlook、Word、Excel、PowerPoint、Visio 及其他；
- Exchange Server——一个服务器端的协同应用软件，支持电子邮件、日历、联系人和任务的功能，支持基于移动和网络的信息获取及数据存储；
- Microsoft Dynamics——一系列企业资源规划、企业绩效管理及客户关系管理应用软件；
- System Center——一套针对系统、运营、数据管理、应用可用性及服务交付的 IT 基础设施和服务器管理产品；
- Visual Studio——一个集成的开发环境，用来开发表单、应用软件、网络、网络应用和网络服务。

微软 EPM 方案架构的 EPM 方案层，包括微软的 SharePoint Server、Project Server 及 Project Professional。微软的 Project 服务器是在 SharePoint 上建立的，所以它包含了带有结构化 PPM 能力的协同平台服务功能。Project Server 2010 把项目管理和组合管理（过去曾作为两个独立产品提供）结合了起来，以此帮助组织将资源和投资与业务优先级保持一致，并管理所有类型的项目任务。

业务驱动的项目组合管理

Server Project 2010 建立在过去微软 Project 版本的基础上，提供了更加可视化的方式来规划、协作和管理资源。把 Project 专业版作为主要的桌面项目管理工具和 Project Server 连接起来，能为组织提供项目组合的整体视图，并展示能力及实现有效、统一 PPM 的好处。

以整合为中心的 PPM 架构

PPM 架构的另一个例子来自联合电脑公司，即著名的软件业巨擘 CA（Computer Associate）。CA 被视为业界领袖，它为 IT 管理和服务提供整合的方案。EITM，即企业级 IT 管理，一直是 CA 的愿景，它致力于在企业里通过整合，让不同系统实现管理自动化，从而使企业达到管理监控新高度。针对 PPM 架构，CA 提供的是一个以整合为中心的方式。首先，如图 9.5 所示，CA 满足了 IT 组织要求一个整合管理方案的需要，这样能够把从事件到战略的所有需求都整合在一起。

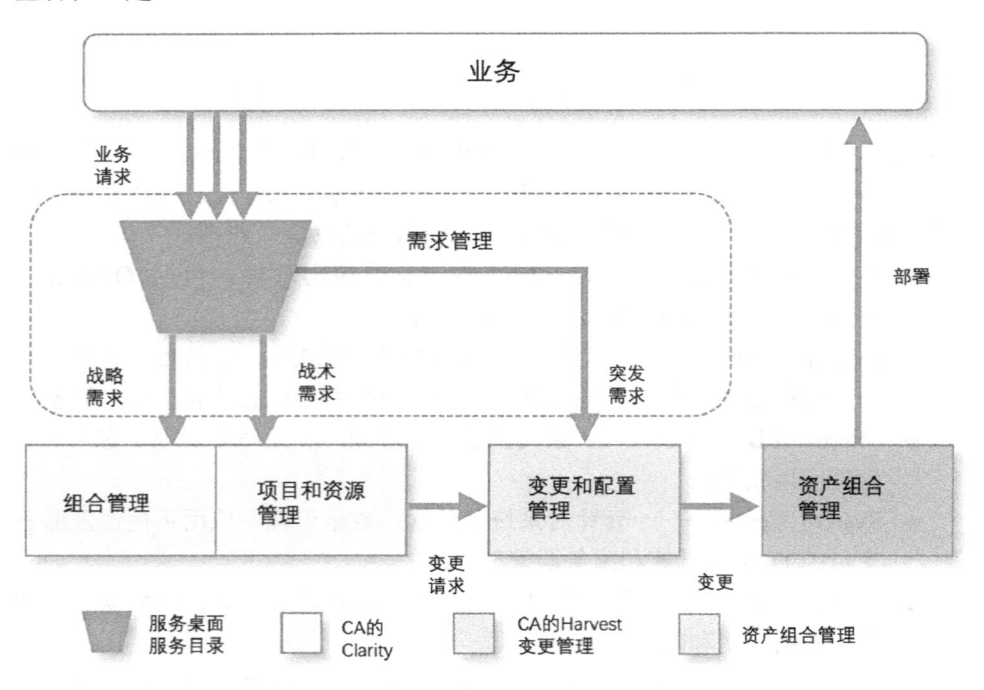

图 9.5 以整合为中心的 PPM 架构

大多数 PPM 方案提供桌面工具如微软的 Project 和 Open Workbench，用于管理项目进度，以及 ERP 系统的整合。同样，CA 的 Clarity 也整合了变更、服务和资产组合管理。多年前，项目管理业界感觉到，这种程度的整合不一定是必要的，因为项目工作往往被认为与运营工作有鲜明的不同，而 PMO 作为组织的概念，首要处理的是项目。讽刺的是，而今随着需求管理重要性的提高，这个职责，也就是阐明人员、流程、工具和政策如何实现最佳需求管理的职责，时常落到 PMO 总监头上。通过整合这些组件，组织能够建立并获取一个完整的端到端的业务需求治理、跟踪及管理过程，从而将贯穿整个项目生命周期的可视化成果提供给相关方。

企业绩效管理架构

另一个 PPM 架构的例子来自 Planview 国际公司。Planview 国际公司于 1989 年由派特里克·杜尔宾创立。派特里克·杜尔宾颇具远见卓识，公司自成立以来，在长达 20 年里一直致力于 PPM。它规模太大，以至于无法被叫作精品公司。Planview 国际公司保持着数一数二的 PPM 软件供应商地位，没有一家 IT 巨擘，诸如 IBM、惠普、Oracle，以及微软能收购它。如图 9.6 所示，Planview 国际公司所支持的 PPM 架构因其企业绩效管理架构而闻名。

Planview 国际公司的企业绩效管理框架非常重视组织的企业级业务应用软件、桌面工具、协同平台、业务信息化，以及财务和 IT 基础设施。而且，它充分利用了这些现有的常见工具，而不是复制或忽略它们。开发组织本来就有的工具、应用程序和基础设施自带的功能，只会导致功能重复，增加成本和复杂性。

Planview 架构的企业级组件体现了 PMO 有效管理项目组合所需的应用软件和工具。Planview 的工具包括：

◆ 企业组合管理使得 PMO 能够定义和沟通组织的目标和战略，获取一个对工作负荷和需求的完整视角，并制定透明的最优决策来控制成本、风险和交付收益；
◆ PPM 提供了整合任务和管理工作量的执行战术，用以支持工作流程和日常项目层面的汇报；
◆ 服务组合管理使得组织能够编制目录，量化和管理产出的产品和服务；
◆ PRISMS 使得 PMO 能够建立和整合那些业务流程、最佳实践和支持工具的支持网络；
◆ 业务流程管理通过用户友好的界面，执行全流程的跟踪任务，并利用审核阀门和支持检查清单来检验流程符合性，从而实现流程的自动化；
◆ 深入分析使组织得以用有用的下拉式矩阵和图表来监控所有活动，而且其支持性功能可以帮助组织管理资源和资金，提高协同能力，以及实现数据和需求管理。

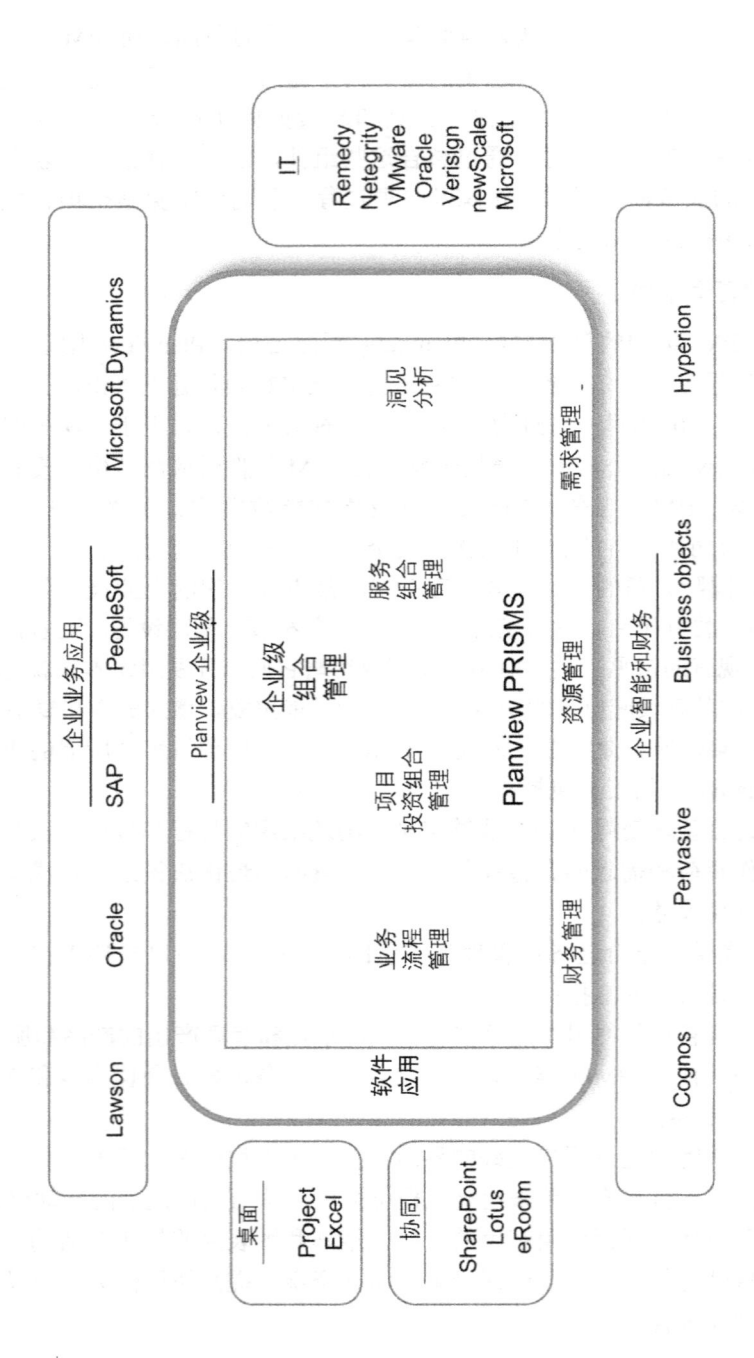

图 9.6 Planview 所支持的 PPM 企业绩效管理架构

第9章 PPM 风险之九：工具和架构

Planview EPM 框架使 PMO 能够在以客户为中心的 IT 异构环境中，创建一种架构的方法。它促使 PPM 和其他组件整合在统一的架构中，这些组件包括业务服务管理、应用生命周期管理、生产效率、企业资源规划和财务管理。Planview 架构方法包含了各种各样的功能，简化了复杂的自然异构环境，并允许在整个架构的每个组成部分都能呈现一个较广泛的制定决策和选择最佳备选方案的范围。

小结

工具与架构之间的辩论必定会持续下去，其结果也必定是组织的 PPM 风险要么缓解、要么增大。正如组织能从建立架构的各种方法中受益——取得可伸缩性、规模经济，以及一致而可预测的项目产出所需的 PPM 能力一样，组织也能从善于创新的市场后来者的单个工具中受益，从而解决当今所面临的复杂问题。增加 PPM 组件协同性的最终结果，不是一个可以使用泰勒主义来管理的结构化交易环境，而是一个复杂且具有高度适应性的环境。越来越多的自主团队需要结构，更需要结构中的灵活性，于是这成了所有工具存在的理由。

把识别、选择和实施 PPM 成功所需的大量活动做出来，将是一个艰巨的任务，而且很少有组织能奢侈地从一张干净的白纸开始。PPM 作为一项有计划的管理活动，时常会在核心业务开展很久以后，并且已经配备了 IT 基础设施、应用软件、工具和培训后，才正式地启动，因此会有很多投资，它们有些很不错、有些就未必，人们就会寄希望于这些投资能够得到更大的利用，而不是成为阻碍。

最终，单点工具只能走这么远。为了满足即时需求，并经得起时间的考验，需要有一个经过深思熟虑的 PPM 架构。幸运的是，这是一个不缺领导者的领域。像 Gartner 集团、Forrester 研究所及其他领先的研究公司，它们都提供了丰富的研究内容和市场分析。它们的研究方法已被证明，难得的是它们的行业观察文化不带偏见，而且它们有毫不犹豫加入和摇旗呐喊的意愿，加上它们在项目管理界周期性地纠正疏忽和错误，为我们所有人提供了温和的战略、合理的方法和值得信任的建议团队。正如 Gartner 集团的"IT 项目和组合管理的魔法象限"报告，就是一个年度必读报告，它能够很好地帮助组织理解 PPM 市场趋势和方案发展空间，可以作为开发 PPM 架构的一个关键输入。

在开发 PPM 架构过程中，大家可能会疏忽的是没能完全利用现有 PPM 供应商，以及那些富有创新精神的市场后来者的思想、市场和产品领先的优势。

业务驱动的项目组合管理

PPM 不是一次性的交易。PPM 供应商业界已经有多年的集体经验，来帮助他们的客户在 PPM 的支持下实施具有协同特征的配套方案，同时利用通用的 IT 基础设施、应用软件和工具组件。

最后，出于证明建立 PPM 架构方法的重要性、收益和价值的特定目的，而不是出于大而全的工具思维，我们陈述并讨论了四个有代表性的 PPM 架构实例——BOT 国际公司、微软、联合电脑公司和 Planview 国际公司，从而提供了一些关于 PPM 架构的不同视角：分别以 PMO、EPM、整合和企业绩效管理为中心。如果本书的篇幅允许，我们还能提供更多的例子，因为这对 PPM 体系结构及其细微差别的不同处理方法的确有着重要的价值。它们都旨在解决复杂的商业问题，简化并正确地传递一个多面向的需求和组件，从而有助于满足需求，并防止由大而全的工具思维所带来的风险和机会的错失。

问题

1. 哪三个因素会导致大而全的工具思维？
2. 哪个因素感觉上是大而全工具思维的最大贡献者？
3. 哪个因素实际上是一劳永逸思维的最大贡献者？
4. PPM 工具的供应商是如何对大而全工具思维负有责任的？
5. PPM 分析师界是如何给大而全工具思维带来影响的？
6. PPM 工具的客户是如何对大而全工具思维负有责任的？
7. 架构有什么用途？
8. 以 PMO 为中心的 PPM 架构有哪四个组件？
9. 以 EPM 为中心的 PPM 架构和以整合为中心的 PPM 架构相比是怎样的？
10. 企业级 IT 管理（Enterprise IT Management，EITM）有哪些基本前提？

原文参考文献

Curran-Morton, Craig. 2010. "Baby Steps," http://www.gantthead.com. Stang, Dan. 2010. "Magic Quadrant for IT Project and Portfolio Management." Stamford, CT: The Gartner Group.

第 9 章　PPM 风险之九：工具和架构

案例展示 #9：Planview 国际公司

扩展的 PPM 架构视角

杰夫·德宾和朱利安·布莱利，Planview 国际公司（北欧分公司）

站在供应商的角度，在选择支持 PPM 的技术时采用一个架构视角，将带来重大的价值。相反，采用大而全的方式很可能会导致组织在一个或多个功能领域的功能缺失或与企业标准脱节。当评估 PPM 系统时，正如佩里先生建议的，组织可以从三个关键领域中扩展 PPM 架构模型，包括产品灵活性（满足广泛需求的能力）、企业整合（利用现有企业资产和标准的能力），以及部署方法（SaaS，托管和本地部署）。

● 产品灵活性

正如前面讨论的，当评估是基于一份综合的征求方案书或征求意见书的打分结果时，那么很可能被选中的供应商是提供带最多复选框的那个工具的供应商。这是日益普遍的场景，这给大多数软件供应商带来了挑战，因为他们需要跟随市场需求来计划他们的产品路线图。最终，PPM 产品的规模和复杂程度很大程度上被 PPM 供应商所服务的客户和市场所驱动。

虽然始终致力于提供一个简单而易于采纳的直观用户体验，但是领先的企业级供应商还是更多着眼于确保他们的 PPM 产品能够支持所有的事情，从最基本的事情到高度复杂的事情。同时，在额外特征和功能方面，客户的期望一直在提高，这就驱使着产品的复杂性不断增大。然而，颇具讽刺的是，只有一小部分组织能够达到这样的水平，并真正利用他们在征求书里所要求的众多功能。

结果就是，在过去的十年里，为数不少的基础 PPM 平台进入了市场，它们旨在取悦那些对顶级工具的潜在成本和能力提高感到不知所措的客户，或者需要一个能快速建立并用最短时间和培训量部署的简单平台的客户。不幸的是，这些同类产品会很快过时，因为组织需求和流程成熟度的提升催生了更多额外需要。然而，通过仔细地研究和评估，在一个合理的成本水平上，组织建立入门级 PPM 能力，而不牺牲对未来需求的预见性，以便今后具备更先进的特征，是完全可能的。

根据和几百个组织的合作经验，我们发现持续成功的 PPM 实施方法用"爬、走、跑"来归纳非常贴切。虽然它听上去是老生常谈，但是它生动地反映了 PPM 需求是如何动态地随着时间成长，而不是代表一种静态的单点解决方案的。它还辅助传达了一个信息——在健康强壮的基础之上，你的 PPM 项目集将如何才能变得成熟，就像孩子的力量和协调能力不断提高一样。

当组织选择 PPM 供应商和工具套装时，建议在提供足够的灵活性来快速而轻松地满足当前需求的同时，选择一个可以支持三到五年目标的平台。理解组织的中长期业务目标，并把 PPM 工具需要提供的功能映射在它的生命周期内，对于建立一个对成本和特征都有效的 PPM 路线图非常关键。*Taming Change with Portfolio Management*（杜尔宾和杜尔舍，绿叶出版集团，2010）的第 17 章内容里提供了一个参考模型，用来反映我们的 PPM 实施方案。如果忽视时间维度和供应商提高成熟度的能力，组织就会被带到一个尴尬处境，即要么方案因为太复杂而遭到抵制，要么组织的成长速度超过一个简单产品的承载能力。两者的任何一种都将导致重来一遍和费时耗力的工具更换。

同样重要的是去评估 PPM 供应商在流程开发和工具采用方面给组织提供支持的能力。除了软件，全面服务供应商应当能够为组织提供一站式采购支持性辅助功能业务，诸如最佳实践、流程地图、线上培训课程，以及一个活跃的用户社群。PPM 的核心产品能为某些极端复杂的业务流程提供自动化服务。围绕最佳实践和组织层面的应用，利用好供应商及同行的经验，将有助于确保组织从 PPM 投资上取得预期的回报。

● 企业整合

如前所述，PPM 应用软件的架构视角为业务流程相关的所有必要功能之间如何相互适应、关联提供了一个和谐的画面。这个画面对于克服大而全的工具思维非常有意义。当评估某一个特定功能的需求时，率先评估是否存在一个具有竞争力的、被接受的并已经在公司层面被利用的内部工具非常重要。一个简单的例子是协同（功能）。市面上大多数成熟的 PPM 产品都会提供协同功能，但是从架构的角度来说，应该使用这些功能吗？微软的 SharePoint 在许多大型组织中正在变成为协同标准。一个 PPM 工具所能提供的协同功能不太可能在短时间内超越 SharePoint。

另一个额外的考量是你计划部署 PPM 的范围；如果 SharePoint 已经在全公司被统一采用，那么在某个特定部门或业务单元范围内转换成一个不同的工具是否有意义？在大多数情况下，PPM 供应商为尚未建立协同平台的组织提供协同功能。然而，在另一些情况下，利用现有的整合工具，给予组织一种专门的 PPM 产品优势，从而轻松地与 SharePoint 融合到一起，可能是一个更为有效的协同方案。

讨论任何一款个性化产品的整合（比如 SharePoint）跟讨论高速公路的入口和出口匝道很相似。如果你只想去一个小镇，这是没问题的。但是对于各种现成产品和自制软件来说，因为往往需要 HR 数据、财务数据、应用库存数据来实施 PPM，光靠整合是不够的。组织需要的是一个平台，这个平台允许组织快速和轻易地定义系统之间的业务规则，并且随着成熟度的发展或迫于业务压力的流程改变，做好随时适应这些规则变化的准备。与我们在前面几节定义的实施方法相似，从一个简单的战略整合开始是非常重要的。

人们有一个通病，就是花太多时间试图定义和搭建终极整合方案。既想要融合所有的细枝末节，又想要每个人的意愿得到满足，这会比必须从满足需求的最低标准开始入手多花费五倍的时间，并且有更大的出错概率。通过利用 PPM 供应商开发通用集成软件的经验，组织能够用最少的时间和精力满足 80% 的需求。这个方法也能确保组织对整体 PPM 实施保持一个惯性，而不会因为不必要的复杂集成需求导致的额外技术复杂性陷入困境。

简单开始的另一个额外优势是组织更有可能说服个别相关方，在采用更复杂的集成技术之前，对他们各自系统输出的数据质量负起责任。仔细思考组织如何计划各个阶段的集成方法。关键是在初始阶段完成那些能交付早期价值的事情，满足关键业务需求，建立可信度和采纳度，并且发展一定程度的经验和信心。早期成功将提供宝贵的经验，作为今后融入更多集成技术的基础。尽管作为组织整体 PPM 项目战略的一部分，不同集成点的优先级可能会成为相关方讨论的难点，但是这是值得付出的，总比因承担过多的责任而破坏整体计划要好得多。

部署方法

今天的 PPM 供应商有着各种不同的部署方法，可能会让外行感到眼花缭乱，所以或许有必要先从基本定义出发。

- 本地部署（Perpetual on-premise）——客户采购软件，安装在硬件上，并在自己的 IT 物理基础设施上部署该系统；
- 托管（Hosted）——客户采购软件（使用类似于本地部署的授权模式），但每月向软件供应商支付一笔费用，以便在供应商的 IT 基础设施上维护系统；
- 软件即服务（Software as a Service，SaaS）——客户每月向供应商支付费用，其中包括软件租赁费用，以及供应商在其 IT 基础设施上维护系统的费用。

当你选择合适的部署方法时，有几件事情要考虑：资金（投资成本对应运营成本）、技术（技术架构和自身技术，以及持续支持所必要的人力投入）、成本（所有权的总成本），以及供应商灵活性（调整模式的能力）。所有这些都得优先考虑。让我们逐一探个究竟。

大多数 PPM 的方案实施最初用的都是采购软硬件的预算。事先制订的 PPM 预算在软硬件的初始成本和其他相关的实施成本之间不能平衡的事并不少见，这些实施成本包括咨询、培训、接口开发、内部实验室等。结果就是，客户最终可能在一款没有足够剩余空间来实现 PPM 路线图的产品上做了妥协，或发现自己不能在实施项目上充分投资而导致应用打折扣。我们在和一家意大利的客户合作过程中发现，一旦客户通过他们的运营预算（Operating Expense，OPEX）来资助这个项目，该项目提案的动向就随之发生了很大的变化。当供应商和客户对拟定的实施 PPM 的成本和范围参数都很不满意时，换到另一种方式后则双方都满意了。在这种特殊情形下，客户选择了软件即服务的方案。

今天大多数大型组织都有一套完整的自有 IT 技能、工作人员及 IT 基础设施，为不同的系统和平台比如 Oracle、微软、UNIX 和 Java 提供必要的支持。因此更具说服力的考量是确定把支持 PPM 工具的技能捆绑起来是否明智。和使用内部资源相比，一个已经在他们的托管环境中支持了数百个客户案例的供应商，也许能够为组织的 PPM 平台提供更快、更好、更便宜的支持，作为回报，组织能将内部资源释放并投入到其他的内部工作上。

如果组织正在请一家外包公司来提供 IT 服务，另一个考量也可以发挥作用。例如，我们最近在接触一家法国客户，他们四年前购买了我们的软件。他们要求我们对托管服务报价，并发现这个报价仅是他们最近支付给另一个全球 IT 服务供应商的一半。这是个很好的托管（Hosted）模式的例子，客户拥有 PPM 系统，但是愿意每月支付供应商费用来维护。

当我们评估三种不同的部署模式和它们的成本时，有一点很重要，那就是帮助客户理解如何去理性地进行一个横向比较。例如，我们要对本地部署（Perpetual on-premise）和软件即服务提议进行一一对比。典型的初始反应是本地部署选项价格更高，所以软件即服务模式被作为最佳方式采纳。但是，如果你比较包含三年维护的本地部署账号的总成本和一个三年期软件即服务的交易成本，软件即服务的交易成本就似乎更加大了。事实上，这些都不能代表一种公平和全面的比较。如果要真正地比较这些选项，组织必须把硬件的折旧、其他软件（诸如操作系统，网络监控，等等）及建设的人工，还有操作备份、应用批处理等诸如此类运营的人工，加到本地部署这个选项里去。当我们考虑控制现金流并想更好地将成本与实际收益进行统一的时候，把软件即服务合同所能提供的收益纳入考量很重要。所以，当评估不同部署选项和模式时，要确保在系统的预期使用寿命期间，组织已经将所有的费用都计算在总成本中——组织也许会对所发现的结果感到惊讶。

最后，要考虑供应商的灵活度。这一点与不同商业模式之间切换的自由度有关。但凡涉及如何部署 PPM 系统，保持选项的开放性很重要。在 PPM 实施一两年后，组织可能会发现需要切换商业模式，所以选择能提供不止一种选项的供应商或不会因为组织变更决策而给予重大惩罚的供应商，显得尤为重要。举个例子，某个客户一开始采用软件即服务的方式来部署他们的基础 PPM，几年以后，整合来自 SAP 或 Oracle 财务信息的需求冒了出来，而财务团队不愿意通过一个外部 VPN 来支持财务整合。组织当然希望供应商有足够的灵活性，能提供一个买断条款，将软件即服务的合同变更为一个本地部署模式的协议。这等同于环境发生逆转，正如之前描述的，你发现内部成本变得更高，此时你可能又想改变回到托管模式。最终，目标是确保企业拥有它所需要的工具，在各种环境下来驱动 PPM 往前推进。

总结

组织使用综合的架构方法对 PPM 产品进行选择，而不是简单地罗列出和检查一长串个性化特征，能确保组织的 PPM 平台与组织内使用的其他系统在功能上整合，同时也能为投资带来持久的价值。产品灵活性，潜在企业的无缝整合，以及部署模式选项，都应当作为影响决策的考量因素。当供应商们纷纷在一套健全且被广泛采纳的功能标准上建立他们的产品力时，我们也能敏锐地意识到其实不存在所谓的"标准客户"。每个实施 PPM 的组织都代表着一个独特的组合，包括需求、现有系统、业务流程及成熟度水平，而这些都会随着时间而改变。

这些改变意味着最成功的 PPM 系统也必须在系统功能如何配置和使用，保持与其他系统和信息来源的连接和部署上具有高度的适应性。要确保组织所选择的平台和供应商不仅能够满足即时需求，而且能随着时间推移给予必要的选项和灵活性，与组织共同成长。

尽管从软件和技术的角度来看，这些特性很重要，但请记住，无论是创建项目计划、分配资源，还是监控整个投资组合的表现，PPM 平台的最终目标都是为组织的员工和他们需要执行的日常工作赋能。这就意味着供应商也应当能为组织提供聚焦于这些产出的 PPM 完整解决方案，而不是简单地卖软件。功能和配置需要与组织的现有业务实践保持一致。数据结构应当随时支持与财务、资源和产品信息的现有记录系统的双向沟通。最后，部署方案应该允许组织在任何时候都能以最大化利用投资的方式来定制商业内容。

第 10 章
PPM 风险之十：
持久的价值

接下来做什么呢？在那些成功完成初始任务的高价值感组织和能够完成更多成果的高绩效组织内，这是一个常常被问到的问题。这也的确是个受欢迎的问题，值得被提出、被思考。然而，它也直接把我们带到了三岔路口。一边的选择是组织可以按照目前的任务计划和战略前进，按照预期交付成果。另一边的选择是组织可以转向新的方向，或许是更雄心勃勃的方向，不但继续交付它原来的任务成果，而且在过去成功的基础上取得新的成果。

实施 PPM 的组织，本身就是具有高价值感的组织。对于许多组织来说，从播种到扎根和茁壮成长，危机、风险和困难伴随着整个 PPM 的执行过程，并可能威胁每一个环节的成功，所以 PPM 实施是一个艰巨的任务。那些挣扎其中的人们会发现他们至少需要回顾一下战略，甚至可能需要重新审视愿景、使命乃至整个高管团队对 PPM 任务的全面支持。

那些让 PPM 发挥作用的组织成功穿越了森林，在完成重要任务上取得了显著而可衡量的成功，这是值得被认可的，且应该好好庆祝一下。无论是出于一种对前方未知的恐惧，还是出于一种与未来机遇和挑战产生更多连接的渴望，想要让 PPM 发挥作用的组织一定会寻求让它持久保持价值的方法。尽管大多数项目管理专业人士会出于直觉，热情地希望借助正式的成熟度模型，像 OPM3® 或 P3M3™一样作为一种评估框架，但是正如图 10.1 所描绘的那样，高管和高层成员可能对它们并不是很感兴趣。对于某些组织来说，在合适的时候，把成熟度模型的结构化方法应用到合适的场景，并由合适的人员介入，就能产生巨大的价值；但是对于其他组织而言，一个更广博的视角及一系列关于组织系统、团队赋权、个人成就的观点才是维持价值必不可少的考量和行动依据。

第10章 PPM风险之十：持久的价值

图 10.1 PPM 漫画——持久的价值

PPM 成熟度模型

不管以什么样的形式，成熟度模型本质上都是不错的。它们为复杂系统定义了结构，为如何系统地发展能力提供了评估、改进和持续战略规划的指南。许多组织有成熟度模型，但是在建立 PPM 相关标准方面，占主导地位的当属项目管理协会（PMI®）及它注册的标准 OPM3。该标准已经帮助许多组织评估它们当前项目、项目集和组合管理的能力，识别了它们期望的未来能力状态，开发了以清晰、结构化方式实施，结果可度量的整套改进战略。在《业务驱动型PMO 建设》一书中，我花了整整一章的篇幅来专门阐述 OPM3，以诸如 OPM 专家、Harris 公司、沙特阿拉伯内政部的成功故事为特色案例。

OPM3 提供了一个丰富的流程结构，涵盖了四个流程管理阶段（标准化、度量、控制和持续改善）、五个项目过程组（启动、规划、执行、监控和控制、收尾），以及正式项目管理的三个域（项目管理、项目集管理，以及项目组合管理）。如图 10.2 所示，OPM3 流程结构将所有这些结合在一起，并将每个最佳实践和实现最佳实践所需的能力（总共数百个）映射到模型中的一个或多个位置。

如果由一个能干的 OPM3 实践者领导，组织可以使用这一综合性成熟度模型，聚焦于可度量的计划和最合适的方法，从而建设流程能力和项目管理、项目集管理和组合管理的卓越文化。在我的《业务驱动型 PMO 建设》书中，引用了约翰·史列希特（2009，p.438）对 OPM3 的评价："OPM3 可以澄清什么是项目管理文化，它是一种赋能领导者从组织内部的不同视角来评估组织的辅助手段，以可操作的方式和具体、可衡量的步骤为基础建立问责制，从而建立组织的项目交付能力。"总之，类似 OPM3 这样的 PPM 成熟度模型，以及它们的初衷和由此带来的影响，都是好的一面。

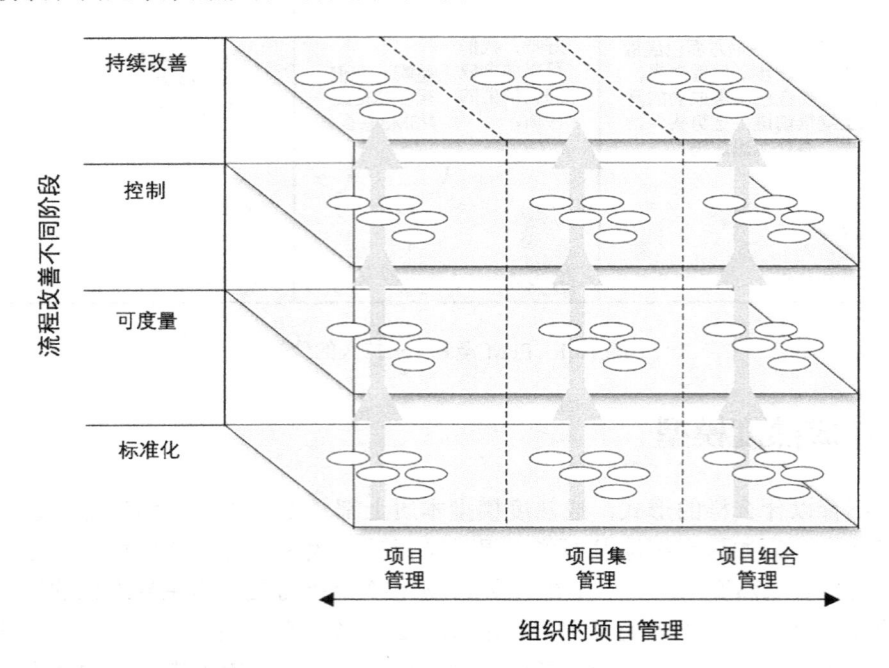

图 10.2　OPM3 流程结构

　　成熟度模型本身是由常识构成的，这使得它们便于视觉认知和快速理解。让我们设想一下生命组织的成长：从感知器官、消化器官的成长到生育器官的成长，从儿童成长到青少年，再成长到成年。同样地，我们也能够设想商业世界里组织的成长。然而，在认识什么是成熟度模型和有效执行成熟度模型评估之间，有着巨大差别。如果没有事先的培训、体验、深层理解及其他前提条件的因素诸如行业经验、深刻的商业头脑乃至组织发展技能，想要在没有一个有资质的实践者介入和参与的情况下，非正式地实施一个类似 OPM3 的成熟度模型，从一开始就注定要失败。不过，这种事一而再、再而三地发生，既给组织带来时间和精力的浪费，也给成熟度模型本身带来无谓的损伤。

　　以一家著名的《财富》1 000 强公司为例。它的名字不重要，但是它的故事很重要。这家公司拥有一个 IT 项目管理办公室，并成立了企业级 PMO 来正式推进 PPM。头两年里，这个企业级 PMO 管理得很不错，所有事情都考虑得很周到。在企业级项目和项目集管理的某些领域里，运作都良好，并且业绩和成立企业级 PMO 之前相比，得到了显著的提高。但是它在其他领域，诸如高管团队的参与度、严谨性，与选择项目组合组件相关的决策制定，以及对响应预

第 10 章　PPM 风险之十：持久的价值

算要素的管理，特别是人力资源管理上，都运作得不怎么好，而且所有人都清楚地认识到是时候需要一轮显著而可衡量的改变了。

针对这个需要，企业级 PMO 经理展示了他实施 OPM3 的想法。高层团队表达了两方面的担忧：一是要花费大量时间才能得到结果，二是聘用咨询公司来主导此事会带来难以预测的成本。为了回应这些担忧，企业级 PMO 经理提议，采用从评估到行动计划的方式来进行 OPM3 的实施，这样就可以让内部企业级 PMO 成员来执行，并由企业级 PMO 经理本人来领导。这个提议和方法得到了批准。省掉外部咨询公司的预算开支有什么不好呢？

企业级 PMO 团队，包括 PMO 经理，都没有 OPM3 的评估资质，他们无法使用 OPM3 成套产品，因为它仅对有资质的咨询顾问开放，并且需要一个软件版权才能使用。在这种情况下，企业级 PMO 经理所采取的措施是使用 OPM3 自评工具，即在线 OPM3 的方法。而且因为在线 OPM3 自评工具仅提供一套只需回答是或否的问题，企业级 PMO 经理就开发了带有 1 到 5 的数字回复键，代表每个问题都依据不同级别的成熟度来打分。只花了几周的功夫，一个提供问题表单的 Excel 表格就创建出来了，每个问题的答案都以数字（1～5）打分表示，还配有条形图和雷达图来展示最后的结果。这样的演习毋庸置疑可以相对轻松地操作出来，但是这样的演习能否产生有意义和可操作的结果却是值得商榷的。

接下来艰巨的任务开始了：制订改善的行动计划。因为没有 OPM3 产品系列附带的那些便利，所以企业级 PMO 经理和团队制订了他们认为合理的改善行动计划。他们的目标是在 OPM3 成熟度模型的所有领域里都取得第 3 等级的成熟度。这就是为高层设计的框架，但是事实上这样的努力也只是取得自行开发的电子表格模型所定义的第 3 等级成熟度，它是基于 PMI 的 OPM3 在线工具开发的，实际上只能代表整个标准 OPM3 的一小部分。这正如在 OPM3 讨论论坛里，OPM3 专家约翰·史列希特提出的（2009）："在线 OPM3 的评估提问清单排除了 OPM3 标准的 72%。" 史列希特接着提醒说，"更进一步说，OPM3 在线评估问题中包含的那 28%的标准中，没有一个能直接帮你确定组织的真实能力，并识别为了提高 OPM3 成熟度所需的改进步骤。"史列希特总结道："除非在线 OPM3 的用户知道每个评估问题是如何对应 OPM3 标准里特定的能力结果（如图 10.2 模型里的数百个点阵）的，并能把在线 OPM3 问题逆运算成标准里对应的那部分内容，否则在线 OPM3 用户就是在回答由一拨事后诸葛亮创建出来的问题。"可见我们很难说这种自己开发评估方法有什么好处。

最后的结果是，经过 6 个月的努力，企业级 PMO 经理和他的团队也未能圆满地完成这件事。他们固然有着一大堆的心得，但是在最核心的地方，他们意识到实施 OPM3 所需的努力远比他们原先预期的多得多，也深入得多。明智的是，企业级 PMO 经理向高层汇报了从开始演习至今获得的心得，实施 OPM3、恰当评估组织所需的能力，以及创建改善战略来进一步提升和发展组织所需的能力，所有这些任务的工作量都远远超出企业级 PMO 的能力水平。

遗憾的是，这个故事不是个例，也不只是某一个组织自己尝试实施类似于 OPM3 成熟度模型的例子。许多用心良苦的项目管理专业人士还在继续独自尝试实施复杂的成熟度模型，没有专家支持甚至没有实际模型的完整背景。大多数项目管理专业人士和上面提到的企业级 PMO 经理不同，毕竟后者还是明智地意识到了这种做法的愚蠢和徒劳，而其余大部分项目管理专业人士只是一味持续努力地尝试，直到所有的热情被消磨掉，或者直到彻底失败。关于 PPM 成熟度模型，像 OPM3 这样的演练就是不好的一面。

现在来看看丑的一面。PPM 成熟度模型丑陋的一面和不声不响但是广为人知的认证业务有关。理想情况下，认证是一种管理标准的机制。那些值得信赖、建立标准的组织用认证来保证标准被恪守、维护，并在社群的实践里得到不断改善。然而，实际上，标准也是管理认证的一种机制。建立标准的组织使用标准来确保认证被认可、接受，以及在实践的社群里受重视。这可意味着一大笔钱。以 OPM3 认证业务为例，如表 10.1 所示，个人被 OPM3 认证和授权使用 OPM3 评估工具套装的三年成本将近 1 万美元。

表 10.1　OPM3 认证成本

认证阶段	会员成本	非会员成本
申请	$450	$450
入学考核	$500	$500
培训课程	$3 500	$3 975
第一年许可证	$1 500	$1 500
第二年许可证	$1 500	$1 500
第三年许可证	$1 500	$1 500
三年总成本	$8 950	$9 425

来源：OPM3®认证手册。

一百个想要取得 OPM3 认证的顾问，就意味着一百万美元的业务和经常性重复的现金流。而且，不算大公司，整个 PPM 群体中都有着远超过一百个的顾问，这也代表了标准组织之间固有的利益冲突。

下面来一起思考一下。像 PMI 这样的标准组织，是拥抱任何在管理项目中能带来更好成果的原则、方法及最佳实践呢，还是短视地捍卫自己的标准，忽

第 10 章　PPM 风险之十：持久的价值

略和无视其他不相关的观点，甚至是经过时间考验和行业验证的方法呢？此外，先不考虑如何把认证展现在社群，它到底是如何销售的？真实的商业模型是怎样的？个人是否是因为这个标准有其独特的优势而排着队想要拿到证书呢？还是，它们只是被直接或间接地销售，个人只是出于取得证书后能找到一份工作、赢得一个咨询业务或实现涨薪或晋升的想法？

培训公司和注册教育供应商没有一天不把他们的认证培训作为一种手段来推销。销售宣传中承诺的目标通常更多地与取得认证能给专业人员带来什么样的个人认可和奖励有关，而和专业人员是否能得到真正的提升和做到学以致用没有太大关系。这种思维及其导致的行为是令人失望甚至不可接受的。如果认为这种心态和行为仅限于少数坏苹果训练机构，那就大错特错了。

最近，在佛罗里达的奥兰多举行的 Gartner 集团 2010 年 PPM 和 IT 治理峰会上，一名参与评价 OPM3 现状的 CIO 向 PMI 的执行董事和首席运营官（Chief Operating Officer，COO）提问，他们的客户是否正在体验成功。客观地说，COO 答复的本应该更恰当，因为这毕竟是外部嘉宾在演讲后的问答环节中即席做出的提问。需要提醒你的是，大部分听众是 CIO 及《财富》1 000 强总监级别的管理者，他们中的任何一个都会有兴趣听到 OPM3 是如何在企业里被实施，以及它在业内被接受的程度。

COO 的回应是，OPM3 越来越被广泛接受，而且作为事实依据，他引用他最近和一名顾问的一次讨论。这名顾问投资了时间和金钱来取得 OPM3 认证。该顾问告诉这位 COO 他取得了认证，因此他希望能获得一些业务并且认为前途一片光明。听到这个回答，我耳边响起许多叹气声。很明显这没有回答那位 CIO 的问题，甚至在这种场合这样的答复显得并不妥当。这名顾问对他 1 万美元的投资感到满意，并且期待从中得到回报。也许这个事实能得到寻求扩展业务和计费生意的项目管理专业人士的共鸣。他们可能把这样的答复看成 OPM3 成功的证明。然而，对于那些与会的 CIO 们和总监级别的高层而言，OPM3 的成功在于执行该方案的组织取得了最终的成功结果，其衡量标准是 PPM 能力的提升和成果。

对于听众中的许多人来说，这个回应温和地提醒，像 OPM3 这种标准及标准组织本身的成功，是以收入和认证来看待和衡量的。这个插曲和 COO 对另一个问题的回答是呼应的，他被要求对 PMI 的愿景和目标做些分享。COO 的回应是，在近几年，PMI 的会员从 10 万人增长到 50 万人，预算从 2500 万美元增加到 1.25 亿美元。他补充道，设想以这种节奏持续增长是合理的，理想目标是将使现有会员和预算（收入）在来年翻倍。现场的听众再一次叹息。目标当然可以构想，但是他们并没有回答或提供 PMI 的使命和目标方面的见解，只能说，存在即合理吧。

今天负责 PPM 的 CIO 和管理者还能把 PMI 看成是值得信赖的、提供标准和实践指南的，以及在项目管理这一广泛而又日益重要的领域发挥领导力的非营利组织吗？或者，今天的 CIO 和管理者是否应当留意此类组织的目标冲突、带有偏见的观点，以及在领导管理项目和管理复杂组织的技巧方面存在的局限性呢？对于许多 CIO 和管理者来说，这两个问题的答复都是"是的"。

这种时而机会主义、时而剥削的现象就是项目管理成熟度模型丑陋的一面。想要否认它的存在和发生，无论是有意还是无心，都无异于"鸵鸟"行为。对于项目管理成熟度模型、它们的价值、它们的目的，以及那些开发和提供相关产品的企业所拥有的杰出商业模式，PPM 组织没有必要变得愤世嫉俗，但是，有时候表达一定程度的温和的怀疑，同时不让自己局限在单一视角上，不失为明智之举。

多维度 PPM 的涌现

在经典物理学里，维度这个术语是指空间的组成结构，以及物体在空间里的结构。在它最简单的形式里，一维是以一条直线为特征，二维可以被看成一个平面，而三维可以构成一个立方体。在现代的物理学理论中，时间被引用为第四维，而像未知的、未探索的、替代现实的，则常常被看成第五维。虽然维度经常被看成属于物理和数学学科的范畴，但它们的使用不局限于求解复杂的方程。维度的概念也被用于社会科学及行为分析，也多见于文学和哲学领域。多少次，我们听到或使用这样的表达——"乔伊比较一根筋""莎莉存在盲区""比尔只见树木不见森林"。这些都是单向思维的例子。

对于简单事物，单向思维是没问题的。事实上，这种单向思维更多地成为一种习惯而不仅是想法。对于你青春期的女儿应该每天晚上不晚于特定时间回家这个问题，如果你拥有不屈不挠的思维方式，就有可能被你女儿看成单向思维。大多数父母会认为这种单向思维无伤大雅。但是，在商业环境中，单向思维可能经常产生问题，而且它可能带来不良后果。例如，应用一种特定的策略或技术，这种策略或技术在过去一次又一次地运作良好，却没有考虑到变化的条件和替代方法，这可能会导致一个组织很快在市场上被击败，到头来还问自己："谁动了我的奶酪？"

对于大多数组织来说，PPM 引入了新的复杂性、挑战和机遇，需要仔细权衡。尽管单向思维有可能在已知的舒适区范围内提供暂时的效率，但它几乎总是会导致组织的低效，而且舒适区和可接受的业务结果是短暂的。为了理解和

第 10 章　PPM 风险之十：持久的价值

管理 PPM 的复杂性，以及跨越时间的持久价值，有许多维度可以用来建模。也许两个最重要的维度是项目是如何被看待的，以及管理是如何被看待的。

如何看待项目——狭义 vs 广义

在项目管理界里，项目管理一直被视为单向的。普遍的认知是，项目管理是一种专业的将公认的标准应用到管理项目和与项目有关的工作中的管理方式，并且项目得由受过训练、最好是经过认证的项目管理专业人员来管理。这种想法产生了狭隘思维，即只认可正式的项目管理，忽视所有其他形式的项目管理，也忽视了整个企业内部那些亟待管理的项目，就如图 10.3 所示那样，一艘驶向冰山的远洋客轮，PMO 只看到项目冰山的尖角，即所谓的正式 IT 和战略项目，却似乎没有意识到整个冰山的深度、宽度以及项目在整个企业里的广义特征。

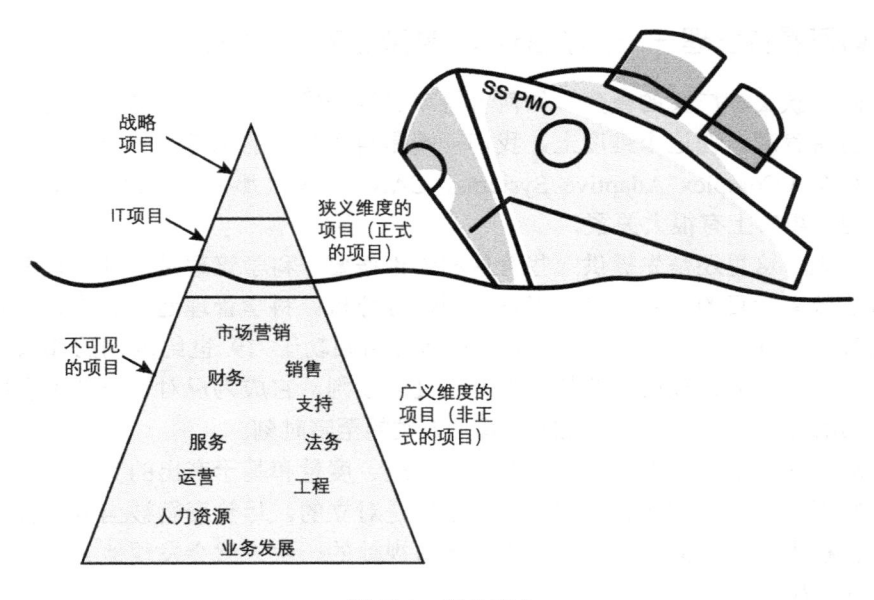

图 10.3　项目冰山

也许有人会认为，项目管理界和 PMO 们应该会对这些广义项目投入更多精力，因为它们给企业展示了巨大的整体价值。但其实不然，项目管理界的大多数人很快就会否定这个想法，即这种非正式项目也是真正的项目，而且他们会嘲笑把管理这类非正式项目的人称为"项目经理"的想法——就好像那是他们保留的头衔。这种将项目管理视为庙堂之上的职业态度是令人遗憾的，实际上这只会削弱项目管理的价值，而不是增强或保持它。安妮·巴克斯（2009，p.1）在一次充满活力的项目管理讨论中对这种效应做出评论，她一直在捍卫这些广义的非正式的项目，她对着项目管理的狂热爱好者喊道："醒醒吧，去闻一闻咖啡的味道……随便你怎么叫，但是我们都知道它们是什么。它们就是项目，忘了吧！"

项目管理的狭义视角对应广义视角，它只是构成多维度 PPM 涌现的其中一个维度。尽管它理解起来很简单，但是它体现了非常有意义的挑战和机遇。它认识到了项目在企业里以不同样貌和形式存在，而且它还认识到了项目成果的产品价值。无论广义的非正式项目是否被纳入企业正式的 PPM 体系里管理，也无论它们是否被最佳实践支持，设立 PMO 都只是一个管理层决策——正如它一直以来的样子。现在不同的是，这个决策是在目标明确的情况下经过深思熟虑地制定出来的，而不是由于缺乏考虑而默认达成的。

如何看待管理——科学管理 vs 复杂适应性系统

除了狭义和广义的视角，如何看待项目这个维度是另一个维度，它考虑了如何看待管理。在这个维度上，我们一端是科学管理的思考，另一端是复杂适应性系统（Complex Adaptive Systems，CAS）思考。那么，这和 PPM 有什么关系呢？事实上有很大关系。

首先，这里还是先提供一些背景和结论概要。科学管理是一种管理理论，以改善效率为目的，对工作和工作类型进行分析。科学管理通常被称为泰勒主义（Taylorism）。人们把它的发展和实际应用归功于 19 世纪末期的弗雷德里克·泰勒。今天比较盛行的是对泰勒主义的批判，它成为反对这一理论者用作贬损的战斗口号，如同说工业时代就是人类的至暗时刻。

对于这些批判者来说，泰勒的控制系统、度量和基于产出的支付方式与扁平的组织、自主的团队和知识工作者正好是对立的。尽管泰勒被当今的管理学大师们视为恶棍，但如果公正而平衡地审视他的一生，就会发现他其实是个悲剧性的英雄。

泰勒出生于费城科韦克一个富裕的大家庭，他本来可以像绅士那样继承家业，过潇洒人生，但他决定为了事业放弃一切。他没有像人们预期的那样去哈佛上学，而是在费城一家小型水泵车间当起了学徒工，并告诉家人他所需要的东西大学教不了。四年学徒生涯之后，他在米德维尔钢铁厂当了十二年的工人，一步步地晋升，从一开始的工头做到后来的总工程师。

就在那种环境中，泰勒亲眼看见工厂是如何运作的。在工厂里，工作就是

第 10 章　PPM 风险之十：持久的价值

交易，技能和方法被当成秘密一样被保护，由师傅缓慢而谨慎地传授给徒弟。企业主和经营者对于工作应该如何进行，任务应该如何执行，机器和工具应该如何管理，以及什么样的产出是值得期待的和需要维持的，都没有概念。工头和车间老板为了敦促工人快点干活，经常滥用刺激手段。工人对高层保护着他们的秘密，因为薪水是基于单位产出，而不是基于单位小时的工作时间，这就导致双方存在利益上的根本矛盾。如果高层发现产出可以增加，单位薪酬就会减少。这个系统造成系统性的、故意的工作输出速度放缓。

早期的工业化时代融合了先进的新技术和中世纪行会的落后，结果就是高层和劳工之间被一条看似不可调和的鸿沟分隔。高层知道他们正在被欺骗，但又无法证明，而工人们也知道高层会欺骗他们。作为一名学徒工和一名工头，泰勒游走在矛盾的两边，他认识到这点并下决心要做些什么。从一开始，泰勒就认识到知识就是力量，高层需要理解车间里到底发生了什么。在认识到在那里有比原始数据更需要获取的东西后，他设想了一个系统，用精确和可测量的分析来取代经验法则。他相信并倡导只有通过科学研究才能揭示更好的方法，并创造了那句名言："在过去，人是第一位的；在未来，制度才是第一位的。"

泰勒的方法需要一种全新的管理者，他使用详细的工作指导书，有计划的工作安排，度量和考核工人的工作产出，并且与车间一线工人有互动。管理者不再是一个令人讨厌的监工，而是作为一名知识管理者和工作者。打破旧的作坊制度，以车间实践和严格检查替代，这是否会带来巨大的价值、提高生产力和产量不好说，但这的确是个好的开始。

正如我们所预料的那样，泰勒的制度是有缺陷的。泰勒把这个制度带得太远了，他相信计划和行动应该严格分开。一旦最佳方法被转换成最优实践，所有剩下要做的被认为仅仅是例行公事。不管是否归类正确，这套认为工人只需要工作，并且越快越好，工人不需要质疑或展现主观能动性的管理原则的产生，的确可以归功于泰勒。

从更宽泛的视野看待泰勒的贡献和缺陷，他既是一个英雄，又是一个魔鬼。他那些自上而下的带有官僚主义的技术和方法是无情的、反人类的吗？是的。泰勒主义经常被用来当成自上而下、以流程为中心的反面典型。但是如果全盘否定是 19 世纪末机器车间的条件和场景催生了管理改进的需求，也不提在那个时代没有其他方法能做得更好，而仅仅只是批判泰勒的话，这其实是对事实轻率和片面的陈述，而不是在对科学管理技术的优劣，以及它应用在今天的企业里到底合适或不合适进行的严肃探讨。

与科学管理思考相对应的，是复杂适应性系统思考。复杂适应性系统这个术语被用来描述研究对象为复杂系统，不断涌现而又组织松散的学术领域，从证券市场到蚂蚁王国,在那里,整体系统行为是由许多个体共同制定的、由大众决策的产物。我最喜欢的例子就是哈里森·欧文——开放空间技术的创始人,在开放空间会议的开场白里,经常用复杂适应性系统来做背景介绍。他让参与者想象一个能够养活 2 000 万人口的系统,人们在一天中的任何时候都可以吃到他们想吃的食物,并且手头有连续两周的食物供应。过了几秒钟的思考,欧文问有没有人能想到某一个系统可以做到这些。又过了几秒钟的思考和沉默,欧文给听众建议道:"纽约怎么样?"

复杂适应性系统背后的原理是三方面的:秩序是随时随地涌现出来的,而不是早已决定的;系统的历史及系统本身是不可逆的;系统的未来是不可预测的。和其他系统不同,CAS 的要素,包括系统本身是自适应的。这导致一套如下完整的属性。

- ◆ 涌现——这些行为似乎是随机产生的,而不是被计划与控制的。
- ◆ 共同进化——系统存在于它们自己的环境中,且成为环境的一部分。随着系统的环境发生变化,系统本身也会为了与之相适应而随之变化。
- ◆ 连接——要素在系统连接中,和其他要素之间以什么方式连接至关重要。
- ◆ 简单法则——系统原则并不复杂,但是涌现出来的方式丰富多样。
- ◆ 自组织——存在持续不断的重组,但是不存在指令链或科层制的规划和管理。
- ◆ 次优化——复杂适应性系统不追求完美。在达到足够好的状态之后,它会平衡效率和效能。
- ◆ 必要的多样性——系统越是多样化,就越强大。
- ◆ 迭代——小的变化在经过多次迭代之后能产生越来越大的影响。
- ◆ 混沌边缘——最有生产率的状态在混沌的边缘,那里具有最大的多样化和可能性,因为处于平衡状态的系统无法响应环境,而处于混沌中的系统会停止运作。
- ◆ 嵌套系统——大多数系统是在其他系统和更小系统的系统中嵌套的。

对于许多人,特别是对那些在软件开发行业里的人来说,这套 CAS 原则和属性敲响了一个熟悉的钟声——敏捷宣言。这就是 PPM 组织看待管理的维度能够发挥作用的地方。

吉姆·海史密斯和爱丽丝泰尔·科柯本(2001,p.121)对于 CAS 和敏捷的相似性是这样评价的:"敏捷开发的一个方面经常被忽略或者被掩饰,即组织的世界观是复杂适应性系统。复杂适应性系统是一个由分散的独立个体以自组织的方式相互作用,以一套简单的生成原则作为指导,共创出系统涌现的成果的系统。"吉姆·海史密斯和科柯本这样的 IT 和软件开发大师认为,项目管理

第 10 章　PPM 风险之十：持久的价值

流程和文档在特定背景下的确是有用的，但正是个人之间的频繁互动和信息共享才产生了真正的结果。

虽然我们希望敏捷狂热者接受复杂适应性系统思维（CAS 思考），但是将 CAS 思考在项目执行组织中的影响力限制在软件开发人员群体，就大错特错了。CAS 思考一直存在，并且能在主流项目管理界里找到。卡伊·雷明顿和尤利安·波拉克曾在他们的 *Tools for Complex Projects* 一书中建议："一个复杂项目就是一个复杂适应性系统。"他们继续解释道，"所有项目都体现了互相连接、层级、沟通、控制和涌现等特征——这些特征在描述所有系统时都特别有用。大多数大型项目和许多小型项目同样也会体现复杂适应性系统的特征。"

是的，复杂适应性系统思考在 PPM 和 IT 治理组织的高管层级里已经得到了很好的体现并日趋流行。在 Gartner 集团的 2010PPM 和 IT 治理峰会上，罗伯特·汉德勒为与会者做了题为"驾驭变化的复杂性——全新 PPM 方向"的演讲，这是一场阐述为什么我们今天所做的 PPM 不奏效的精彩演讲。汉德勒（2010，p.2）警告说："大多数人在 PPM 这把大伞下所做的事情已经变得越来越危险。"汉德勒认为今天的企业都在一个复杂的世界、一个复杂适应性系统中运营，企图通过应用在一百年前更有意义的科学管理方法，把变革努力割裂和分解成分散的项目的做法，在当时事情没那么复杂时可行，却不适合今天。采用夸大项目管理技术，而不是为 IT 量身定做，只知道用固定的需求来建设复杂事物的方法必须叫停。

如何看待项目的两个维度——狭义的和广义的，以及如何看待管理——科学管理还是复杂适应性系统。当我们把两个维度整合在一起，放在传统的 2×2 矩阵里分析时，就能揭示多维度 PPM 的涌现，并提供一个全新的方向和视角来认识 PPM 地形及路线，从而取得更大成果和增值。如图 10.4 所展示的，4 个 PPM 的适应度地形进入视线——不可见的地形、简单的地形、崎岖的地形和舞动的地形。

适应度地形的概念是从生物进化理论借鉴过来的，属于 CAS 术语里的一部分。一个系统解决其自身问题的能力就是它的适应度。在多维度 PPM 模型里，为了简化起见，根据项目组合的性质及如何管理组合，一般采用适应度地形代表 PPM 的环境。4 个适应度地形被定义和描述如下。

（1）不可见的地形——这种地形是看不见的。假如科学管理是主流的管理风格，那么组织内只有正式的项目才被认可。尽管非正式项目在企业里无处不在，但是组织里的正式流程和方法论只能被应用于正式项目组合。作为正式项目执行组织里的成员，如果没有组织层面的度量、流程或激励手段支持非正式项目，就会表现出对广义项目普遍的"视而不见"。

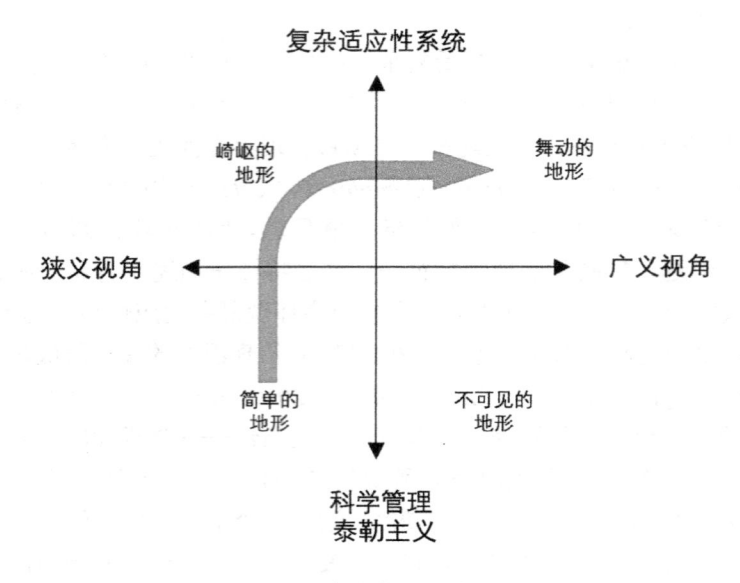

图 10.4 多维度 PPM 的涌现

（2）简单的地形——这样的地形代表了今天的传统 PPM 环境。项目被狭义地看待，而科学管理以标准、定义好的流程、度量，以及决策制定的形式应用于正式项目组合的管理中。科学管理的替代方法受到抵制，或者被认为是不可规模化应用的。

（3）崎岖的地形——这种地形代表了具有面向未来思维的组织，即认识到 CAS 带来的挑战和机遇。项目仍然被狭义地看待，但是引入了科学管理的替代方法。之前以科学管理技术管理的组织里的正式项目，现在根据复杂适应性系统原则来开展。

（4）舞动的地形——这些地形代表了项目的完整视角，包括狭义的和广义的，在整个组织中无处不在且全部采纳 CAS 原则的项目。在这些地形中，组织认可整个企业中所有项目的产品价值，并且他们认识到科学管理固有的局限，无法创造一个能使之从复杂的甚至永恒的动态变化中获得最高水平成功的环境。

这些适应度地形组合起来，有助于为多维度 PPM 的涌现提供一个完整背景。

在如何看待项目的维度上，PPM 组织里的高层考虑企业里无处不在的项目

第 10 章　PPM 风险之十：持久的价值

是否合适呢？在过去十年当中，我向正式项目管理圈子里的许多领导者提出过这个问题。在这个过程中，我引用了一家上市科技公司的案例，在这个案例中，无处不在的项目出了意外，一大笔销售额就从一个季度滑到了另一个季度，导致了公司预测收入的错误，股票价格一夜之间下降 50%，给这家公司带来高达 13 亿美元的市值损失。所有相关方一致同意，其实只要实施最低严谨程度的项目管理，这个无处不在的项目的失误就可以避免。这难道不值得关注吗？主流的项目管理界对项目管理的无处不在那么视而不见吗？正如标准、工具和指南所证明的那样。遗憾的是，答案是肯定的。

在如何看待管理的维度上，是否所有我们称之为科学管理的方法都不再合适了呢？PPM 组织的高层团队是否适合以 CAS 的模式思考和行动呢？对于大多数组织而言，这些问题的答案需要找到一个具体的平衡点。首先，不是所有项目环境都是复杂适应性系统。像泰勒主义这样的传统方法仍然有它的市场。当环境是静态的、可预测的，而非 CAS 的时候，它可以借助甚至需要严格遵循过程和科学管理。在这里，效率比效能更有价值。

相反的，如果 PPM 适应度地形变得越来越复杂，科学管理就会变得越来越不可靠，很多情况下，甚至会导致项目失败。持续不断的意外变化不能通过仅仅自上而下的规划来有效地应对，因为计划会变，所以需要实时地适应。在复杂适应性系统里，那种将工作设计成离散的一个个工作包，再逐一优化的典型的泰勒方式，必须让位于基于经验估算法则的方式；详细计划、进度安排及任务的工作分解模式必须让位于赋能的自组织团队模式。这时，效能比效率更有价值，但是这并不意味着要回到中世纪行会。可信度仍然需要在 CAS 系统中慢慢积累。唯一的区别是，可预测的和常态化的自上而下的流程和指标，以及最早产生不准确的度量的假设，被自主团队确定的最佳可用信息取而代之。

小结

在大部分系统里，为了得到持久价值而采取的一种平衡方法是控制当前系统，然后寻找改善方法。对于许多实施 PPM 的组织来说，存在着一个自然开始的起点，比如，首先把范围锁定在正在进行的项目上。理解项目的绝对数量及涉及的资源，能够在一定程度上进行多项目管理，比如删除或整合重复项目，终止那些不重要的项目和因为条件变化而不再具有业务相关性的项目。随着项目更多地从组织的优先级、需要的技能和约束条件等方面被审视，企业级项目管理的形式逐渐形成。并且随着组织被战略一致性、先进工具、最佳实践的采纳和遵循、制订投资组合规划、用有效边界分析专用资源赋能后，组织得以展现 PPM 的最佳实力，并使得业务战略更好地指导（如果不是驱动的话）组合组件的选择以及收益的实现。

对于许多组织来说，这是维持 PPM 价值的常规方式，这意味着现在有一大堆工作要做，将来更是。超越这些常规方式建立 PPM，还需要考虑一些有用的架构。

PPM 成熟度模型，诸如项目管理协会的 OPM3 及其他模型，为评估和提升项目管理相关能力提供了一个合理的方法。这些模型在范围和细节上都很全面，远不止漂亮的 PowerPoint 幻灯片那么简单，能灵活地满足 PPM 模型在不同商业案例上的实施。如果能够得到在成熟度模型方面有丰富知识，又有商业头脑，并且在复杂组织和环境中有多年实施经验的外部专家的帮助，像 OPM3 这样的成熟度模型就能够提供实战指导和可供阶段性实施的战略，从而使组织能力得到显著而持久的提升。这种能力的提升的最终结果就是更好的 PPM 成果。

除了正式项目管理成熟度模型，基于项目和管理这两方面更广泛的视角对于维持价值来说是非常重要的。一旦组织中无处不在而又被忽视的项目最终被纳入全面的视野范围内，并给予适当程度的考虑，项目的广阔视野将产生一系列的可能性。项目无处不在，产品作为项目的成果有着重要意义，而且管理这些项目的必要性和是否采用正式项目管理及传统工具没有太大关系，但是和项目管理的社会功能、为提供新的授权水平而设计的新系统及其特征，以及自驱型团队的合作和信心有着很大关系。

我们需要考虑对管理体系运用更广泛的视角。实现运用典型科学管理技术的渴望要与今天日趋复杂和充满不确定性的现实进行调和。复杂适应性系统思考能够提供一种方法，接受这些挑战并找到成功的机会。项目管理成熟度模型和扩展的项目视角、管理视角组合起来，能够为组织提供选择，从中可以实现 PPM 的持久价值。

问题

1. PMI 的 OPM3 可以分为哪四个改善阶段？
2. PMI 的 OPM3 有哪三个域？
3. 根据作者的观点，项目管理成熟度模型在哪些方面是好的？
4. 根据作者观点，项目管理成熟度模型在哪些方面是不好的？
5. 根据作者观点，项目管理成熟度模型在哪些方面是丑陋的？
6. 在如何看待项目这个维度上，什么是狭义的项目，谁管理它们？

7. 在如何看待项目这个维度上，什么是广义的项目，谁管理它们？
8. 科学管理的原则是什么？
9. 什么是泰勒主义？
10. 复杂适应性系统的原则是什么？它们和 PPM 在哪些方面有关系？

原文参考文献

Barks, Anne. 2009. "Project Management and the Apprentice—Sound Off Here." http://www.gantthead.com.

Handler, Robert. 2010. "Harnessing Change Complexity—The New PPM Direction?" Stamford, CT: Gartner Group.

Highsmith, Jim, and Alistair Cockburn. 2001. "Agile Software Development: The Business of Innovation." http://computer.org/education/curricula2001.

Perry, Mark. 2009. Business Driven PMO Setup: Practical Insights, Techniques, and Case Examples for Ensuring Success. Fort Lauderdale, FL: J. Ross Publishing.

Remington, Kaye, and Julien Pollack. 2007. *Tools for Complex Projects*. Hampshire, England: Gower Publishing.

Schlichter, John. 2009. "Discussion Forum—Project Management Central" http://www.gantthead.com.

业务驱动的项目组合管理

案例展示 #10：AtTask 公司

社会项目的管理

泰·吉赛尔，社会关系发展经理，AtTask 公司

背景介绍

当 PPM 方法论在组织各部门里推广时，高管面对的最大挑战是缺乏志愿者参与到项目管理流程里。采取传统的自上而下的，或者指令+控制的项目管理方法，在今天已经不奏效了。实现项目成功，更多取决于人，而更少取决于流程或技术，因此，PPM 领域需要一种范式转换（Paradigm Shift）。

完成工作的更好办法

为了找到一种更好的办法来完成工作，需要我们后退一步，用外人的眼光来客观看待 PPM 流程。托马斯·科恩[①]在 1962 年创造了"范式转换"这个词，他曾经这样说："范式是科学共同体的成员所共享的一种模式，而且这个范式为他们独有。"换句话说，当一个科学共同体在统治理论的基本假设上发生变化时，就称之为"范式转换"。

科恩利用鸭子—兔子的图，来说明范式转换可以怎样使一些人对同样的信息用完全不同的方式看待，如图 10.5 所示。

当组织寻求项目管理方法论来增加可见性，改善有效性，最终提升组织在高度竞争的市场里的能力时，去审视一下传统工作管理方法论的需要已经变得越来越迫切。图 10.5 中，无论第一眼你看到的是兔子还是鸭子，随着项目管理方法论在企业里变得日益重要，我们必须承认得从一个全新的视角来看待 PPM 行业面临的挑战。

---

① 托马斯·科恩，科学革命的结构，1962。

第10章　PPM 风险之十：持久的价值

图 10.5　鸭子还是兔子——你看到什么？

"完成工作的更好办法"

阿兰·库佩[①]被许多人视为用户画像之父。他认为："社会科学家早就认识到人类行为太复杂，受到太多变量的影响，不能仅仅依靠定量数据去理解。那些设计和可用性方面的实践者借鉴了人类学及其他社会科学的方法，开发了许多定性方法来收集用户行为的有用数据，从而达到一个更实用的结果——帮助创造能够更好满足用户需求的产品。"

换句话说，人类行为太复杂而无法度量。我们对不同情况的反应有太多的可能性，以至于用图表或电子表格来描述我们的行为是很有问题的。我认为，理解人们和项目管理流程是如何交互的最好方式（如果你接受库佩的建议）是借用人类学的科学理论及观察。观察用户与项目管理软件如何交互，是探究改善用户体验的最佳方式。然而，大多数软件，包括项目管理软件并不是这么设计的。

典型的软件开发遵循的是一个更加迭代的流程，通常看上去包含有如下的步骤：

① 识别一个需求；
② 软件工程师创建一个版本（或解决方案）来满足需求；
③ 和一个焦点小组分享这个版本（可以包括内部和外部参与者）；
④ 从焦点小组收集反馈信息；
⑤ 创建一个新的迭代，加入反馈信息；
⑥ 和另一个焦点小组分享这个新版本；
⑦ 这个流程继续循环，直到软件被认为是完整的。

[①] 阿兰·库佩，罗伯特·莱曼，大卫·克罗宁，关于脸谱：互动设计的关键，2007。

业务驱动的项目组合管理

这看上去是相当有逻辑的流程，对吗？它可能是有逻辑的，但是它不是最有效的，可以创造更好满足用户需求的产品的方法，而且它永远不会产生新的创意。和迭代流程相反，"定性研究比定量研究，能帮助我们用不同的、更有用的方法来理解产品的领域、背景和约束。同时，它比定量研究更能帮助我们识别用户的行为范式，并更快、更容易地识别一个产品的潜在用户"，库佩这样说道。

用户需要什么 vs 用户认为他们需要什么

任天堂 Wii 的开发是一个关于满足用户需求的很好的例子。源代武田[①]——任天堂的总经理，当年整合了研发事业部。关于由常规想法来控制任天堂 Wii 的设计可能带来的结果，他是这样说的：

> "这可能听上去矛盾，但是如果我们遵循了现有的路线图，我们就会把更快和更炫当作目标。换句话，我们本来想尝试改善它显示酷炫图形的速度。但我们忍不住问自己，那个方向到底能给我们客户带来多大的影响？"

武田将游戏机制造业与汽车制造行业做了一个著名的对比。他认为，不是每一个想买车的人都在寻找一台高性能赛车——市场上总有经济型汽车的一席之地。武田认为，任天堂和这个模型相似。他所看到的挑战是，如果给定了选择，用户的要求会越来越多，不论这是否真的影响他们的游戏体验。

> "那些总想要更多的欲望是没有尽头的。给他们一个，他们会要两个。给他们两个，下一次他们会想要五个而不是三个。然后他们会想要十个、三十个、一百个，他们的欲望呈指数级增长。向欲望屈服最终会让我们一无所获。当我在研发部门遵循这条途径一年以后，我才开始感觉到没把握。"

因为武田和他的团队更多专注用户如何与游戏交互，而更少遵循更快、更炫就是更好的传统观点，所以任天堂 Wii 获得了成功。他们用外部视角看待流程，没有被传统思想蒙蔽。项目管理行业能从中学到什么呢？

大多数项目管理软件都是遵循传统软件设计流程的很棒的例子。今天项目管理软件的普遍范式是把工业化时代组装线的可重复流程当成项目应该如何去开展的模型。尽管亨利·福特开发了一个用于建造车辆的有效模型，但它并不是创造性解决由知识工作者组成的项目团队所面临的问题——如今的工作团队如何就项目工作进行交互。

---

① http://us.wii.com/iwata_asks/wii_console，任天堂，2009。

和任天堂的武田说法一致的是，解决项目管理方案的传统方法造就了这样一种软件，它包括大量由客户要求或行业分析师推荐的特征，但对于这些特性是否是可增值的东西，甚至说是否是客户真正需要的东西，没有任何真正的验证。更进一步来说，背景查询或者观察人们通常与项目管理流程、特别是项目管理软件如何互动，对于开发满足用户需求，并能让用户充分参与到项目管理流程里的软件是非常关键的。

像人类学家一样对待软件开发流程

尽管 AtTask 公司的软件设计师可能不是人类学家，但是从人类学家的视角对待软件设计，使得他们从高管、经理和团队成员如何交流项目管理流程这一点上学到很多。像大多数科学家一样，AtTask 公司设计师以假设和以验证或驳斥假设为目标入手。

咨询了 AtTask 公司内外部相关方之后，设计师发现采用传统的自上而下的，或者指令+控制的方法来管理项目是行不通的。所以以下这些问题的答案对于梳理流程，使基层更有效地参与项目团队非常关键。

① 你如何知道你应该做哪些事？
② 你通常汇报给谁？
③ 你在会议里如何沟通项目状态？
④ 你和什么样的数据打交道？
⑤ 你如何安排任务优先级？
⑥ 你如何让任务完成？

问询过程由一系列访谈问题和观察组成，由三个设计师和工程师组成的小组轮流进行。为了保持尽可能客观的学习过程，仅一名团队成员参与每次的问询。问询工作选择了较为广泛范围的行业，包括 IT 行业但不局限于 IT 行业，以此保证研究具有普遍性。

观察项目团队并验证假设

"基本上，我们只是观察人们就项目管理流程如何互动"，史蒂夫·巴拉德——AtTask 公司的用户体验设计总监这样说道。根据巴拉德的意思，我们这样观察人们的互动：

① 我们参与状态会议；
② 我们在生产领域观察人们使用他们的软件；
③ 我们与这些人一起待着；
④ 我们和高管以及项目团队开会；

⑤ 我们坐在他们的座位边上，观察他们做些什么、他们互相如何沟通；
⑥ 我们阅读他们的白板和报事贴；
⑦ 我们阅读他们贴在电脑上的备忘录；
⑧ 我们阅读他们用来让事情运作得更加高效的文档。

"我们尽可能找到多样化的听众，重复这个流程"，巴拉德说道，"我们从一个广阔的跨行业视角来观察人们，包括财务服务、制造、IT、医药。我们拜访了全国各地超过二十个组织，无论是大型的还是小型的。"

观察过程中的非正式访谈是倾听用户需求并发现固有模式的机会。这样做的目的不是发掘出个别用户特殊的需求（大多数用户构想不出来尚未存在的需求）。如果软件设计是严格由用户输入并驱动的，那么软件将不能给予他们目前所没有的，这不能解决他们真实的需求，并且也无法创新。AtTask 公司软件设计师的目标是创造某些真正创新的东西，能简化项目管理流程，并且使得任何团体都能更高效地完成项目任务。

● AtTask 公司软件设计师学到了什么

AtTask 公司软件设计师发现，克里斯（他们指定的项目团队中的假想的个人贡献者）是一个关键人物。尽管克里斯不会被归类为任何一家组织的采购人员，但是对于项目管理软件是否可以在整个组织内被全面接受并采纳，克里斯的作用至关重要，而且对于信息是否在组织内被及时而准确地上报，他也起到了关键决定作用。

最终，那些使用传统项目管理方法和软件的组织无法看到从他们的投资中能获得多少价值，因为这些软件供应商只会关注采购人员的用户画像（user persona）。最终用户画像（克里斯）甚至没有被考虑进采购流程。背景调查识别到了这个方法的失败。它使得 AtTask 公司软件设计师不仅能观察克里斯如何与他的项目管理软件交互，而且还观察那些发生在软件以外的活动：什么激励着克里斯表现良好；什么可以和项目管理软件联合起来，帮助而不是阻碍克里斯。最终 AtTask 公司软件设计师交付了一个能够提供可持续投资回报率的项目管理方案。

● 解决克里斯的需求，改善项目管理流程

这可能看上去违反直觉，但是让克里斯参与到项目管理流程里来非常重要。有趣的是，用户或者项目管理软件设计师并没有质疑这个方法。不仅如此，那些花时间使最终用户参与到流程的组织，看上去在采纳和推广使用上，比那些没有这么做的组织更成功。背景调查确认了今天高管面临的最大挑战是缺乏志愿者参

与到项目管理流程中，传统的自上而下的，或者指令+控制的项目管理方法和今天的工作场所格格不入。继续使用这些无效方法的组织将会导致如下结果：
① 高管不信任某些项目信息；
② 过度僵化的管理氛围，这是人们不喜欢的；
③ 项目团队因为成果常常不被认可而受挫。

提高项目团队参与度的三个关键驱动力

通过观察克里斯，AtTask 公司软件设计师发现当如下条件存在时，人们就会更愿意与流程打交道，从而为高管提供制定决策所需的、准确而及时的信息。

① 人们被授权——关于交付物和截止日，人们希望被赋予自主权和灵活性。取代自上而下任务分配模式的是一种更强调参与、以团队为中心的模式，让团队成员为设定标杆和时间轴做出贡献。因为当团队成员为时间轴和截止日的设定做出贡献时，会为自身增添强烈的责任感。

② 高管有信心——关于项目的定性信息，往往为项目真实状态提供了更深的洞见。业务领导利用解决方案促进关于任务的自由对话，从而捕捉更好的信息，以便帮助他们在商业上保持一种精准的节奏，制定出更加积极的决策。业务领导需要对他们赖以做决策的信息的准确性和时效性保持信心。

③ 成就被认可——人们为他们的工作感到自豪，并且他们关心经理和同伴如何看待他们和他们的成就。如果组织致力于引导人们对团队个体成员的成就和贡献表示认可，就能营造一种氛围，让团队成员更愿意参与项目活动，并提供高管做决策所需要的信息。而且，团队成员希望经理对他们真正需要什么来完成任务能有所了解，对他们在工作上的奉献表示感谢。

一个分析师的视角：为了项目团队的每个成员，让流程社交化

高管需要依据可信的、有相关性的信息来做出明智的决定，从而成功地领导他们的公司。由 AtTask 公司委托撰写、Forrester 研究所[1]发布的报告识别到，自下而上的运营报告比传统的自上而下的监控为决策提供的信息的准确性高出两倍。而且报告还识别出，在时间利用和项目进度方面，丢失的或错误的信息是造成财务浪费的重要因素。建立一个透明的环境，每个人的工作和贡献对于同伴和经理都是可见的，能为高管提供更准确的信号，了解企业正在发生什么。在源头捕捉定性信息，并提供背景，可以使数据更易于理解。当被问到"在你看来，知识工作者在跟踪项目和任务进度时，什么最能改善数据的准确

---

[1] 蒂姆·哈门，市场可信度：社交型项目管理/项目组合管理（SPM/PPM），2010。

性？"时，根据 Forrester 研究所的研究发现，改善数据准确性的主要措施是捕捉更多的定性信息。

管理者会要求团队成员产生一个自发而又自由的信息流，以便有效地领导项目。Forrester 研究所的研究说明，65%的知识工作者普遍接受和利用社会网络工具，认为它可以帮助实施一个全新而又更加社交化的项目管理流程。75%的管理者和知识工作者都把项目进度的信息丢失和不准确视为重大财务浪费。Forrester 研究所的发现表明，管理的可见性和项目状态澄清对于知识工作者的管理者有着重大意义。研究受访者认为，让同伴和高层都看到业绩，并且为知识工作者提供方法，将项目状态澄清得更加清晰，具有极高价值。通过提供一个更具社交性质的项目管理平台，组织孕育了一个协同环境，促进了产生准确而及时的自发信息流——管理者被赋能，从而更有效地领导项目团队。

团队成员不是项目管理专家。而且，根据 Forrester 研究所的发现，40%的管理者指出，他们的知识工作者对当前的 PPM 工具并不满意。尽管管理者相信，他们团队的成果是被认可的，知识工作者仍然能感到管理者很难感知他们的贡献和价值。超过 40%的知识工作者反馈缺乏来自管理者的认可，超过 60%的知识工作者则认为他们缺乏高层的认可。在工作场所，同伴的评价被认为有高度价值，当研究受访者被问及"什么是你对投资 PPM 或项目管理软件方案最感兴趣的？"，结果显示，50%的被访者希望软件能够使每个人的工作贡献对同伴和管理者变得透明。告知知识工作者关于工作如何规划、交付物的负责人是谁、允许他们分享工作的定性信息，以及使知识工作者得到赋权，这些都被 Forrester 研究所确定为取得高绩效的最有价值但尚未被发现的催化剂。

● 为克里斯实施一个方案

背景调查和随之而来的分析研究验证了克里斯这个角色对于项目成功的重要性，这也是为什么 AtTask 公司率先从克里斯的角度推出一套方案。为克里斯实施方案，要始于用户故事地图、屏幕水平草图及线框图，同时在克里斯与原先框架交互时观察克里斯的反应。设计师观察克里斯是如何拖动可点击的原型，当场微调，并且进一步利用可用性实验来跟踪互动性的。用户的普遍反映包括：

① "这不是我期望看到的。"
② "你真的在观察我们，不会吧？"
③ "你解决了我最难的问题——尽管我还没期望你能解决。"

尽管测试对象的反应大部分是积极的，但还是有些反对者。反对者最主要的担忧是"这威胁到了我的权威。"这个研究所建议的范式转换不是给"软骨

第 10 章 PPM 风险之十：持久的价值

头"的。它暗示了从使用的软件到采用的项目管理风格都是一个全新的方法。这种基于草根、社交化的项目策略使得重新审视我们在组织内从上到下该如何管理流程和项目团队这件事变得越来越有必要。不愿意这样做的组织可能仍会试图激励员工，但在流程上会遇到挫折。也就是说，这种新的项目领导力给项目团队带来了效率倍增的潜力。

AtTask 公司对项目管理范式转移的回应：Stream™

Stream 提供了一个全新的 PPM 方案——基于整合的、社交化的项目管理平台，满足基于项目的任务需求，而这是传统 PPM 方案无法满足的。通过认识到一些吸引人们使用社交网络工具的好处，比如方便使用，来自网络的积极反馈，以及分享他们在做什么的定性信息的能力，Stream 通过以下手段，满足了最终用户（克里斯）的需求并梳理了项目管理流程所要求的范式转换。

① 通过让团队更多地参与项目计划，使个人对优先级和承诺拥有更大的自主权，从而赋权一线员工。

② 通过定性信息的不断流动，来捕捉真实的故事，从而提供更高的可见性和更丰富的项目内部实际情况的状态呈现。

③ 通过引导讨论、强调成就和保持每个人的参与度，认可员工的成就（人们因为成就而受到认可，并评价其他人的工作和成就）。

从一个外行的视角来看项目管理流程，就有可能看到项目团队的个人成员如何与项目管理流程交互，以及这又是如何正面影响高管用来制定决策的信息的质量，这些都在促进范式转换。借由项目管理框架下的社交化网络力量，将能交付更有相关性的信息，更清楚地看见商业机会，从而促使高管领导公司走向更大的成功。

尾 声

什么是 PPM？这是一个我经常被问到的问题。虽然书上的答案更便于引用，但那不是我要给出的答案。当被问及时，我的回答是，PPM 就是砍掉一个按时、按预算的项目。通常对方听到这个回答会变得目瞪口呆，或者短暂沉默，而我会及时地问："你上一次砍项目是什么时候，这个项目尽管表现很好，但和你的业务需求无关？"如果答复是从来没发生过，那么这就暴露了一个信号——你所做的不是 PPM。

这不是在诋毁任何和组织的项目机会有关的管理活动，更确切地说，这样说的目的是让人们明白，当事物可以被识别、分类、评估、选择、排序，如果需要的话还可以终止时，就无法将项目视为无生命的事物。相反，项目不是没有生命的事物。项目代表了想法、创新、激情、灵感、价值观、竞争性优势、战略统一、某种潜能的实现、一个承诺的达成，等等。而且项目涉及许多人，正是因为有人这个元素，项目绝不是无生命的。

所以什么才是 PPM，我们又将如何应对呢？正如我的好朋友、值得信赖的 PPM 专家，微软的多克·多特曼说过："如果 PPM 是答案，那么什么是问题呢？"这个问题的提出是一个非常棒的起点。对于大多数组织来说，PPM 真正的起点只能在回答了这个问题之后才能被发现，我们为什么想要去做这件事呢？

想要实施 PPM，可能有很多不为人知的理由，而且这些理由可能基于组织能力而有所差异，也可能随着行业、市场及商业条件的变化而改变。问题并不是我们的 PPM 在技术上有多么正确，而是我们是否有正确的理由去做对于一个组织来说正确的东西，对于另一个组织来说很有可能是错误的东西。正如多特曼及其他的 PPM 专家可以证明的，如果目的和起点没有被恰当地确定，那么再多的最佳实践标准和工具也不能真正地提供帮助。

PPM 的技术层面，就最佳实践标准和工具而言，是很重要的，也是很有挑战的。有效的实践总是会打败无效的实践。但这并不意味着有效的实践需要非常详细，也不意味着需要遵循特定的方法或标准。相反，有效的实践是，无论用什么方法，只要在特定时间点上，对于特定的组织采用最有效的方法就可以。就像一台汽车发动机，需要满足不同的特定用途，而且必须定期维护。

　　类似地，PPM 工具也有着千差万别，更不用说工具背后的供应商在各自领域内的知识和支持了。其实每个工具的供应商都会有重要而又独特的附加值给到客户，尽管这一项常常在征求意见书、征求方案书乃至供应商选择的打分卡中被忽略。所以，组织不要轻视选择最适合 PPM 工具所花的精力，也不要想当然地把它们当成 IT 采购人员例行的公事。

　　围绕最佳实践标准和工具的讨论和花费的努力会在某个时间点有序地结束，但是对于许多组织来说，PPM 真正的挑战才刚刚开始。讽刺的是，在这个时间点上，人们会以为重要的事情都已经办完了，于是大量的问题和执行上的困难被很快遗留下来。在这些问题得到解决之前，管理项目组合的努力将会白费，无论是被立刻发现还是不被发现。

　　本书探讨了 PPM 的最大风险，旨在确定和提供一剂降低风险的良方。本书的设计是从愿景、使命、目标和目的开始的，因为它们是传统科学管理的基石。如果没有这些东西，任何形式的 PPM 计划都将是有高度风险的。从这里出发，注意力就一章一章地转向一系列关键问题，如果不解决这些关键问题，就意味着令人担忧的风险很可能发生，任何一种风险的存在都能使高层团队的 PPM 努力偏离航道。最后，本书讨论了 PPM 的持久价值，并且对不同环境下需要采取不同的策略专门做了提醒。在主流的项目管理社区里，我们可以从中提取出成熟度模型。这些成熟度模型长期根植于计划驱动的科学管理思考，预先转化而成的最佳实践推动了能力建设，又带来了更好的结果。在研究管理系统的现代领域一端，我们则有着极富挑战的复杂适应性系统，呼唤对计划驱动的科学管理方法的有效性挑战，进而展现了自我导向团队和敏捷行为的社会结构。

　　复杂适应性系统已经被敏捷软件开发群体广为接受。事实上，敏捷宣言无论是否是有意为之，在许多方面它都恰好代表着复杂适应性系统的一些特征和标准。而且，复杂适应性系统思考工具正是在传统项目管理领域里，从各种著作、演讲、白皮书那里逐渐发现自己的道路。AtTask 公司发布了一个叫作 Stream 的新产品，它被誉为有史以来第一个社交性项目管理平台。

　　众所周知，项目管理作为一种专业领域，如今走到了十字路口。专业名词 PMO 曾经代表项目管理办公室，并且被视为增值组织、一个人人都想加入的组织，今天它则有着不同的寓意，被组织里的其他人另眼相看。我敏捷圈的朋友提醒我，对于他们而言，PMO 代表"把我惹毛了"（pissed me off），而且他们认为 PMO 只是强制要求组织采用面向 PMBOK 计划驱动的方法来管理项目，而不是采用敏捷方法的良好实践，并且对其采取了居高临下的姿态。PMO 和计

业务驱动的项目组合管理

划驱动的项目管理的受欢迎程度日渐衰微的趋势，不只是在软件开发社区。尽管首席信息官和 IT 高管能够理解 PMO 的提议和项目管理的价值，但是在把更多投资放到人力、流程和工具上之前，他们也要求看到更加清晰的投资回报率证据及更高的灵活性，以此来满足快速变化和不确定的商业环境。

随着 PPM 的继续，前方的变革将非常有趣。标准制定组织、工具供应商、咨询公司及培训机构，无疑在变革中都举足轻重，且共同塑造着这场变革。然而，和往常一样，在各种形式和规模的组织中，PPM 的实践者将会面对和处理看似无休止的问题、困难和风险，是他们真正引领我们所有人前进。在 PPM 又一个十年的进程中，又会是什么样的风险上升到前十位呢？让我们拭目以待吧。